blut WM rot

www.lektoratsanstalt.de

Erstausgabe Februar 2010
© 2010, Kölnisch-Preußische Lektoratsanstalt
Dr. Heinlein, Schmitz & Schubert GbR

Umschlaggestaltung und Satz:
Kölnisch-Preußische Lektoratsanstalt
Druck: Aalexx, Großburgwedel
ISBN 978-3-940610-09-6

Manni Breuckmann	*Vorwort*	7
Jürgen Ehlers	*Uruguay, 1930*	11
Gisbert Haefs	*Italien, 1934*	29
Sandra Niermeyer	*Frankreich, 1938*	45
Klaus Stickelbroeck	*Brasilien, 1950*	65
Carmen Korn	*Schweiz, 1954*	77
Wolfgang Kemmer	*Schweden, 1958*	93
Norbert Horst	*Chile, 1962*	117
Thomas Kastura	*England, 1966*	137
Roger Fiedler	*Mexiko, 1970*	153
Jürgen Siegmann	*Deutschland, 1974*	163
Sandra Lüpkes	*Argentinien, 1978*	183
Arnold Küsters	*Spanien, 1982*	195
Bernhard Jaumann	*Mexiko, 1986*	217
Thomas Askan Vierich	*Italien, 1990*	231
Ralf Kramp	*USA, 1994*	243
Judith Merchant	*Frankreich, 1998*	259
Christiane Geldmacher	*Südkorea/Japan, 2002*	273
Jan Zweyer	*Deutschland, 2006*	291
Carsten S. Henn	*Südafrika, 2010*	301
Andreas Izquierdo	*Dubai, 2042*	311

Manni Breuckmann

Vorwort

Nach der Lektüre dieses atemberaubenden Buches habe ich keinen Zweifel mehr: Die Geschichte der Fußball-Weltmeisterschaften muss umgeschrieben werden! Denn wir haben bislang vollkommen falsche Vorstellungen über Umfang und Intensität krimineller Handlungen im WM-Umfeld gehabt.
Unsere Konzentration lag auf dem grünen Viereck, auf den mehr oder weniger tauglichen Versuchen, das Runde ins Eckige zu befördern. Was war denn schon kriminell bei den Welttreffen des Fußballs? Wir Journalisten hantierten mit dem Begriff nur, wenn wir in vorgeblich lustiger Weise die schlechten Darbietungen der Mannschaften brandmarken wollten. Zum Beispiel die deutschen Spiele gegen Österreich 1978 („Schande von Córdoba") und 1982 („Schande von Gijón").
Aber konnten wir ahnen, wie viel wirklich kriminelle Energie, wie viele kranke Straftäter-Phantasien anlässlich der WM-Turniere freigesetzt worden sind? Nein, die WM-Kriminalstatistik ist keine Chronik des Wattebäuschchen-Werfens! Was wir wahrgenommen haben, waren diverse Körperverletzungen bei der Begegnung unterschiedlicher Fan-Kulturen. Die Verteilung der Eintrittskarten gab Anlass zu schieben und zu betrügen. Auch die Vergabe der Weltmeisterschaften durch den Weltfußball-Verband setzt beim Betrachter unwillkürlich Korruptionsphantasien frei. Richtig abgearbeitet haben sich Kriminelle an der Coupe Jules Rimet, der WM-Trophäe, die von 1930 bis 1970 durch diverse weltmeisterliche Länder wanderte. 1966 verschwand der Pokal vor dem Turnier, als er eine Briefmarkenausstellung mit Fußball-Motiven durch seine Gegenwart veredeln sollte. Es gab jedoch ein Happy-End, als eine Promenadenmischung namens

Pickles das gute Stück in einem Park wieder ausbuddelte. 1983 blieb das glückliche Ende aus: Die Coupe gehörte damals endgültig den Brasilianern, nachdem sie sie 1970 zum dritten Mal gewonnen hatten. Der Pokal verschwand aus seiner Vitrine in Rio, ward nie wieder gesehen und möglicherweise von den Dieben eingeschmolzen.

Einmal – nach den bisherigen lückenhaften Erkenntnissen – gab es sogar einen Mord: 1994 trafen den Kolumbianer Andrés Escobar zwölf Schüsse, weil er im Spiel gegen die USA ein Eigentor geschossen und damit das Vorrunden-Aus der kolumbianischen Nationalelf besiegelte hatte. Die Tat geschah allerdings nicht im WM-Land USA, sondern, wie es sich für die Drogen-Republik Kolumbien gehört, nach der Rückkehr im heimatlichen Medellín. Diese schändliche, aber überschaubare Ansammlung von Straftaten entspricht dem kriminellen Potential mittlerer Städte wie, sagen wir einmal, Hamm oder Sindelfingen.

Und nun stellt sich heraus: Alles nur die Spitze eines gewaltigen, zerstörerischen Eisberges! Das Studium der in diesem Sammelband zusammengetragenen Fälle ließ mich schaudern und brachte mir neue Erkenntnisse und Aha-Erlebnisse. Denn diverse Spielverläufe und bis heute rätselhafte Verhaltensweisen der fußballerischen Protagonisten werden von einem vollkommen neuen Licht beschienen. Wussten wir wirklich schon ganz genau, warum Ronaldo im Finale 1998 zuerst nicht auf dem Spielbogen stand und dann, trotzdem eingesetzt, ein jämmerliches Spiel ablieferte? Waren uns die Hintergründe der Schiedsrichter-Leistung im Münchener Endspiel 1974 (Niederlande gegen Deutschland) bekannt? Wurden wir schon mit der abstrus-schockierenden Entdeckung konfrontiert, die ein Agent des Geheimdienstes seiner Majestät während des 1966er Finales England–Deutschland unter (!) dem Wembley-Stadion machte?

All das steht in dieser verwegenen Story-Sammlung, für deren Genuss Sie starke Nerven oder zur Beruhigung derselben meh-

rere Flaschen vierzehnprozentigen südafrikanischen Rotweins brauchen. Abgerundet wird der enthüllende Blick auf die Vergangenheit durch eine visionäre Darstellung des Wiedersehens von Zinedine Zidane und Marco Materazzi anlässlich des WM-Turniers 2042 in Dubai. Für einen der beiden wird das kein freudiger Anlass, soviel sei schon hier verraten.
Und jetzt hinein ins weltmeisterlich-kriminelle Lesevergnügen, achtundneunzig Tote warten schon.

Uruguay, 1930
Weltmeister: Uruguay
Endspiel: Uruguay – Argentinien 4:2 (1:2)
Teilnehmende Mannschaften: 13
Erzielte Tore: 70 in 18 Spielen (3,88 pro Spiel)
Torschützenkönig: Guillermo Stábile (Argentinien), 8 Tore

Jürgen Ehlers

Das Chaco-Spiel

Alles ruhig im Schiff. Wilhelm Berger bemühte sich, kein Geräusch zu machen. Er studierte den Pass seines Reisegefährten im Licht der Taschenlampe. Der Mann hieß wirklich Franz Plaumann, war 34 Jahre alt und wohnte in Dessau. Ob er sich für Fußball interessierte, ging aus dem Dokument nicht hervor. Franz Plaumann schlief. Wilhelm Berger nutzte die Gelegenheit, das Gepäck seines Reisegefährten zu durchsuchen. Aber er wusste nicht, wonach er suchen sollte, und er fand nichts Verdächtiges. Dabei war die ganze Reise verdächtig. Berger wusste nicht, was er hier sollte. Sicher, die Jagd auf den Massenmörder Peter Kürten in Düsseldorf hatte ihm erheblich zugesetzt. Erst die toten Kinder, dann der Selbstmord seines Kollegen. Als Berger den Mann schließlich verhaftet hatte, war er fix und fertig. Aber dass man ihn zum Ausgleich zur Fußball-Weltmeisterschaft nach Uruguay schickte, das war mehr als seltsam. Die preußische Kriminalpolizei verteilte für gewöhnlich keine Belohnungen in Form von Urlaubsreisen.

Plaumann stöhnte und warf sich auf die andere Seite. Er hatte seine Seekrankheit noch immer nicht überwunden, obwohl sie schon seit Tagen in ruhigere Gewässer geraten waren. Berger klappte den Koffer zu. Dessau, dachte er. Was gibt es in Dessau? Das Bauhaus fiel ihm ein. War der Mann Architekt? Das machte keinen Sinn. Es war genauso absurd, einen Architekten zur Fußball-Weltmeisterschaft zu schicken wie einen Kriminalpolizisten. Fußballer hatten sie nicht geschickt, die Deutschen. Zu teuer. Berger und Plaumann waren auch nicht mit der Conte Verde gereist wie die meisten europäischen Nationalmannschaften, sondern mit einem Frachter der Hamburg-Süd.

Plaumann war kein Architekt, so viel stand fest. Wenn Berger noch irgendwelche Zweifel gehabt hatte, spätestens beim Empfang in der Deutschen Botschaft in Montevideo waren sie ausgeräumt. Plaumann bewegte sich auf dem Parkett so, als ob er dort hingehörte. Berger kam sich in seinem besten Anzug vergleichsweise schäbig vor. Die meisten Gäste waren im Smoking erschienen. Berger hielt sich an seinem Sektglas fest und beobachtete die Leute.
Etwa fünfzig Personen hatten sich zum Empfang eingefunden. Journalisten, Kaufleute, Diplomaten, einige mit Pomade im Haar. Fußballer waren nicht zu sehen. Plaumann hatte eine rote Nase; er war erkältet. Wegen der Seekrankheit hatte er viele Stunden an Deck zugebracht. Offenbar hatte er auch die Kälte des Südwinters unterschätzt.
„Sind Sie zum ersten Mal in Südamerika?"
Berger brauchte einen Moment, um zu registrieren, dass die auf Englisch gestellte Frage ihm galt. „Ja, zum ersten Mal", sagte er. Er hatte gar nicht bemerkt, dass sich die junge Frau zu ihm gesellt hatte.
„Eine lange Reise", sagte sie auf Deutsch. „Ja. Für den Fußball nimmt man schon einiges auf sich." Berger hoffte, dass sie nicht weiter fragte. Seine einzige Begegnung mit dem Fußball hatte vor zwei Jahren stattgefunden, als er sich ein Spiel von Fortuna Düsseldorf hatte ansehen müssen. Wie es ausgegangen war, wusste er nicht; er hatte den Mann, hinter dem sie her waren, schon in der ersten Halbzeit festgenommen.
Plaumann unterhielt sich indessen mit dem Botschafter. Berger sah, dass der Mann ihm wie beiläufig einen Zettel zusteckte.
„Ich bin aus Paraguay", sagte die Frau.
„Und ich bin aus Deutschland." Berger sah ein, dass das keine besonders originelle Antwort war. „Aus Düsseldorf", fügte er hinzu.
„Ah, ja." Sie lächelte. Berger vermutete, dass sie von Deutschland nicht viel mehr wusste als er von Paraguay. Paraguay, dieses kleine Land, das wie eine kranke Acht eingequetscht mitten in

Südamerika lag.
Plaumann schnäuzte sich schon wieder die Nase.
„Entschuldigen Sie mich bitte einen Moment", sagte Berger. Er trat rasch ein paar Schritte vor, bückte sich und hob ein zerknülltes Stückchen Papier auf, das zu Boden gefallen war, als Plaumann sein Taschentuch gezückt hatte. Berger strich das Papier glatt. Darauf stand nur ein einziger Satz: ‚Z ist hier!' Berger steckte den Zettel ein.
„Eine merkwürdige Art, Nachrichten zu übermitteln!"
Berger bekam einen roten Kopf. Die junge Frau hatte ihn beobachtet. Typischer Anfängerfehler, dachte er. Typischer Polizistenfehler, sich nur auf die Männer zu konzentrieren. Er zeigte ihr den Zettel.
„Z ist hier!", las sie. Sie lächelte. Sie sprach Deutsch mit einem lustigen Akzent. Berger wusste, dass er ihr den Zettel nicht hätte zeigen sollen. Aber er ärgerte sich, dass hier ein Spiel mit ihm gespielt wurde, von dem er nicht einmal die Regeln kannte. Wer war Z? Einer der Anwesenden offenbar. Aber welcher? Das Fußballfieber trieb seltsame Blüten. Einer der Herren hatte sich in seiner Begeisterung dazu hinreißen lassen, einen Schlips in den uruguayischen Landesfarben anzulegen. Ein anderer trug gar eine goldene Anstecknadel in Form eines kleinen Fußballs am Revers. Aber die Unterhaltung drehte sich nicht um Fußball, sondern um wirtschaftliche Fragen.
Endlich war die Veranstaltung zu Ende. Berger stellte sein Sektglas zur Seite. Er hatte es nur halb ausgetrunken.
„Kommen Sie zum Eröffnungsspiel?", fragte die junge Dame. Sie war einen Kopf kleiner als Berger, hatte braune Augen und pechschwarzes Haar.
„Ja, natürlich."
„Und – wo sitzen Sie?"
Berger zeigte ihr seine Eintrittskarte. Er beobachtete, wie sich Plaumann von einem älteren Herrn verabschiedete. War das Z? Die junge Frau zupfte ihn am Ärmel. „Das ist nicht Z", raunte sie ihm ins Ohr. „Das ist Silvio Ortega, der bolivianische Botschafter!

Und ich bin Maria."

„Wilhelm", sagte Berger, aber da war sie schon verschwunden.

Einer der Herren, die Berger für Kellner gehalten hatte, kam auf ihn zu. „Herr Berger?"

„Ja, der bin ich."

„Ich möchte Ihnen im Namen des Hauses dieses kleine Gastgeschenk überreichen", sagte er.

„Danke."

Berger wollte sich daran machen, das Geschenk auszuwickeln, aber der Mann hielt ihn zurück: „Später!"

Das Päckchen war in buntes Papier eingewickelt, und der Größe nach hätte es sich um eine Kiste Zigarren handeln können. Das Geschenk wog schwer in seiner Hand. Es waren keine Zigarren, so viel stand fest.

Sie fuhren per Taxi zurück ins Hotel. Eine weitere Überraschung. Berger hatte mit Droschken gerechnet, nicht mit diesen großen amerikanischen Wagen. Uruguay war ein Land im Aufschwung, trotz der Wirtschaftskrise. Berger registrierte, dass sein Partner mehr als nur ein Glas Sekt getrunken hatte. Er schwankte leicht, als sie in ihr Zimmer gingen.

„Na, haben Sie eine Packung Pralinen bekommen?", fragte Plaumann.

Berger schüttelte den Kopf. Es waren keine Pralinen. „Wer ist Z?", fragte er.

„Z?"

Berger zeigte Plaumann den Zettel.

„Ach, das meinen Sie!"

„Jetzt ist Schluss mit dem Unsinn!", sagte Berger ärgerlich. Er zerfetzte das Geschenkpapier, öffnete die Pappschachtel. Eine Mauser-Pistole kam zum Vorschein. „Sie sagen mir, was hier gespielt wird, oder ich reise augenblicklich ab!"

Plaumann zuckte mit den Achseln. „Ich weiß es auch nicht", behauptete er.

„Unsinn! Sie sind doch nicht wegen des Fußballs hier!"

„Doch."
Berger nahm die Pistole in die Hand.
Plaumann erschrak. „Auch wegen des Fußballs zumindest. Ich war ja selbst aktiv, habe bei Dessau 05 gespielt, als Mittelläufer. Und in diesem Fall ist es möglich, das Angenehme mit dem Nützlichen zu verbinden. Mit dem Geschäftlichen. Ich bin Ingenieur bei Junkers. Maschinenbau. Wir produzieren unter anderem Gasbadeöfen …"
„Und da haben Sie eine – wie sagt man? – eine Marktlücke gesehen. Ja, das haben Sie hervorragend gesehen; dieses Hotelzimmer könnte in der Tat einen Gasbadeofen gebrauchen!" Berger war aufgesprungen und packte jetzt den Ingenieur am Kragen. „Und da es beim Vertrieb von Gasbadeöfen so heiß hergeht, da stellt Ihnen die Reichsregierung einen Leibwächter, den die Botschaft obendrein vorsichtshalber noch mit einer Schusswaffe ausrüstet …"
„Lassen Sie mich doch ausreden! Unter anderem Gasbadeöfen, habe ich gesagt. Unter anderem! Aber weswegen ich hier bin, das sind die Flugzeuge. Junkers baut auch Flugzeuge."
„Da kommen wir der Sache schon näher."
„Flugzeuge, die in großer Höhe fliegen können."
„Also genau das, was man in einem Land wie Uruguay braucht, dessen größter Berg gerade mal 500 m hoch ist!", spottete Berger.
Plaumann schüttelte den Kopf. „Es geht nicht um Uruguay. Es geht um die Anden. Den Altiplano. Da wollen wir ins Geschäft kommen. So unauffällig wie möglich. Ich treffe den Vertreter vom Lloyd Aereo Boliviano hier bei der Weltmeisterschaft."
Deshalb also die Unterhaltung mit dem bolivianischen Botschafter. „Und wer ist Z?"
„Die Konkurrenz. Es gibt natürlich Konkurrenz. Vickers zum Beispiel."
„Die Konkurrenz hat also von Ihrem Vorhaben Wind bekommen."
„So sieht es leider aus, ja."

Berger schwieg. Vickers, dachte er. War das nicht eine Waffenfabrik? Ging es hier überhaupt um Verkehrsflugzeuge? Oder ging es um den illegalen Export von Kriegsgerät? Alles war möglich.

Das Eröffnungsspiel Frankreich gegen Mexiko hatte nicht allzu viele Zuschauer angelockt. Das Stadion war halb leer. Berger fror in seinem Wollpullover; Plaumann hatte gut daran getan, seinen Wintermantel anzuziehen. Unten auf dem Rasen gab es hervorragenden Fußball, das war selbst Berger klar. Fortuna hätte hier keine Chance gehabt. Dessau 05 auch nicht. Aber Otto Nerz hätte wenigstens hier sein sollen, der Reichstrainer, um sich das anzusehen. Hier hätte er etwas lernen können.
Plaumann interessierte sich offenbar noch weniger für Fußball als Berger. Er unterhielt sich angeregt mit seinem Nachbarn, den Berger dem Auftreten nach für einen Offizier hielt. Berger hatte gehofft, alle Einzelheiten mitzubekommen, aber zu seinem Ärger fanden die Verhandlungen auf Spanisch statt. Berger verstand kein Wort. Er sah nur, dass Plaumann dem Mann Pläne zeigte, auf denen Flugzeuge verschiedener Bauart dargestellt waren. Ganz offensichtlich Verkehrsflugzeuge. Junkers W33, Junkers W34, las Berger. Alles schien harmlos. Die einzige Bedrohung kam vom Wetter. Es gelang Plaumann nur unvollkommen, die Zeichnungen vor dem Schneeregen zu schützen.
„Unglaublich!", rief jemand hinter Berger auf Deutsch. Lucien Laurant hatte per Weitschuss das 1:0 für Frankreich erzielt.
Berger drehte sich um. In der Reihe hinter ihm saß die junge Frau mit den schwarzen Haaren. Maria.

„Nichts ist zufällig", sagte Maria. Berger hatte sich nach dem Spiel bewusst von Plaumann abdrängen lassen und war stattdessen Maria gefolgt. Jetzt saßen sie sich in einem kleinen Restaurant an der Playa Ramírez bei einer Tasse Kaffee gegenüber.
„Sie glauben, dass die Gruppen ausgelost worden sind?", fragte Maria.
Ja, das hatte Berger angenommen.

Maria lächelte. „Und da sind dann zufällig Bolivien, Peru und Chile in verschiedenen Gruppen gelandet – die Gegner aus dem Salpeterkrieg 1879 bis 84? Und Paraguay, Uruguay, Argentinien und Brasilien auch – die Gegner aus dem Krieg von 1864 bis 70? Sieben von 13 Mannschaften zufällig so verteilt, dass die Feinde nicht schon in der ersten Runde aufeinandertreffen? So viel Zufall kann es nicht geben!"
„Wer ist Z?", fragte Berger.
„Wissen Sie das immer noch nicht?"
Berger schüttelte den Kopf.
„Sie sind also wirklich kein Waffenhändler", stellte Maria fest.
„Ich bin Polizist."
„Polizist." Maria zog an ihrer Zigarette. Berger registrierte, dass ihr Lippenstift nicht färbte. „Z ist nicht hier", sagte sie schließlich. „Der Hinweis ist nur symbolisch gemeint."
Berger erläuterte ihr seinen Auftrag. Jedenfalls so weit, wie er selbst ihn inzwischen verstanden hatte.
„Z steht für Basil Zaharoff", sagte Maria. Den kannte Berger nicht. „Sir Basil Zaharoff, der Retter Monacos, von den Engländern geadelt, von den Franzosen als Held gefeiert, in Wahrheit einer der größten Verbrecher, den die Erde je gesehen hat. Hat im Weltkrieg beide Seiten mit Waffen beliefert. Er ist Miteigentümer der APOC, der Anglo-Persian Oil Company, die für Bolivien im Chaco nach Öl sucht, in unserem Gran Chaco, und er ist Miteigentümer von Vickers, dem englischen Rüstungskonzern, der Bolivien Panzer und Flugzeuge anbietet. Bolivien will unser Öl. Und Zaharoff hat seine Finger im Spiel, aber er ist nicht persönlich hier. Natürlich nicht. Dafür hat er seine Leute."
„Aber die Flugzeuge, die mein Kollege verkaufen will, die sind doch völlig harmlos?"
„So harmlos, dass man über dieses Geschäft nur heimlich inmitten eines Fußballstadions sprechen kann?"
Berger schwieg.
„Bolivien ist ein armes Land, Herr Berger. Eines der ärmsten. Das hat es mit Paraguay gemeinsam. Es besitzt Bodenschätze, aber

die Gewinne aus dem Abbau gehen ins Ausland. Die Rüstungsgüter müssen auf Kredit gekauft werden, sie sollen später mit dem Geld aus den Ölfeldern bezahlt werden, die Bolivien erst noch erobern will."

„Sie sind gut im Bilde."

„Ja. Das ist meine Aufgabe. Wir hören ihre Funksprüche mit."

„Und – wie reagiert Paraguay auf die Bedrohung?", fragte Berger.

„Wir setzen auf die Vernunft und auf die Vermittlung des Völkerbundes."

„Und wenn das nicht hilft?" Berger hatte wenig Vertrauen in den Völkerbund.

„Wenn das nicht hilft, dann auf direkte Aktion. Ein einzelner Waffenhändler ist leichter zu erschießen als eine ganze Armee!"

Berger tastete nach seiner Pistole. Maria lachte.

Plaumann war auch ohne Begleitschutz heil ins Hotel zurückgekehrt. „Wo sind Sie gewesen?", fragte er.

Berger zuckte mit den Achseln. „Tut mir leid, ich habe mich verlaufen." In Wahrheit war er bis zum Dunkelwerden mit Maria zusammen gewesen. Erst am Strand, dann im Parque Rodo. Maria gefiel ihm. Eine attraktive junge Frau. Hätte er sie küssen sollen? Er hatte sich nicht getraut.

Plaumann riss ihn aus den Gedanken. „Sie sind für meine Sicherheit zuständig", sagte er. Er wirkte nervös.

„Das ist ein Irrtum." Einen direkten Auftrag hatte Berger nicht.

Der Ingenieur sah ihn an. „Was glauben Sie denn, warum Sie hier sind?"

Berger beantwortete die Frage nicht. „Sie liefern Flugzeuge an Bolivien", sagte er stattdessen.

„Für den Lloyd Aereo Boliviano, ja. Habe ich doch gesagt. Ein sehr wichtiger Auftrag."

„Wenn das so ein wichtiger Auftrag ist – warum schickt Junkers dann einen Ingenieur und keinen – Direktor?"

„Es sind noch ein paar technische Details zu klären."

„Technische Details?"
„Ja. Die Einzelheiten sind unwichtig. Die würden Sie sowieso nicht verstehen. Aber es geht um viel Geld, Herr Berger. Sehr viel Geld. Und gerade in Zeiten wie diesen, wo die gesamte Weltwirtschaft in der Krise steckt, ist jeder Auftrag wichtig. Nicht nur für unsere Firma, sondern für das Deutsche Reich."
Berger schätzte es nicht, wenn man ihm mit solchen Sprüchen kam. Und er schätzte es nicht, wenn man ihn zum Narren hielt.
„Ich gehe jetzt in die Bar, ein Bier trinken. Kommen Sie mit?"
Berger schüttelte den Kopf. Er war müde.

Die nächsten Tage vergingen nur langsam. Eigentlich hätte Berger den Ingenieur nicht aus den Augen lassen sollen, aber dieser Aufgabe wurde er rasch überdrüssig. Plaumann saß im Hotel und tat nichts. Berger durchstreifte die Stadt. Montevideo gefiel ihm. Mehrfach ging er wie zufällig an der Botschaft Paraguays vorbei, und er brachte Stunden im Parque Rodo zu, aber Maria traf er nicht. Berger besorgte sich eine Karte für das Fußballspiel Paraguay gegen die USA – vergeblich. Maria erschien nicht, und Paraguay verlor 0:3. Schließlich blieben nur noch zwei Tage bis zum Endspiel. Plaumann trank zu viel. Sonst geschah nichts.

Es klopfte. Berger schreckte aus dem Schlaf hoch, knipste das Licht an. Es klopfte wieder. „Señor Berger?"
„Ja, was gibt es denn?" Berger griff nach der Pistole.
„Ihr Kollege, der Herr Plaumann …"
„Was ist mit ihm?"
„Er ist sehr krank …"
Berger öffnete die Tür. Draußen stand Plaumann, von zwei Kellnern gestützt. Die Kellner in tadelloser Livree, Plaumann dagegen leicht derangiert.
„Legen Sie ihn auf das Bett", sagte Berger. Der Mann war sturzbetrunken.
„Wie konnte das passieren?", fragte Berger, nachdem er die Kellner mit einem Trinkgeld entlassen hatte.

Plaumann stierte ins Leere. „Ich habe doch nur ein Bier ...", murmelte er schließlich.
„Nur ein Bier?"
„Die – die müssen mir da etwas reingetan haben ..."
„Wer?"
Plaumann reagierte nicht.
„Wer hat Ihnen etwas ins Bier getan?"
Plaumann drehte sich mit einem Ruck zur Seite und kotzte ins Bett. Berger griff zum Telefon und ließ sich mit der Deutschen Botschaft verbinden.

„Warum haben Sie den Mann aus den Augen gelassen? Es war ganz klar Ihr Auftrag, für die Sicherheit des Herrn Plaumann zu sorgen!" Plaumann war auf dem Weg ins Krankenhaus.
„Ich weiß von keinem solchen Auftrag, Exzellenz", sagte Berger unwillig. „Plaumann ist volljährig. Wenn er in die Bar gehen und sich besaufen will, dann kann er das tun."
Der Botschafter war sofort erschienen. Berger registrierte, dass er einen Seidenrock über dem Hemd trug; offenbar hatte er sich nicht die Zeit genommen, sich vollständig anzukleiden. Er schüttelte den Kopf. „Plaumann hat sich nicht betrunken. Er ist außer Gefecht gesetzt worden. Auf die klassische Weise, genau wie damals Maxims Leute, als es um die Einführung des Maschinengewehrs ging. Zaharoff steckt dahinter. Vickers steckt dahinter. Die Konkurrenz."
„Man hat mir gesagt", erklärte Berger, „dass es hier nicht um Waffen geht, sondern um Flugzeuge. Zivile Verkehrsflugzeuge."
„Ja, und? Vickers baut auch Flugzeuge. Es geht um Geld, Berger, um viel, viel Geld. Sie hatten den Mann zu bewachen, auf Schritt und Tritt, ganz gleich, ob er nun ins Museum geht oder ins Bordell. Sie haben versagt."
„Tut mir leid", murmelte Berger. Es tat ihm kein bisschen leid.
„Und jetzt? Was machen wir jetzt?"
Berger zuckte mit den Achseln. Das war nicht sein Problem, dachte er.

„Ich werde Ihnen sagen, was jetzt geschieht. Wenn Plaumann nicht rechtzeitig wieder fit ist, werden Sie ihn beim Endspiel vertreten. Sie werden den unterschriebenen Vertrag entgegennehmen. Es ist alles geregelt. Der Lloyd Aereo Boliviano bestellt eine W34 und erhält die Option auf weitere vier Flugzeuge, die geordert werden, wenn die Maschine den Erwartungen entspricht. Ach ja, es gibt da von bolivianischer Seite noch ein paar Sonderwünsche. Die sind in einer Zusatzvereinbarung formuliert, die für beide Seiten bindend ist, aber nicht Teil des Vertrages. Dieses Papier unterschreiben Sie als Plaumann und bringen die für uns bestimmte Kopie hierher in die Botschaft."
„Was sind das für Sonderwünsche?", fragte Berger.
„Das braucht Sie nicht zu kümmern. – Starren Sie mich nicht so an, Berger, es geht um wirtschaftliche Interessen des Deutschen Reiches …"
„Ja, gut, das habe ich verstanden. Aber wie steht es mit der Moral?"
„Moral ist etwas sehr Schönes, Herr Berger. Wir schätzen die Moral außerordentlich. Aber davon kann man nicht satt werden."
Berger fragte sich, was wohl geschehen würde, wenn er diesem arroganten Schnösel jetzt etwas in die Schnauze hauen würde. Schade, dass das nicht ging. Es würde ihn die Stellung kosten. Und Berger hatte schließlich Familie.
„Und noch etwas, Herr Berger: Halten Sie sich fern von allen Personen, die mit der Vertretung Paraguays zu tun haben."
„Danke für den Rat", sagte Berger.
Der Botschafter lächelte kühl. „Das ist kein Rat, Herr Berger, das ist eine Anweisung!"

„¿Que tal?"
„Maria bitte!" Berger war froh, dass zu dieser nächtlichen Stunde die Vermittlung besetzt war und dass in der Botschaft Paraguays überhaupt jemand ans Telefon ging. Die Antwort bestand allerdings in einem langen Satz auf Spanisch, den Berger nicht verstand. Er versuchte es auf Englisch. „Maria, please."

„Which Maria?"
„This is Wilhelm Berger speaking, from Germany. Please, could you give me ..." Weiter kam er nicht. Auf der anderen Seite wurde der Hörer aufgelegt.

Eine gute Stunde später ging er neben Maria am Strand von Atlántida. Es war vollkommen dunkel. Der Sand knirschte unter seinen Füßen.
„Danke, dass du gekommen bist!", sagte Maria. Ihre Botschaft hatte sie alarmiert; sie hatte im Hotel zurückgerufen. „Und danke, dass du das für uns tust."
„Ich bin im Krieg gewesen", sagte Berger. „Im Weltkrieg. Und wenn ich etwas dazu beitragen kann, um zu verhindern, dass irgendwo ein weiterer Krieg ausbricht, dann will ich das tun."
„Das ist sehr gut. Mach dir keine Sorgen. Wir werden alles regeln."
Berger hätte stundenlang mit Maria am Strand entlanggehen mögen. Heute, morgen, immer. Zum Teufel mit dem Fußball! Aber hier ging es um ein ganz anderes, viel gefährlicheres Spiel. Öl und Waffen. Oder nur Waffen? Berger durchzuckte der Gedanke, das Öl könnte gar nicht existieren. Zaharoff könnte die Meldung über die APOC an die Presse lanciert haben, einzig mit dem Ziel, einen Ölkrieg anzuzetteln. Nein, das war zu absurd.
Maria sagte: „Wir machen es so: Du unterschreibst alles, was sie dir vorlegen. Du steckst die Verträge in die Innentasche deines Mantels. Hierhin. In dem Gedränge beim Ausgang wird dich jemand anrempeln und dir die Papiere stehlen. Und wir werden den Bolivianer abfangen."
„Was habt ihr mit ihm vor?"
„Er wird keinen Schaden mehr anrichten", sagte Maria. „Verlass dich drauf: Er wird keinen Schaden mehr anrichten."

Das Endspiel fand im frisch erbauten Estadio Centenario statt. Berger staunte, dass man eine so riesige Arena gebaut hatte, deren einziger Verwendungszweck ganz offensichtlich der Fußball war. Er hatte schon gehört, dass in Südamerika große Summen in diesen Sport investiert wurden. Dass sie so groß waren, hatte er nicht gedacht. Ein Stadion für 70.000 Zuschauer!

Berger war unbewaffnet. Vor dem Spiel war angekündigt worden, dass die Zuschauer auf besonderen Wunsch des Schiedsrichters keine Revolver mitbringen dürften. Er hatte Kontrollen befürchtet, aber die Überprüfung des Verbots war so oberflächlich, dass es keine Mühe bereitet hätte, ein ganzes Waffenarsenal einzuschmuggeln. Jetzt sah es so aus, als wäre er der einzige, der ohne Pistole gekommen war. Plaumann war noch nicht wieder auf den Beinen. Aber immerhin hieß es, er sei auf dem Weg der Besserung. Es half nichts; Berger musste ihn tatsächlich vertreten.

Während bei den vorausgegangenen Spielen die Stadien weniger als halb gefüllt waren, war diesmal die gigantische neue Arena überfüllt. Berger hatte Mühe, seinen Platz zu erreichen. Er sah sich um. Keine Spur von Maria. Und der Gesprächspartner? Rechts neben ihm oder auf der linken Seite? Keiner von beiden entsprach der Beschreibung, die der Botschafter ihm gegeben hatte. Der Mann rechts sah aus wie ein Zahnarzt, fand Berger. Zur Linken hatte ein dicker Kerl Platz genommen, der einen hellblau und weiß gestreiften Schal trug. Berger fragte sich, welche Landesfarben das nun sein sollten.

Das Spiel begann. Uruguay gegen Argentinien. Die besten Mannschaften hatten sich erwartungsgemäß bis ins Finale durchgesetzt.

Der Dicke wandte sich an Berger. „Herr Plaumann?"

Berger starrte ihn an. Dieser Mann sprach nicht nur Deutsch, sondern er sprach es akzentfrei. Der Mann war Deutscher, daran bestand kein Zweifel.

Der Dicke lächelte. „Sie haben Hauptmann Röhm erwartet, nicht wahr? Ernst lässt sich entschuldigen. Der Militärputsch im Januar hat einiges durcheinandergebracht. Die deutsche Führung unserer Streitkräfte ist im Augenblick etwas weniger sichtbar, verstehen Sie? Deshalb hat General Kundt mich geschickt. Unser

Freund Hans Kundt, er lässt Sie grüßen."

„Grüßen Sie ihn bitte zurück." Berger hatte keine Ahnung, von wem die Rede war. Sollte er jetzt sagen, dass er nicht Plaumann war? Besser nicht.

„Mein Name ist übrigens Meyer", erklärte der Dicke. „Werner Meyer." Das war vermutlich gelogen.

„Angenehm", erwiderte Berger. Das war auch gelogen. Der Kerl war Berger auf Anhieb unsympathisch. „Wir wissen es sehr zu schätzen, dass Sie sich in dieser wirtschaftlich so schwierigen Zeit auf deutsche Produkte konzentrieren."

Meyer lächelte. „Ich bitte Sie, das ist doch selbstverständlich. Das erste Flugzeug in Bolivien war schließlich ein Geschenk der deutschen Kolonie in La Paz, das hat man bei uns nicht vergessen. Auch eine Junkers übrigens, eine F13. Eine Hand wäscht die andere. Aber davon abgesehen: Es gibt zur Zeit keine andere Maschine, die mit befriedigenden Ergebnissen unter den Bedingungen geflogen werden kann, mit denen wir es in Bolivien zu tun haben. La Paz liegt immerhin in 3600 m Höhe."

„Unsere W34 fliegt bis in über 12.000 m Höhe." Berger hatte sich Plaumanns Unterlagen durchgelesen und versucht, sich die Einzelheiten zu merken.

„Der Rekordflug vom Mai 1929, ja, ich weiß. Aber ich nehme an, dass der Flug ohne Nutzlast ausgeführt worden ist, oder?"

„Ja, natürlich", improvisierte Berger. Davon hatte nichts in den Prospekten gestanden. „Aber die W34 kann 5 Passagiere transportieren."

„Aber nicht auf 12.000 m Höhe."

„Das kommt auf die Motorenleistung an", behauptete Berger. In dem Augenblick sprangen die Zuschauer auf. Berger und sein Gesprächspartner erhoben sich etwas verspätet. Die uruguayischen Fußballer liefen zurück in ihre Hälfte.

„1:0", stellte Meyer fest. „Uruguay führt 1:0."

Berger nickte. Es war ihm egal.

Meyer setzte sich. Verfrüht. Die anderen Zuschauer waren stehen geblieben, schwenkten ihre Hüte. Jemand schoss in die Luft.

Meyer stand wieder auf. Er sagte irgendetwas, das Berger nicht verstand.

„Bitte?"

Im Stadion herrschte ein Höllenlärm. Meyer wartete einen Moment, dann versuchte er es noch einmal: „Die Motorenleistung – ja, gewiss. Ich weiß, dass Junkers mit verschiedenen Typen experimentiert hat. Aber wir wollen einmal von den real vorhandenen Möglichkeiten ausgehen. Man hat mir versichert, dass es möglich ist, die volle Zahl an Passagieren bis mindestens in Höhen von 7000 m zu transportieren. Stimmt das?"

„Ja natürlich."

„Das entspricht bei fünf Passagieren einer Nutzlast von 500 kg?"

„Mindestens." Wenn die dieser Berechnung zugrunde gelegten Passagiere so fett waren wie der angebliche Herr Meyer jedenfalls.

„Aber dabei sind noch erhebliche Sicherheiten einkalkuliert?", bohrte Meyer nach. „So dass man davon ausgehen kann, dass die W34 zur Not auch 1000 kg bis in diese Höhe schaffen könnte?"

„Davon gehe ich aus", behauptete Berger.

„Das ist gut. – Und Sie können uns die W34 auch als Frachtflugzeug mit der gewünschten Sonderausrüstung liefern?"

Berger sah den Dicken an. „Sonderausrüstung?"

„Ja."

Es war klar, was damit gemeint war. „Deutschland liefert nur zivile Flugzeuge", sagte Berger.

„Habe ich etwas anderes behauptet?"

„Wir können die Maschinen in jeder gewünschten Ausführung liefern." Was blieb Berger anderes übrig? Der Botschafter hatte ihm eingeschärft, allem zuzustimmen. Und zur Lieferung der Bomber würde es ohnehin nicht kommen. Ein einzelner Waffenhändler war leichter zu erschießen als eine ganze Armee, hatte Maria gesagt.

Eine weitere Diskussion war jetzt unmöglich; die Zuschauer hatten ein gellendes Pfeifkonzert angestimmt. Argentinien war mit

2:1 in Führung gegangen.
„Die Flugzeuge …", setzte Berger an, als es wieder ruhiger wurde.
Meyer hörte nicht zu. „Abseits", sagte er. „Das war ganz klar Abseits! Haben Sie das nicht gesehen?"

Das Spiel war vorüber, der tosende Jubel verhallt. Uruguay hatte am Ende 4:2 gewonnen. Uruguay war Weltmeister. Jetzt drängten die Zuschauer zum Ausgang. Trotz der modernen Konstruktion des Stadions gab es Verzögerungen. Die Menschen stauten sich. Meyer war verschwunden. Berger kam nur langsam voran. Wo blieb Maria? Jemand tippte Berger auf die Schulter. Er fuhr herum. Es war der Sekretär der Deutschen Botschaft. Der Mann, der ihm die Pistole gegeben hatte.
„Die Verträge!"
„Ich bringe sie nachher in die Botschaft."
Der Mann schüttelte den Kopf. „Zu unsicher!"
Als Berger in die Tasche griff, hoffte er einen Moment lang, die Papiere wären nicht mehr dort. Aber es hätte einer wahren Wunderleistung bedurft, sie ihm unbemerkt zu entwenden. Berger griff sich in die andere Tasche. „Wo habe ich denn …?"
„Machen Sie keinen Unsinn!", zischte der Sekretär.
„Ach, hier sind sie ja!" Berger gab dem Mann die Papiere. Wo blieb Maria?
Der Sekretär verschwand in der Menge. Das Stadion leerte sich. Nur hier, an dem Ausgang, durch den Berger musste, ging es nicht weiter. Schließlich sah Berger, dass die Verzögerung nicht dadurch verursacht war, dass die Ausgänge zu klein waren, sondern vielmehr standen die Menschen draußen vor dem Stadium um etwas herum, das Berger nicht sehen konnte. Kurz entschlossen drängte er sich durch die Menge nach vorn. Da lag ein Mensch am Boden mit dem Gesicht im Dreck und rührte sich nicht. Eine Frau. Berger wusste schon, bevor er den leblosen Körper herumgedreht hatte, dass es Maria war.

Die deutschen Flugzeuge wurden vereinbarungsgemäß geliefert. Der Krieg um den Gran Chaco und die dort vermuteten reichen Ölvorkommen begann am 15. Juni 1932. Der Konflikt dauerte drei Jahre und kostete 100.000 Menschenleben. Vickers verkaufte Waffen an beide Seiten und machte ein gutes Geschäft. Man kann davon ausgehen, dass auch Junkers auf seine Kosten kam. Paraguay konnte das strittige Gebiet mit großen Opfern gegen alle bolivianischen Angriffe verteidigen. Aber Öl wurde im Gran Chaco nicht gefunden.

Bis heute nicht.

Italien, 1934
Weltmeister: Italien
Endspiel: Italien – Tschechoslowakei 2:1 n.V. (0:0, 1:1)
Teilnehmende Mannschaften: 16
Erzielte Tore: 70 in 17 Spielen (4,11 pro Spiel)
Torschützenkönig: Oldrich Nejedly (Tschechoslowakei), 5 Tore

Gisbert Haefs

Mussolinis Dackel

Nach dem obligatorischen Gruppenbild ging es wieder den Hang hinab zu den wartenden Fahrzeugen. Einer der deutschen Vulkanologen hatte ein feistes Untier mitgeschleppt, weil er, wie er sagte, ein „Gruppenbild mit Kater und Krater" haben wollte. Das kastrierte Vieh hieß Beppo, hörte aber keineswegs auf den Namen und weigerte sich, auch nur einen Schritt zu tun.
Wilhelm hatte beinahe Verständnis dafür. Er hätte es vorgezogen, im Observatorium zu bleiben und vielleicht am nächsten Tag allein oder mit einem Führer die Krater des Vesuvs zu erkunden. Nicht mit dieser großen Gruppe, und schon gar nicht mit Martin, der seinen gestählten Körper vorführen musste, indem er besonders hurtig bergauf lief. Andere fanden das offenbar nicht abstoßend, zum Beispiel die dunkelhaarige, grazile Neapolitanerin Claudia, um die Martin sich seit ihrer Ankunft bemühte. Die Festung ist bald sturmreif geschossen, dachte Wilhelm.
Er ließ die anderen vorangehen und genoss ein paar Momente lang ungestört die Anblicke. Oder den Ausblick, der aus den tausend Anblicken bestand – die Mondlandschaft des großen Kraters, die Zackenränder, die dünnen Rauchsäulen der Fumarolen, die Gräser und Flechten, die über der erstarrten Lava ihren Flickenteppich heckten, die Reste des alten funicolare, der viel besungenen Seilbahn, die Inseln und das Meer im Licht des späten Nachmittags, die Bucht. Und näher, fast zu nah, das schwarze Hemd des Fahrers, den man ihnen beziehungsweise Martin gestellt hatte.
Vor dem Abendessen gab es in der Bibliothek des Observatoriums Champagner. Tribut an die nötige Neutralität, wahrscheinlich, statt Spumante für die Italiener und Sekt für die Deutschen.

„Ihr Freund macht gute Fortschritte bei der Belagerung", sagte jemand neben ihm. „Trinken wir darauf, dass alle ihre schönen Ziele so gut erreichen."
Wilhelm hob das Glas und trank. Wozu hätte er dem Ingenieur, dessen Namen er längst vergessen hatte, auch widersprechen sollen? Ihm etwa sagen, dass er und Martin alte Schulkameraden waren, deren einstige Freundschaft sich im Verlauf der Reise arg abgenutzt hatte. Einen Augenblick lang erwog er, den Mann zu fragen, was ihn ins Observatorium gebracht habe. Aber er sagte sich, dass der Ingenieur es ihm ohnehin bald erzählen würde, und dass jederzeit angehende oder fertige Wissenschaftler zu Forschung und Weiterbildung herkamen. Vulkanologen, Geologen, wozu nicht auch ein Ingenieur?
„Sie arbeiten doch bei diesem Verlag in Berlin, wenn ich das richtig verstanden habe?"
Wilhelm nickte. „Noch, ja."
„Wollen Sie sich verändern?"
„Nicht unbedingt, aber es stehen dort einige Veränderungen an, und ich weiß nicht, wie es weitergeht."
Der Ingenieur kniff ein Auge zu. „Wie überall, nehme ich an", sagte er halblaut. „Parteibuch?"
„Zum Beispiel."
„Na ja, Sie kennen doch die alten Sprüche. Mit den Wölfen heulen, when in Rome do like a Roman und derlei. Der Spuk wird ja irgendwann enden, und bis dahin?" Er hob die Schultern.
„Fragt sich nur, ob es ein Spuk ist."
Der Ingenieur gluckste. „Ihr Freund hat aber harte Konkurrenz gekriegt."
Wilhelm folgte den Blicken des anderen. Neben Martin stand der muntere junge Italiener, Lorenzo Sabatini, von dem es hieß, er sei der Sohn eines alten Freundes von Alessandro Malladra, dem zur Zeit in Rom weilenden Direktor des Observatoriums – Sohn eines Freundes und rechte Hand beim Abfassen von Berichten und Aufsätzen. Er und Martin hätten Brüder oder zumindest Vettern sein können: athletisch, dunkelhaarig, irgendwie römi-

scher Gesichtsschnitt.

„Verblüffend, die Ähnlichkeit", sagte der Ingenieur. „Spielen beide sicher pausenlos Tennis oder schwimmen viel. Wenn die junge Dame Gefallen daran findet, könnte sie ja auch beide nehmen."

„Ich glaube, Sabatini hat nicht viel zu bestellen." Wilhelm lächelte flüchtig. „Er ist Lombarde, also Ausländer; sie ist aus Neapel, und Martin hat lange hier gelebt, spricht Neapolitanisch, kennt alle rührseligen und unfeinen Lieder. Wenn Heimat etwas gilt …"

„Wie kommt es, dass er hier gelebt hat?"

„Sein Vater hat hier gegraben. Archäologe."

Auf einigen Umwegen kam der Ingenieur wieder zur Verlagsfrage. Er habe einige Studien betrieben und Projekte entwickelt, sagte er, über Zahnradbahnen, seitenwindresistente Liftanlagen – „funiculi funicula, Sie wissen schon" –, und ob derlei den renommierten Fachverlag vielleicht interessieren könnte.

Wilhelm erkundigte sich nach Einzelheiten und erfuhr auch einiges über das Privatleben und die politischen Ansichten des Mannes. Manches davon mochte Martin interessieren, später. Nachdem sie Visitenkarten getauscht hatten, schlenderte Wilhelm eine Weile umher und betrachtete Buchrücken. Beim Abendessen saß die schöne Neapolitanerin ihm gegenüber, zwischen zwei Feuern, aber Martins Geschütze schienen mehr Wirkung zu erzielen als die von Lorenzo. Ein Italiener auf Wilhelms rechter Seite kommentierte die italogermanische Konkurrenz-Entente gegenüber ein wenig spöttisch und erkundigte sich dann, was Wilhelm vom bisherigen Verlauf der Weltmeisterschaft halte.

„Ach, ich bin sicher, Ihre Landsleute werden sich im eigenen Land bestens schlagen", sagte Wilhelm. „Schade ist allerdings, dass der Titelverteidiger nicht dabei ist."

Der Italiener lachte. „Uruguay boykottiert, Argentinien und Brasilien sind mit Ersatzmannschaften gekommen, weil professionals nicht zugelassen sind. Ecco!"

Wilhelm nickte. „In der zweiten Runde sind die Europäer unter sich. Und Ihre Leute haben offenbar sehr schön gespielt."
Spanien hatte Brasilien besiegt, Argentinien war gegen Schweden ausgeschieden, Ägypten gegen Ungarn, und Italien hatte unter den Augen des Duce das Eröffnungsspiel in Rom gegen die USA 7:1 gewonnen. Fußball war ein wunderbares Ausweichthema; man konnte nett über die Vorgänge auf dem Rasen plaudern, statt sich in den Morast der Politik zu wagen.
„Im Viertelfinale geht's übermorgen gegen Spanien, das wird härter. Aber Ihre Deutschen, fünf zu zwei gegen Belgien, auch nicht schlecht." Der Mann hob sein Glas. „Ein großes Fest, und ich bin überzeugt, in zwei Jahren werden Sie in Berlin ein noch größeres Fest feiern, Olympia. Trinken wir auf unsere beiden großen befreundeten Völker und unsere großartigen Führer."
Wilhelm unterdrückte einen Seufzer; er konnte sich schlecht weigern, nahm aber nur einen winzigen Schluck, und der gute Wein schmeckte wie Essig.
„Bedauerlich", sagte er, um überhaupt etwas zu sagen, „dass die Karten so teuer sind. Sonst könnten mehr Menschen zuschauen."
Irgendwann endete die Feier. Wilhelm registrierte, dass Lorenzo ein wenig mürrisch wirkte und sich schnell verzog; Martin und Claudia waren nicht zu sehen.
Auf dem Weg zu dem Zimmer, das er mit seinem alten Schulkameraden teilte, dachte er zunächst mit Erleichterung daran, dass er nun ein paar Stunden schlafen und schweigen durfte. Sein Italienisch war aufgebraucht, seine Zunge waidwund, er fühlte sich erschöpft.
Anders als Martin hatte er die Sprache spät und methodisch erlernen müssen, nicht mit der Luft und dem Wasser aufgenommen. Dabei waren es aber gerade seine Sprachkenntnisse, die … Oder vielleicht etwas anderes. Während er sich zur Nacht fertig machte, versuchte er zum hundertsten Mal, Martins Motive und die eigenen Reaktionen auszuleuchten.
Die restliche Strahlkraft seines müden Hirns genügte aber nicht

für neue Erkenntnisse – nichts, was über die bisherigen Tatsachen und Zweifel hinausging. Sie hatten die drei letzten Gymnasialklassen miteinander verbracht, nachdem Martin aus Italien heimgekommen war. Eine solide, wiewohl von beiden Seiten mit Zurückhaltung betriebene Freundschaft hatte zu den üblichen gemeinsamen Erlebnissen geführt: Streiche, Mädchen, Trinkgelage. Er hatte Germanistik und Romanistik studiert, ein Verlagspraktikum gemacht und war beim Verlag geblieben. Martin hatte in Abkehr von den archäologisch-altphilologischen Vorlieben seines Vaters Jura studiert und sich der Politik verschrieben. Sie hatten einander aus den Augen verloren und vor ein paar Wochen zufällig getroffen, in einem Café Unter den Linden. Die unvermeidlichen Fragen: Was machst du, leben die Eltern noch (Wilhelms Eltern waren früh gestorben), bist du verheiratet (beide „Nein")?

Nach und nach erfuhr Wilhelm, was Martin tatsächlich machte. Zunächst hatte er etwas über ein Ministerium erzählt, ohne Einzelheiten zu nennen, dann gelegentlich etwas über Rosenberg und Goebbels gesagt, und schließlich war Wilhelm dahintergekommen, dass Martin in der Presseabteilung des APA, des Außenpolitischen Amts der NSDAP arbeitete. Propaganda, Beschaffung und Verteilung von Informationen, Beziehungen ... klar, dass man ihn gelegentlich nach Italien schickte, wenn dort etwas zu erledigen war. Was auch immer. Das APA schien bestens desorganisiert zu sein und brauchte offenbar fähige Leute, und als Wilhelm – kein Misstrauen unter alten Schulfreunden – erwähnte, dass er ohne Parteibuch wohl bald aus dem Verlag fliegen würde, hatte Martin zunächst gesagt: „Warum trittst du nicht ein?" Später sagte er, es gebe ja, wenn man denn überhaupt nicht wolle, auch andere Möglichkeiten. Schließlich hatte er vorgeschlagen, Wilhelm solle Urlaub nehmen und ihn nach Italien begleiten („um die Kosten mach dir keine Gedanken"), und dabei könne man sehen, wie man miteinander auskomme und ob Wilhelm sich eigne.

Wilhelm fand die Reise anstrengend, nicht nur physisch. Elend lange Bahnfahrten, plötzliche Einladungen – wie die ins Vesuvobservatorium, in dem Martin eigentlich nichts zu erledigen hatte, aber dann war er in Neapel einem alten Bekannten begegnet, und deshalb waren sie jetzt am Vesuvhang. Aber vielleicht gab es ja doch etwas zu erledigen, und der alte Bekannte war nicht zufällig aufgetaucht. Anstrengende gegenseitige Beobachtung, fand Wilhelm, der aber nicht wusste, ob Martin es ebenso sah; und anstrengende Überlegungen, was hinter diesem Termin und jener Geste stecken mochte. Beinahe jeden Abend bat Martin ihn um eine Art Bericht: Leute, Inhalt von Gesprächen, interessante Bemerkungen, Rückschlüsse aus erzählten Anekdoten.

Wilhelm unterzog sich diesen Eignungsprüfungen; allerdings nahm seine Neigung dazu täglich ab. Es kam noch hinzu, dass er zwar keine rechte Zukunft für sich im Verlag mehr sah, aber noch weniger in der seltsamen Halbwelt aus Propaganda und Geheimdienst; wenn es das denn war. Wilhelm verabscheute die Leute, für die Martin arbeitete; er wollte weder Rosenbergs noch Goebbels' Schoßtier werden und hoffte inbrünstig, „der Spuk", wie der Ingenieur gesagt hatte, möge bald vorbeigehen.

Mit matten Gedanken, die irgendwie im Kreis verliefen, schlief er ein. Er wurde kurz wach, als mitten in der Nacht Martin ins Zimmer kam, ein breites sattes Grinsen im Gesicht. Wie ein unkastrierter Kater, dachte Wilhelm, tat aber so, als ob er schliefe, da er keine Triumphberichte hören wollte.

Morgens verließen sie das Observatorium. Martin hatte dies und das – mehr sagte er nicht – in Neapel zu erledigen und überließ Wilhelm den Wagen und den Fahrer. Wilhelm fühlte sich durch den neapolitanischen Akzent des Mannes überfordert und sprach nicht viel mit ihm. Sie verbrachten einen Teil des Tages in den Ruinen von Pompeji, und abends gab es in einem Gästehaus der Stadt ein weiteres Essen für die geehrten Gäste. Claudia war da, und ebenso Lorenzo, der den Kampf offenbar aufgegeben hatte und gute Miene machte.

Nach kargem Schlaf fuhren sie im Morgengrauen los, ohne Frühstück – „… gibt's auf der Fähre.", sagte Martin, „Los, beeil dich!" Der gähnende Fahrer brachte sie nach Pozzuoli, wo Martin ihn anwies, sie mit ihrem Gepäck an der Abendfähre zu erwarten. Tatsächlich erhielten sie auf der Fähre Kaffee und ein paar Hörnchen. Wilhelm frühstückte im Stehen, an der Reling, blickte zurück ans Land und dann auf die Bucht, auf das grandiose Schauspiel eines Sonnenaufgangs schräg hinter dem Vesuv, das ihn beinahe betäubte. So sehr jedenfalls, dass er von der langen Unterhaltung zwischen Martin und einem der Offiziere (oder Schaffner, dachte er) des Schiffs kaum etwas mitbekam.
Was da so dringend auf Ischia zu erledigen war, wusste er nicht; es kümmerte ihn auch nicht weiter. Er hatte ein paar Gedanken zu Ende zu denken, und Martins Andeutungen – irgendein hohes Tier, wohl aus der unmittelbaren Umgebung von Röhm, schien zur Kur, zum Wassertreten, in Forio d'Ischia zu weilen – verlockten ihn nicht, sich den vermutlich ohnehin diskreten Gesprächen zu nähern. Er fand Röhm und seine SA besonders abstoßend und wollte gar nicht wissen, was Martin ausgerechnet auf Ischia mit einem der Leute zu besprechen hatte. Informationen, wahrscheinlich, das gewöhnliche Stochern im Nebel, den er nicht als Politik bezeichnen mochte.
Der Mann musste ein ziemlich hohes Tier sein; er hatte seinen Wagen samt uniformiertem Fahrer aus Berlin mitgebracht und zum Empfang an den Hafen geschickt. Wilhelm stieg vor Erreichen der Badeanlagen aus, schlenderte um und durch den Ort, plauderte mit Leuten und betrachtete Häuser, Gärten und Fischerboote. Er trank leichten Weißwein, aß in einer Straßentaverne köstliche Pizza vom Blech und saß später mit hundert anderen vor einem Lokal, aus dem ein Rundfunkgerät dröhnte und schepperte: die Übertragung des Viertelfinalspiels der Italiener gegen Spanien in Florenz.
„Eine große Sache für unser Land, dieses Turnier", sagte ein älterer Mann, der neben Wilhelm saß. „Ich hoffe, wir gewinnen."
Ein anderer zog den Inhalt seiner Nase hoch und spuckte aus.

„Triumph des Faschismus", knurrte er. „Von unserem Geld Stadien bauen und dann alles so teuer machen, dass wir es uns nicht leisten können ..."

Der Rundfunkreporter musste sich dauernd verbessern. Er schilderte einen spanischen Angriff, der mit einem bösen Foul eines italienischen Abwehrspielers endete – aber dann gab der belgische Schiedsrichter keinen Elfmeter für Spanien, sondern Freistoß für Italien. Es schien eine sehr grobe Veranstaltung zu sein; Wilhelm hörte irgendwann auf, die Spanier zu zählen, die verletzt vom Platz getragen wurden und entweder humpelnd wiederkamen oder nicht.

Nach dem Ende der Spielzeit stand es 1:1; es gab eine Verlängerung, von den Zuhörern mit Stöhnen quittiert. Die Ergebnisse der drei anderen Spiele wurden durchgesagt. Tschechoslowakei – Schweiz 3:2, Österreich – Ungarn 2:1, Deutschland – Schweden ebenfalls 2:1; Wilhelm musste Schulterklopfen und Glückwünsche hinnehmen und ein paar Flaschen Weißwein ausgeben.

Eine halbe Stunde später stand es in Florenz immer noch 1:1. Am nächsten Tag würde es im selben Stadion ein Wiederholungsspiel geben, und der Reporter teilte den Zuhörern mit, dieses werde zweifellos mit einem italienischen Sieg enden.

„Die Götter und der Duce wollen es so", sagte der Mann, der vorher vom Triumph des Faschismus gesprochen hatte.

Ein anderer hatte noch gehört, wer am nächsten Tag als Schiedsrichter vorgesehen war. „René Mercet", sagte er, „Schweizer, hat unser sieben zu eins gegen Amerika gepfiffen, das ist doch ein gutes Zeichen."

Bald darauf schlich die schwarze Limousine um die Piazza. Wilhelm sah Martin winken und verabschiedete sich von den immer noch debattierenden Fußballhörern.

Auf der Fahrt zum Fährhafen sagte Martin plötzlich: „Wir fahren ja mit dem Abendzug nach Rom; da hab ich nichts zu tun. Sollen wir sehen, ob es einen Nachtzug oder einen am frühen Morgen gibt, mit dem wir nach Florenz kommen? Vielleicht kriegen wir Karten für das Spiel morgen, und ein match sollte man wirklich

mitnehmen, wenn man schon im Land ist."
„Ich denke, du hattest wichtige Gespräche", sagte Wilhelm. „Woher weißt du, wie das Spiel ausgegangen ist?"
Martin verzog das Gesicht. „Der Kerl hatte die ganze Zeit den Empfänger laufen. Wir waren uns aber schnell einig, insofern haben wir nichts verpasst."
„Darf ich fragen, worum es eigentlich ging?"
Martin deutete auf den Hinterkopf des Fahrers. „Erzähl du mir lieber, was du so gemacht hast. Irgendwelche interessanten Gespräche? Geschichten? Äußerungen?"
Auf der Fähre, an die Reling gelehnt, war er nicht mehr so zurückhaltend. „Wenn du's wissen willst", sagte er, „kann ich dir ein bisschen Futter geben. Hast du es dir denn inzwischen überlegt?"
„Was?"
„Ach, komm, spiel nicht das scheue Rehlein. Du weißt doch genau, was ich meine."
Wilhelm wich aus. „Ich bin noch nicht ganz entschlossen", sagte er. Dann setzte er hinzu: „Vor allem, was Mitgliedschaften angeht."
Martin grunzte. „Überleg's dir. Es muss nicht die Partei sein; irgendwas anderes tut's auch."
„SA?"
„Besser nicht."
Wilhelm pfiff leise. „Ist das das Ergebnis dieses Nachmittags?"
„Sagen wir so: Es gibt gewisse Entwicklungen, mit denen der Führer unzufrieden ist, und ich habe ein paar wichtige Informationen erhalten. Es kann sein, dass in den nächsten paar Wochen die Bedeutung von Röhm und seinen Genossen ein wenig … vermindert wird."
„Mehr magst du nicht sagen?"
Martin schüttelte den Kopf. Ein paar Sekunden später erschien wieder der Offizier, mit dem er sich auf der Hinfahrt morgens unterhalten hatte. Er beglückwünschte Wilhelm zum großen Sieg der Deutschen; dann wandte er sich an Martin, mit dem er

sich auf der Hinfahrt wohl angefreundet hatte und den er offenbar für einen Italiener hielt, und sagte: „Fällt dir etwas ein, was man tun könnte, damit unsere Jungs morgen gewinnen?"
„Warum? Nur so, oder gibt's einen besonderen Grund?"
Der Mann lachte halblaut. „Die Familie betreibt eine Art Wettbüro", sagte er, „und wir haben ziemlich viel auf unseren Sieg gesetzt. Außerdem wäre der Duce wochenlang schlecht gelaunt, wenn's schiefgeht, und das wollen wir doch nicht, oder?"
Martin schien zu zögern; jedenfalls kam es Wilhelm so vor.
„Mein Freund", sagte er schließlich, „weißt du, was Propaganda ist?"
„Ja, oder nein, wieso?"
„Man muss den Leuten etwas erzählen, und man muss dafür sorgen, dass sie es glauben wollen. Dann werden sie es glauben, auch wenn sie wissen, dass es nicht stimmt."
Der Offizier kniff die Augen zusammen. „Ich bin nicht sicher", sagte er leise, „dass ich dir folgen kann."
„Dieser Schiedsrichter ist Schweizer. Vielleicht hat er einen Dackel, den er liebt."
„Ah. Vielleicht hat er aber keinen Dackel."
„Wenn man es ihm deutlich genug sagt, wird er selbst glauben, einen zu haben. Vor allem, wenn er weiß, was er durch Haben und Nichthaben gewinnt. Oder verliert."
Wilhelm hielt sich zurück. Er begriff nicht, was Martin meinte, und er war auch nicht sicher, ob er das, was die beiden da in vollmundigem Neapolitanisch verhandelten, richtig verstand.
Der Italiener schien zu verstehen; er lachte plötzlich. „Gut, carissimo", sagte er. „Willst du etwas auf den Sieg setzen?"
Martin zog die Brieftasche, nahm einen Geldschein und reichte ihn dem anderen. Wilhelm hatte sich halb abgewandt und sah nicht, wie viele Lire es waren; er versuchte, sich in den Anblick der Bucht und des Vesuvs zu versenken, vom Feuer der Abenddämmerung angestrahlt.
„Wie heißt du, und wohin soll ich den Gewinn schicken? Oder bringen?"

„Lorenzo Sabatini", sagte Martin. „Im Observatorium."
Der Offizier nickte, notierte den Namen und steckte den Schein ein.
Als er weggegangen war, sagte Wilhelm: „Was soll das denn werden?"
Martin hob die Schultern. „Mal sehen."
Als sie in Pozzuoli die Fähre verließen, war der Wagen noch nicht da. Sie warteten ein paar Minuten; Wilhelm rauchte eine Zigarette, und Martin pfiff eine brüchige Melodie durch die Zähne.
Schließlich kam der Wagen; alle Passagiere und Fahrzeuge hatten inzwischen die Fähre verlassen, und als einer der ersten von der Besatzung kam der Offizier an ihnen vorüber. Er nickte ihnen grinsend zu und lief über den Kai zu einem Lagerhaus neben einer kleinen Taverne. Dort verschwand er in einem dunklen Eingang.
Der Fahrer war ausgestiegen, um den Wagenschlag zu öffnen. Er blickte dem Offizier nach und sagte halblaut etwas, das Wilhelm nicht verstand. Martin verstand es offenbar, denn er lachte kurz und sagte etwas wie „man wird sehen". Auch der Fahrer lachte.
Der Fahrer brachte sie zum Bahnhof, wo der Abendzug nach Rom bereits wartete und schnaufte. Sie verabschiedeten sich – Martin drückte dem Fahrer einen Schein in die Hand –, stiegen ein und verstauten ihr Gepäck.
„Was habt ihr da noch zu lachen gefunden?"
Martin ließ sich auf den Sitz sinken und schaute aus dem Fenster. Als der Zug sich in Bewegung setzte, sagte er: „Morgen wird zugeschlagen."
„Soll heißen?"
„Wenn's deine zarte Seele nicht belastet ..."
„Die ist belastbar."
„Na schön." Martin sah ihm ins Gesicht. „Das ist gestern beschlossen worden, in Neapel und woanders; ich habe nichts damit zu tun, ich war nur gewissermaßen in der Nähe, und der Fahrer ... Gewisse Dinge sprechen sich schnell herum, bei den Beteiligten. Also, sagt dir la maffia etwas?"

„Diese sizilianischen Banden?"
„Nicht nur sizilianisch; die gibt's überall, und überall haben sie andere Namen. Schmuggel, Erpressung, Drogen, schwarze Wetten, alles, was einem so einfällt. Mit denen wird keiner fertig. Jedenfalls nicht mit sanften Mitteln. Denen eines Rechtsstaats."
So, wie er das letzte Wort aussprach, mochte es ein Schimpfwort sein. Oder ein Fluch.
„Das", sagte Wilhelm, ohne eine Miene zu verziehen, „sind ohnehin nicht die Mittel, die Führer und Duce verwenden."
„Und deshalb wird es hier, wie auch bei uns, gelingen, diese kriminellen Banden zu besiegen. Zu beseitigen. Mit harter Hand fürs Vaterland."
„Und dein Freund vom Schiff? Dein carissimo, dem du einen falschen Namen genannt hast?"
Martin gähnte. „Lass uns ein paar Augenblicke schlafen", sagte er. „Wenn alles klappt, wird es eine lange Nacht im Zug."

Sie erreichten Florenz gegen Mittag, und es gab Karten für das Wiederholungsspiel. Das Stadion, das 55.000 Zuschauer fasste, war nur zu etwas mehr als zwei Dritteln voll. Durch Zufall standen sie in einer der ersten Reihen – wegen der hohen Kartenpreise hatten sie sich nicht zu Tribünenplätzen aufraffen mögen – in der Nähe des Gangs zu den Kabinen.
Kurz vor Spielbeginn bemerkte Wilhelm einen großen dicken Mann, der aus dem Gang kam und von dort auf die Tribüne stieg. Er stieß Martin an.
„Was ist?"
„Siehst du den Dicken da? Sieht aus wie der Duce."
Martin klackte mit der Zunge. „Doppelgänger. Wahrscheinlich ein Clown. Kabarettist. So etwas. Der Echte ist bestimmt in Rom. Und würde hier Riesengetöse auslösen."
Wilhelm schaute noch eine Weile hin. Der falsche Mussolini trug ein Stofftier unterm Arm. Als er das Vieh auf den Schoß nahm, sah Wilhelm, dass es ein Dackel war, und um den Leib hatte man ihm einen roten Stoff mit einem weißen Kreuz gewickelt,

die Fahne der Schweiz.

Das Schiedsrichtergespann führte die beiden Mannschaften aufs Feld. Als sie aus dem Gang kamen, brüllte der Dicke etwas, und Schiedsrichter Mercet blickte zu ihm auf. In diesem Moment zog Mussolinis Doppelgänger ein Rasiermesser, klappte es auf und setzte es dem Dackel an die Kehle. Wilhelm war nicht sicher, glaubte aber, dass der Unparteiische blass wurde und kaum merklich nickte.

Die Spanier mussten auf sieben am Vortag verletzte Spieler verzichten, auch auf den unersetzlichen Ricardo Zamora, der als bester Torhüter der Welt galt und im ersten Spiel, sagte man, die Italiener zur Verzweiflung gebracht hatte. Wilhelm blickte immer wieder zu dem Dicken auf der Tribüne, deshalb sah er nicht allzu viel vom Spiel. In der zehnten Minute verfehlte ein italienischer Stürmer das spanische Tor. Es hätte einen Abschlag geben müssen, aber Mercet pfiff Eckball. Als der Ball in den Torraum flog, wollte der spanische Torwart ihn abfangen, aber der große, ruhmreiche Meazza stützte sich bei ihm auf und köpfte den Ball ins Tor. Freistoß für Spanien ... ah, nein, Mercet deutete zum Anstoßkreis, Italien führte 1:0.

Dabei blieb es bis zum Ende. Mindestens zwei Elfmeter und zwei reguläre Tore für Spanien wurden nicht gegeben, immer wieder mussten Spanier vom Platz getragen und behandelt werden, um danach hinkend und humpelnd weiterzumachen. Ohne einen einzigen Platzverweis erreichte Italien das Halbfinale.

Als sie nach dem Spiel das Stadion verließen, nahm Martin Wilhelms Arm und zog ihn zur nächsten Ecke, von der aus man einen Blick auf die reservierten Parkplätze werfen konnte. Dort stand neben anderen Wagen und den Mannschaftsbussen ein strahlend neuer Fiat, noch ohne Zulassung.

„Und wie geht's weiter?", sagte Wilhelm.

Martin schnaubte. „Wir verlieren gegen die Tschechen, Italien schlägt Österreich, und im Finale in Rom, vor den Augen des Duce, werden sie die Tschechen massakrieren, so oder so."

„Das habe ich nicht gemeint."

„Ah, du meinst die Reise? Bologna, Modena, Brenner, heim. Oder willst du noch irgendwo bleiben? Einen Tag oder zwei könnte ich noch anhängen."
„Lass uns in Modena übernachten, das kenne ich nicht. Und ... da klären wir alles Weitere."

Später erinnerte Wilhelm sich undeutlich an Altstadtgassen, gutes Essen, eine wunderbare Kirche, viel Wein. Und an eine beinahe schlaflose Nacht, in der er sich dazu durchrang, etwas Neues zu beginnen, ein großes Abenteuer, das auch eine große Katastrophe werden konnte.
Morgens, beim Frühstück, schwankte er wieder. Martin war früher aufgestanden, hatte bereits einen Kaffee getrunken und mehrere Zeitungen gelesen. Er war gut aufgelegt, plauderte charmant, der alte Freund, nicht der ... ja, der was der vergangenen Tage? Agent? Verschwörer? Spion? Bote?
Nach dem Frühstück schob er ihm eine der Zeitungen hin. „Könnte dich interessieren", sagte er. „Nicht die Titelseite, da ist alles voller Fußballtriumphgeheul. Hier." Er entfaltete die Zeitung und klopfte auf eine Seite. Dann erhob er sich. „Ich will sehen, ob ich in Neapel jemanden ans Telefon bekommen kann."
Wilhelm las. Über Festnahmen bei einem großen Einsatz aller verfügbaren Kräfte gegen das Bandenunwesen, über einige Dutzend Tote. Und über einen Selbstmord in Neapel, wo ein junger Mann namens Lorenzo S., den die Sicherheitskräfte zu einer Befragung bitten wollten, sich vom Balkon gestürzt hatte.
Wilhelm starrte auf die Meldung, las sie wieder und wieder, dachte an den munteren Lombarden, dessen Name sich auf einem kompromittierenden Wettzettel befunden hatte, daran, wie er darauf gelangt war, und ob er sich vom Balkon gestürzt hatte oder gestürzt worden war, mit harter Hand fürs Vaterland.
Als er Martin zurückkommen hörte, blickte er vom Blatt auf und sah das breite Katergrinsen.
„Was erheitert dich?"
„Es war der Lorenzo. Sie wollten ihn befragen. Und Claudia ist

verhaftet. Sie hat ein bisschen unvorsichtig über den Duce geredet."

„Mit wem denn – außer mit dir?"

Martin stand immer noch neben dem Tisch und schaute auf ihn herab. „Ich glaube", sagte er langsam, „du bist zu weich für das Geschäft. Du könntest natürlich klein anfangen und …"

„Warum grinst du so? Und warum hast du Lorenzos Namen bei deiner Wette verwendet?"

„Ein Jude weniger."

„Woher …" Aber dann schwieg er. Sabbat, dachte er, natürlich.

Er schwieg auch, als sie ihre Rechnung bezahlten – diesmal wollte er nicht Martin alles übernehmen lassen – und sich von einem Taxi zum Bahnhof bringen ließen. Der Zug nach Norden, Richtung Brenner, war erst in einer halben Stunde fällig. Sie standen schweigend mit ihrem Gepäck an der Bahnsteigkante, als ein Zug mit Ziel Mailand einlief. Etwas zuckte in Wilhelm, aber er beherrschte sich. Er wusste nicht, wie er später über die Beherrschung denken würde; ebenso wenig wusste er, wie er den Rest seines Lebens mit der Erinnerung an einen ausgeführten Impuls hätte leben können.

Martin starrte ihm in die Augen. „Das habe ich gerade richtig gesehen, nicht wahr?"

„Ich weiß nicht, was du gesehen hast."

„Du hättest es nicht gekonnt, selbst wenn du gekonnt hättest." Martin klopfte sich mit der linken Hand gegen den rechten Oberarm. „Muskeln, weißt du. Falls du das weißt. Wo wirst du dir das Endspiel anhören?"

Wilhelm bückte sich, um seinen Koffer aufzuheben. „Gar nicht", sagte er. „Ich werde es ignorieren – in Paris. Oder London."

Martin nickte. „Komm nicht zurück", sagte er.

Sie gaben einander nicht die Hand. Wilhelm wusste nicht, ob er im Zug eine Karte lösen konnte, aber er stieg ein. In den Zug nach Mailand, vor den er Martin nicht gestoßen hatte.

Frankreich, 1938
Weltmeister: Italien
Endspiel: Italien – Ungarn 4:2 (3:1)
Teilnehmende Mannschaften: 15
Erzielte Tore: 84 in 18 Spielen (4,67 pro Spiel)
Torschützenkönig: Leónidas (Brasilien), 8 Tore

Sandra Niermeyer

Selbstmord kann man immer noch begehen

Ich vermied es, das Geländer zu berühren, um mich nicht mit Syphilis anzustecken. Die Toiletten lagen in den Zwischenstockwerken. Es waren Stehklosetts à la turque. Sie waren wahrscheinlich hygienischer als die deutschen Sitzklosetts, aber ich ekelte mich. Die Männer, denen ich auf der Treppe begegnete, erschienen mir alle verdächtig, obwohl sie vermutlich arme Emigranten waren wie wir.
Ich ging hoch zum fünften Stock. Das Haus lag im Quartier Latin, einer belebten Gegend. Ich hatte nicht alle Adressen gefunden. Meistens war ich im Kreis gelaufen. Erst spät hatte ich verstanden, warum. Ich hatte zwar in der Schule gelernt, was rechts und links hieß: à droite und à gauche, was man jedoch vergessen hatte, mir beizubringen, war „geradeaus": tout droit. Jedes Mal, wenn jemand auf meine Frage geantwortet hatte, ich solle tout droit gehen, hatte ich à droite verstanden und war nach rechts gegangen. Für jemanden, der im Deutschen schon gelegentlich rechts und links verwechselte, schaffte diese zusätzliche Schwierigkeit eine unauflösbare Verwirrung.
Es waren überwiegend Flickarbeiten, die ich abliefern musste. Ich ging jeden Morgen um kurz vor acht Uhr aus dem Haus, um ein billiges Aller-Retour-Billet kaufen zu können. Die Metro machte mir Angst, aber ohne sie ging es nicht. Die Türen schlossen so schnell, dass man sich beinahe dazwischen einklemmte. Dagegen war die Berliner U-Bahn eine Nuckelpinne.
Lea erwartete mich schon. Sie hatte die ganze Wohnung mit Kissen ausgelegt. Die Möbel waren in Berlin bei unseren Eltern geblieben. Wir saßen, schliefen und aßen auf dem Boden. Die Wörter Heimat und Gemütlichkeit gab es in der französischen

Sprache nicht. Trotzdem hätte Lea es mit den vielen Kissen und einigen Tüchern beinahe geschafft, beides herzustellen, wären nicht die Schlingen gewesen, die von der Decke baumelten.
Ich legte die paar Francs und Centimes in eine Blechdose unter ein Kissen. Emigranten, die mittellos waren, wurden von einem amerikanischen Wohlfahrtskomitee, dem Joint, unterstützt, aber das Geld reichte nie. Ich besserte es mit Flickarbeiten und den Flaschen auf. Lea ging nicht aus der Wohnung, sie putzte und kochte. Jeden Tag sagte sie, dass sie nach Deutschland zurück wolle, obwohl es dort schlimmer geworden war. Wir hatten die Schule verlassen müssen, und mein Traum, Kinderärztin zu werden, war geplatzt. Hier waren wir Emigranten, die nur unzureichend die Sprache beherrschten, dort waren wir ein Geschwür am Volkskörper.
Wir waren über Brüssel illegal nach Frankreich eingereist und besaßen keine carte d'itentité d'étranger. Ein Umstand, der bei Lea dazu beitrug, dass sie sich in der Wohnung versteckte, und bei mir, dass ich jeden Polizisten, den ich auf der Straße sah, wenn ich mit meinem Köfferchen unterwegs war, ansprach und nach dem Weg fragte, um mich nicht verdächtig zu machen.
„Ist der Gashahn zu?", fragte ich beiläufig. Ich wollte nicht Leas Selbstmordabsichten zum Opfer fallen. Sie nickte. Meistens achtete sie darauf, alle Spuren der Selbstmordpläne zu beseitigen, wenn ich nach Hause kam, nur die Schlingen ließ sie hängen. Wahrscheinlich fand sie die dekorativ.
Wir waren Zwillinge, aber wir hätten unterschiedlicher nicht sein können. Lea war schwermütig und ich war leichtsinnig. Eigentlich hatte ich Ruth heißen sollen, aber davon gab es schon vier in der Familie, und man hätte nie gewusst, von welcher die Rede war, so nannte man mich Edda. Ein nicht sehr passender Vorname.
Wir aßen Gemüse, von dem nicht mehr viel übrig war, nachdem wir die faulen Stellen herausgeschnitten hatten, dann rollten wir uns auf mehreren Kissen zusammen und versuchten zu schlafen. Obwohl das Haus fast auseinanderfiel, hatte es etwas Feu-

dales an sich mit dem nicht mehr funktionierenden Fahrstuhl und der kleinen Telefonzelle unten im Haus. Wenn das Telefon klingelte, rief die Concierge die Namen über den ganzen Hof. Oft nachts. Wir erstarrten dann. Waren es unsere Eltern, denen etwas zugestoßen war, oder war es die Polizei, die auf uns aufmerksam geworden war?
Die Angst vor den Nächten hatten wir hier nicht verloren. Zuhause in Berlin klingelte nicht das Telefon, dort hämmerten Fäuste gegen die Tür. Bei uns war es ein paar Mal geschehen, um sich einen Spaß zu machen, um uns zu demütigen, aber unsere Nachbarn waren wirklich verhaftet worden.
Die Knopffabrik unserer Familie war arisiert worden. Unser Vater, der im Weltkrieg mehrere Auszeichnungen erhalten hatte, saß nun meistens still im Wohnzimmer und schämte sich.

Am nächsten Morgen traf ich Hermann wieder vor der Müllklappe. Ich hatte ihn zuerst für einen kleinen Jungen gehalten, er sah aus wie zwölf, war aber genauso wie wir achtzehn, wie er mir gleich erzählt hatte. Er stammte aus Hannover, hatte wegen zunehmender Anfeindungen die Schule verlassen, dann wegen seiner Abstammung keine Arbeit gefunden, und war genauso wie wir illegal über die Grenze gekommen. Er wohnte bei seinem Onkel im vierten Stock.
Grünfeld hieß er. Er war polnischer Herkunft mit sehr dunklen, tiefliegenden Augen und einem verkniffenen Mund. Immer stand er gebeugt, die Schultern hochgezogen. Er war höchstens einen Meter fünfzig groß und vielleicht fünfundvierzig Kilo schwer. Ich hätte ihn gerne als kleinen Bruder adoptiert, als jemanden, auf den ich aufpassen, um den ich mich kümmern konnte, aber als er mir erzählt hatte, dass er sein Geld nicht nur mit den Flaschen verdiente, sondern auch als Strichjunge, war ich einerseits vor ihm zurückgeschreckt, andererseits betrachtete ich ihn mit mehr Respekt. Er war zwar mickrig, aber er bewegte sich mühelos im Pariser Nachtleben.
Er begrüßte mich mit gesenktem Kopf. Wir waren Konkurrenten.

Zwischen den Etagen gab es Müllschlucker. Dort warf man den Abfall hinein und beförderte ihn mit einem Hebel in eine Mülltonne im Untergeschoss. Um Lärm zu vermeiden, wurden leere Flaschen nicht im Müllschlucker entsorgt, sondern daneben abgestellt – auch Pfandflaschen. Einige Mieter waren zu bequem, sie zum Händler zurück zu bringen. Sowohl Hermann als auch ich schlichen uns morgens in aller Früh zu den Müllschluckern, um die leeren Flaschen einzusammeln. Mit dem Fund gingen wir dann in die verschiedenen Geschäfte und bekamen ein paar Centimes zurück, die immerhin für Brot reichten. Wir mussten den Umkreis der Geschäfte, in die wir die leeren Flaschen brachten, ständig erweitern, weil man schnell auf uns aufmerksam wurde. Wir brachten zwar leere Flaschen, kauften aber nie volle.
Ein anderer Hausbewohner ging an uns vorbei. Hermann versteckte eine Flasche unter dem Mantel, und ich zwei hinter dem Rücken. Die Franzosen ignorierten uns meistens. Frankreich war voller Emigranten. Seit März waren viele österreichische Juden dazu gekommen.
„André Gide war da", hörte ich Hermann sagen, als der Franzose um die Ecke verschwunden war. Das war typisch für ihn. Er ließ mir ganz unvermittelt Informationen zukommen. So hatte ich erfahren, dass er Stricher war, dass er meistens ins Schwulenlokal „Le Boeuf sur le Toit" im Quartier Madeleine ging, und dass er dort nun auch wohl André Gide gesehen hatte.
„Möchtest du mal zu uns zum Essen kommen, Hermann?", fragte ich aufgeräumt. „Wir sitzen auf Kissen."
Hermann nickte, dann zogen wir beide mit den Flaschen in verschiedene Richtungen ab.

Hermann kam am frühen Abend mit einem französischen Buch von André Gide. „Ich kann es ohnehin nicht lesen", sagte er.
Dass auch wir es nicht lesen konnten, verschwieg ich.
Er beäugte misstrauisch die Schlingen, die von der Decke baumelten.

„Leas Kunstwerk", erläuterte ich, bevor Lea mit einem Tablettenröhrchen aus ihrem Zimmer kam. Sie trug ein langes Kleid, und ihre Wimpern sahen getuscht aus. „Ich habe Bedenken, dass ich von den Dingern einen Gehirnschaden bekomme, aber trotzdem überlebe", sagte sie, bevor sie Hermann sah und zusammen zuckte.
„Hast du den Gashahn zugedreht?", fragte ich automatisch. Lea ignorierte mich. Sie überragte den winzigen Hermann um einen Kopf, starrte ihn aber an wie das Kaninchen die Schlange.
Hermann erfasste die Situation sofort. „Daran habe ich auch schon gedacht", sagte er, „aber Selbstmord kann man immer noch begehen."
Lea ließ das Tablettenröhrchen fallen, das unter ein Kissen rollte.
„Der Gedanke beruhigt mich erst, wenn ich die hundertprozentige Methode gefunden habe." Sie musterte Hermann nun, ihrer Größe entsprechend, von oben herab. Sie hatte sich wohl entschlossen, dass er noch ärmer dran war als sie.
Das Abendessen bestand aus trockenem Brot. Hermann aß wie ein Spatz. Obwohl ich mich für meinen Geiz schämte, beruhigte mich sein geringer Hunger.
Er machte sich Sorgen um seine Eltern in Hannover, die, obwohl sie seit siebenundzwanzig Jahren in Deutschland lebten, es versäumt hatten, sich um die deutsche Staatsangehörigkeit zu bemühen. Nun war es zu spät und sie befürchteten, Deutschland verlassen zu müssen.
„Habt ihr eine Aufenthaltsgenehmigung?", fragte Hermann, während er mit seinen winzigen Schneidezähnen die Kruste vom Brot riss.
Wir schüttelten stumm den Kopf. Leas Blick schweifte suchend durch den Raum, bis er am Tablettenröhrchen unter dem Kissen hängen blieb.
Ohne carte d'itentité d'étranger hatte man nichts. Ein Regierungsdekret definierte jüdische Flüchtlinge als Kriminelle. Wir hatten mitbekommen, wie eine Frau aus dem dritten Stock für

sechs Monate ins Gefängnis gekommen war. Die beiden kleinen Kinder hatte man in ein Fürsorgeheim gebracht.

„Ich habe bald eine", sagte Hermann mit vollem Mund. „Notre Dame de Paris besorgt mir eine."

Wir sahen ihn ratlos an. „Die Botschafterin", erläuterte er mit glänzendem Blick.

Wir erfuhren, dass „die Botschafterin" oder auch „Notre Dame de Paris" ein 29-jähriger Deutscher war. Sekretär in der deutschen Botschaft; Legationssekretär, um genau zu sein. NSDAP-Mitglied seit 1932, SA-Mitglied seit 1933. Die beiden kannten sich aus „Le Boeuf sur le Toit", und dass Hermann in Notre Dame verliebt war, war mehr als deutlich.

Der Gedanke, dass ein Repräsentant des Dritten Reiches im Hinblick auf die Gesetze seines Landes gleich in zweifacher Hinsicht sündigte, irritierte mich. Er beging nicht nur eine Straftat, sondern auch Rassenschande.

Hermann interessierte das alles nicht. Die Botschafterin würde seinen Aufenthalt in Paris legalisieren und war nur in der Partei, um beruflich voran zu kommen. Ich war mir da nicht so sicher.

Hermann ging um elf. Er hatte eine lange Nacht vor sich. Er würde sich mit Notre Dame treffen, und vielleicht bekam er schon heute die begehrte carte d'itentité d'étranger.

Ich wollte nicht wissen, welche Gefälligkeiten Notre Dame ihm dafür abverlangen würde.

Für Lea und mich war Schlafenszeit. Wir machten es uns auf den Kissen bequem, die zuvor als Sitze für das Abendessen gedient hatten. Ich sah im Halbdunkel an die Schlingen an der Decke und fragte mich, ob Hermann, wenn ich ihn morgens vor den Müllschluckern traf, überhaupt schon im Bett gewesen war. Er hatte ständig Ränder unter den Augen, sie gaben ihm einen vergeistigten Ausdruck.

Ich rappelte mich am nächsten Morgen früh hoch. Nicht nur, um unbemerkt zu den Müllschluckern zu gelangen, sondern auch, um das Stehklosett besuchen zu können, ohne jemandem auf

dem Weg dorthin und zurück zu begegnen.
Es war stickig im Treppenhaus, für Juni war es warm.
Hermann stand schon auf dem Treppenabsatz und sammelte Flaschen ein. Er war oft ein paar Minuten früher dort als ich, aber heute hatte ich nicht damit gerechnet, weil ich vermutete, dass er eine anstrengende Nacht gehabt habe. Er trug das gleiche wie am Abend zuvor, nur zerknitterter. Er sah mich nicht an, als ich mich zu ihm gesellte. „Hast du sie?", fragte ich.
Hermann zog die Schultern hoch. „Er hat es nicht schaffen können, stattdessen hat er mir das hier gegeben. " Er hielt mir zwei Karten hin. „Er wollte nicht damit gesehen werden, darum hat er sie mir gegeben." Einen kurzen aufregenden Moment lang dachte ich, es könnten Aufenthaltsgenehmigungen für Lea und mich sein. Vielleicht hatte Hermann der Botschafterin von uns erzählt. Aber dann musterte ich die Karten genauer. Es waren Fußballkarten, Eintrittskarten.
Frankreich war kein Fußballland, die Franzosen interessierten sich nicht für Fußball, aber jetzt, wo die Weltmeisterschaft nach Frankreich kommen sollte, ließen sie sich doch begeistern.
„Fußballkarten", sagte ich sarkastisch.
„Ihm geht es im Moment nicht so gut. Er leidet wieder an seiner Rektalgonorrhö, die ihm letztes Jahr schon zu schaffen gemacht hat."
Ich nahm unwillkürlich die Hand vom Treppengeländer, die ich aus unerfindlichen Gründen darauf abgelegt hatte, obwohl ich sonst penibel drauf achtete.
„Und die Aufenthaltsgenehmigung bekommst du erst, wenn er von der Rektalgonorrhö genesen ist, oder wie verhält sich das?"
Hermann ging nicht auf die Frage ein.
„Er findet Fußball affig, und ich auch, aber er meinte, es wäre mal eine nette Abwechslung zum Nachtleben."
Hermann sah immer noch nicht auf.
Das Spiel sollte im Prinzenpark stattfinden und zwar heute Nachmittag. Die Weltmeisterschaft war also schon im vollen Gange, davon war auf den Straßen überhaupt nichts zu merken.

Deutschland gegen die Schweiz, las ich auf dem Ticket.
Ich hatte am Rande mitbekommen, dass die reichsdeutsche Mannschaft aus Deutschen und Österreichern bestand. Als Hitler am zwölften März die Österreicher heim ins Reich geholt hatte – über manche Sprachregelungen konnte ich lachen, andere entsetzten mich eher – war die österreichische Nationalmannschaft aufgelöst worden und danach aus den besten Deutschen und den besten Österreichern eine allen überlegene Mannschaft gebildet worden, die die anderen Mannschaften nur so vom Platz fegen würde. Die Fußballwelt sollte das Fürchten gelehrt werden.
„Na dann viel Spaß", sagte ich. Ich bemühte mich um einen neutralen Ton. „Überlässt du mir die Flaschen? Du bist ja heute Nachmittag beschäftigt."

Ich schaffte es, mich nur zwei- oder dreimal zu verlaufen und rannte nur einmal im Kreis, bis ich alle Flaschen los war. Dann setzte ich mich ans Ufer der Seine, das erste Mal, seitdem ich in Paris war. Zum Genießen war ich bislang nicht gekommen. Es war mild. Ich aß steinhartes Weißbrot und überlegte, ob ich dem Wohlfahrtskomitee Joint einen Besuch abstatten sollte. Man erfuhr dort meistens Neuigkeiten. Ich hatte keine Flickarbeiten abzuliefern, die Geschäfte liefen schlecht. Auf dem Weg zum Joint änderte ich meine Meinung und fragte mich stattdessen zum Parc des Princes durch. Je näher ich dem Stadion kam, desto leichter war es zu orten. Ein gellendes Pfeifkonzert tönte über den ganzen Platz. Ich stellte mir vor, dass die reichsdeutsche Mannschaft gerade das Spielfeld betrat. Die Außenpolitik des Dritten Reiches war in letzter Zeit nicht auf besonders große Zustimmung gestoßen, und das bekamen die Spieler zu spüren. Irgendwo zwischen den pfeifenden Massen saßen Hermann und Notre Dame.
Vor meinen Augen entstand ein Bild der Botschafterin. Ich stellte ihn mir riesig und breitschultrig vor, blond natürlich, mit kantigem Gesicht, vielleicht schwenkte er sogar eine Hakenkreuz-

fahne, daneben der schmächtige, glutäugige Hermann, der die Madame Ambassadeur anhimmelte und wahrscheinlich vom Fußballspiel überhaupt nichts mitbekam.
Ob die Spieler bei diesem Pfeifkonzert spielen konnten? Ich erwischte mich, wie ich Mitgefühl mit ihnen bekam. Aber wahrscheinlich waren die deutschen Herrenmenschen immun gegen Ablehnung.
Ich ging zur Wohnung zurück. Länger als ein paar Stunden ließ ich Lea ungern allein, obwohl ich ihr die Selbstmordversuche bald nicht mehr abnahm. Ich glaubte zwar, dass ihr das Leben unerträglich geworden war, aber ich glaubte nicht, dass sie genug Mut aufbringen würde, ihm ein Ende zu machen. Die Stunde zwischen fünf und sechs Uhr abends war am schlimmsten für sie, dann hatte sie die größte Angst. Der Tag ging dem Ende zu, aber es würde ein neuer kommen, der nicht besser war.
Im Treppenhaus standen wieder neue Flaschen auf den Zwischenetagen.
Als ich die Tür öffnete, blickte ich in eine Pistolenmündung. Sie zitterte auf und ab, als würde jemand mit aller Kraft die Waffe halten. Ich erblickte das Gesicht meiner Schwester dahinter.
„Lea! Verdammt und zugenäht!", schrie ich. „Du hast mich zu Tode erschreckt!"
Sie ließ die Waffe sinken.
„Ich habe dich nicht so früh erwartet", murmelte sie.
„Wo hast du das Ding her, und wie teuer war es?", fragte ich. Ich war nur zehn Minuten älter als Lea, aber meistens klang ich wie ihre Erziehungsberechtigte.
Lea hatte während meiner Abwesenheit die Wohnung verlassen. Ich stellte sie mir vor, verschreckt auf dem Trottoir an die Häuserwände gedrückt. Sie war im Eisenwarenladen „A La Fine Lame" in der Rue du Faubourg Saint-Martin gewesen und hatte den Trommelrevolver samt Patronen erstanden. „Ein echtes Schnäppchen", sagte sie. Über den tatsächlichen Preis schwieg sie sich aus. Sie musste irgendwo einen Sparstrumpf versteckt gehalten haben, von dem sie mir nichts erzählt hatte, oder sie

hatte dem Joint ein Drama vorgespielt. Vielleicht hatte sie eine schwere Krankheit vorgetäuscht.

Darüber würden wir später noch ein Wörtchen zu wechseln haben. Wir hatten schon einige Male darüber gesprochen, dass Frankreich vielleicht auf Dauer zu unsicher war und es auf dem Schwarzmarkt Transitpassagen über Lissabon nach Übersee gab.

In New York wohnte ein Onkel unserer Mutter, der vielleicht als erste Anlaufstelle dienen konnte.

Wenn Lea das Geld allerdings für angerostete Revolver ausgab, dann rückte der Traum einer Flucht in weite Ferne.

Sie bastelte zu oft an einer Flucht in den Tod und nicht an einer in die Freiheit. Unter einer Schlinge hatte sie sechs Kissen übereinander gestapelt. Wir hatten oft darüber gewitzelt, dass die einzig sichere Selbstmordmethode eine dreifache sei. Erst schluckte man ein Röhrchen Schlaftabletten, dann stieg man auf einen Stuhl, legte sich eine Schlinge um den Hals, und dann erschoss man sich. Offenbar arbeitete Lea gerade an dieser Methode. Ich hatte zu bedenken gegeben, dass eine Maßnahme die andere eventuell aufhöbe. Die Schlaftabletten würden vielleicht die Zielsicherheit beeinträchtigen, oder der Schuss die Schlinge durchtrennen, aber Lea meinte: „Andere schaffen es ja auch."

Als wir einen Moment schwiegen, hörten wir leise Schritte auf der Treppe, die langsam näher kamen. Da wir im fünften Stock wohnten, konnten Schritte vor unserem Treppenabsatz nur bedeuten, dass jemand zu uns wollte. Lea richtete die Waffe auf die Tür.

„Mach keinen Unsinn." Ich versuchte, ihren Arm herunterzudrücken, aber wir waren gleich stark – was uns schon als Kinder in schwierige Pattsituationen gebracht hatte.

Wir hatten keinen Wohnungsschlüssel, die Concierge traute uns nicht.

Die Klinke wurde heruntergedrückt und die Tür schob sich langsam auf. Im Türrahmen erschien Hermann, dahinter ein unglaublich großer und dürrer Mann.

Hermann erfasste die Lage überhaupt nicht. Er sah nicht sein Leben bedroht, sondern Leas. „Das kannst du immer noch machen!", schrie er und sprang auf Lea zu. Die zog vor Schreck den Abzug und ein Schuss löste sich. Er schlug in den Türrahmen, Zentimeter neben dem rechten Auge des Mannes.

Ein paar Sekunden lang sagte keiner von uns etwas. Wir lauschten angestrengt auf Geräusche im Treppenhaus, auf sich öffnende Türen, das Schreien der Concierge, ein schrilles Läuten des Telefons, aber nichts dergleichen passierte, das Haus schien wie ausgestorben.

Hermann fing sich als erster wieder. „Darf ich vorstellen", sagte er, „Madame Ambassadeur!"

Mit der Größe zumindest hatte ich Recht gehabt – die Botschafterin war nahezu doppelt so groß wie Hermann, mindestens einen Meter neunzig – nicht aber mit den breiten Schultern. Notre Dame war genauso schmal wie Hermann. Der Deutsche hatte offenbar aufgrund seiner Größe Angst vor Türstöcken entwickelt, jedenfalls ging er krumm. Sein oberer Rücken neigte sich zur Seite, der Hals ebenfalls, und den Kopf hielt er so abgewinkelt, als habe er gerade eine Ohrschelle erhalten. Trotz dieses geduckten Äußeren war er auf eine ätherische Weise schön. Blasse, blaue Augen, aschblonde Haare, ein kindliches, unschuldiges Gesicht. Nicht der Bösewicht, den ich erwartet hatte, der skrupellose Nazi, der Hermann ausnutzte und hinhielt.

Aber ich wollte abwarten, bis ich ihn näher kennen lernte. Ich hatte mich schon oft getäuscht und ein pausbäckiges Gesicht mit Freundlichkeit verwechselt.

„Sie sind ausgepfiffen worden und deswegen haben wir jetzt ein Festmahl dabei." Hermann zog ein paar Flaschen aus seinen Manteltaschen, in denen etwas Undefinierbares schwamm. Es war rotgelb und hatte wenig Ähnlichkeit mit einem Festmahl.

„Die deutsche Übermannschaft", sagte die Botschafterin. Seine Stimme hatte einen angenehm dunklen Klang. „Die Wiener Melange mit preußischem Einschlag hat auf ganzer Linie versagt. Vier zu zwei gegen die kleine Schweiz verloren. So schlecht

waren sie noch nie und werden sie wahrscheinlich auch nie wieder sein."
Ich ließ das Gesagte auf mich wirken. Das Zusammenwürfeln von zwei überdurchschnittlich guten Mannschaften ergab anscheinend keine überweltliche, alle überragende Truppe. Noch mehr ließ ich auf mich wirken, was hinter den Worten von Notre Dame mitschwang. Er machte sich über sie lustig, freute sich sogar über die Niederlage. Klang da nicht auch Kritik an der deutschen Politik an?
Hermann schüttelte ungeduldig die Flaschen. „Sie haben die deutsche Mannschaft mit Eiern, Tomaten und sogar mit Flaschen beworfen. Ich habe aufgesammelt, was es nicht über die Absperrung geschafft hat und noch zu retten war."
Ich sah mir die Mischung in den Flaschen an. Darin schwammen Eier, zermatschte Tomaten und kleine Eierschalenstücke.
„Habt ihr eine Pfanne?", fragte Hermann.
Wir gingen in die kleine Küche und fanden Lea mit dem Kopf im Ofen vor. Sie hielt die Waffe noch in der Hand, hatte ihren Kopf auf ein Kissen gebettet und atmete tief ein und aus.
„Lea", sagte ich genervt. Ich zog sie aus dem Ofen und drehte den Gashahn zu. „Selbstmord kannst du immer noch begehen, nun lass uns erst mal das Omelett braten, das wir der reichsdeutschen Mannschaft und vor allen Dingen der deutschen Außenpolitik zu verdanken haben."
Wir suchten die Eierschalenstückchen aus der Pampe, würzten kräftig und brieten das Omelett gründlich von allen Seiten. Es schmeckte überraschend gut. Die Botschafterin langte zu, seine Dürre war nicht auf mangelnden Appetit zurück zu führen.
„Ihr hättet es erleben sollen", sagte Hermann immer wieder. „Soviel Hass ist selten einer Mannschaft entgegengeschlagen. Das Horst-Wessel-Lied war kaum zu hören."
Das Pfeifkonzert hatte ihn so erfreut wie mich verwirrt, wie ich mir eingestehen musste. Mir fiel es schwer, mich nicht mehr als Deutsche zu sehen. Außerdem wusste ich nicht, womit ich mich nun identifizieren sollte. Eine Französin war ich nicht,

zumindest noch nicht.
Unsere Familie hatte Weihnachten gefeiert und wir waren auf eine katholische Schule gegangen. Bis wir nicht mehr durften. Eigentlich hatten uns erst die Nationalsozialisten zu Juden gemacht. Als die Ausgrenzungen stattfanden, erklärten uns unsere Eltern, woher wir stammten. Lea trug noch schwerer als ich daran, ein Geschwür am Volkskörper zu sein. Sie hatte sich die letzten zwei Jahre in der Schule abgrundtief hässlich gefühlt, wie eine Karikatur aus dem Stürmer.
Sie aß winzige Stücke vom Omelett, die sie alle vorher genau inspizierte. Sie wollte sich zwar umbringen, aber Salmonellen wollte sie nicht bekommen.
Notre Dame hatte Mühe, seine langen Beine auf den Kissen zu verschränken. Er wechselte die Position so oft, dass ich mich fragte, ob wirklich die Kissen dafür verantwortlich waren oder sein Darmleiden.
Hermann sah ihn häufig verliebt von der Seite an, Notre Dame erwiderte den Blick nicht. Mir wurde klar, dass er kein überzeugter Nationalsozialist sein konnte, frühe Parteizugehörigkeit hin oder her. Er war homosexuell. Das vertrug sich nicht mit den Auffassungen des Dritten Reiches.
Ich versuchte ihn sympathisch zu finden, ein Abgelehnter wie wir, aber es gelang mir nicht. Ich glaubte nach wie vor, dass er Hermann ausnutzte, wenn nicht sogar missbrauchte.
Nach dem Essen spülten wir gemeinsam. Ich war satt, so viel hatte ich schon lange nicht mehr gegessen. So hatte uns das Deutsche Reich zumindest einen vollen Magen beschert. Notre Dame trocknete ab und ließ nicht nur das Besteck fallen, sondern auch die zerbrechlichen Teile. Er schien zwei linke Hände zu haben. Wir hatten am Ende zwei zerbrochene Teller zu beklagen, deren Scherben Lea probeweise an die Pulsadern setzte, einen ergebenen Ausdruck auf dem Gesicht.
„Du schneidest dir nur die Sehnen durch und überlebst mit gelähmten Händen", sagte ich. „Dann wird das Selbstmorden noch schwerer."

Notre Dame lachte Lea an. „Du gefällst mir", sagte er, „du würdest gut in den Ochsen oder ins Select passen, da laufen einige deiner Art herum."
Lea sah ihn böse an. Sie warf die Scherben in den Abfalleimer.
Hermann drückte seine Hüfte an Notre Dames Bein. Sie machten sich bereit zum Aufbruch, für sie war die Nacht noch lang. Ihnen fielen jedoch ständig die Augen zu. Das Fußballspiel war in die Zeit ihres Nachmittagsschlafs gefallen.
Wir nahmen noch eine Weile im Wohnzimmer Platz. Notre Dame spielte mit den Schlingen. Lea schoss ihm wütende Blicke zu und verschwand dann in der Küche.
„Kommst du an Aufenthaltsgenehmigungen?", fragte ich die Botschafterin direkt. Wenn er die Frage verneinte, würde ich ihn als nächstes nach Geld für Tickets nach Amerika fragen. In der Not konnte man sich nicht mehr an Höflichkeitsformen halten.
Er räusperte sich und sah sich suchend im Zimmer um.
In der Küche polterte es. Dankbar für die Fluchtmöglichkeit sprang er auf und ging in die Küche. Ich folgte ihm. Lea hatte ihren Kopf wieder in den Ofen gebettet und dabei die Ofenklappe abgerissen. „Lea", sagte ich, „du weißt, dass es um diese Zeit kein Gas gibt. Es wird erst später wieder eingeschaltet." Ich zog sie aus dem Ofen. Hermann war uns gefolgt. Wahrscheinlich wollte er ebenfalls einem Gespräch im Wohnzimmer aus dem Weg gehen. „Etwas dagegen, wenn wir hier ein kleines Nickerchen halten?", fragte Notre Dame. Er deutete auf ein paar Kissen in der Ecke. „Wir haben eine lange Nacht vor uns. Hermann ist sehr erschöpft …"
Ich blickte zu Lea. Dass die beiden unsere Küche als Liebesnest nutzten, war mir eigentlich nicht recht. Allerdings machten sie einen so müden Eindruck, dass es wahrscheinlich wirklich auf ein Nickerchen hinauslaufen würde. Außerdem hatte Notre Dame ja eine Rektalgonorrhö.
Wir trugen ein paar zusätzliche Kissen in die Küche und schlossen hinter den beiden einigermaßen nervös die Tür.
Lea sah mich an. „Meinst du …?", fragte sie.

„Ich glaube nicht", beruhigte ich sie, aber nicht mich.
Lea putzte den Revolver, während ich das Wohnzimmer aufräumte und mich bemühte, nicht zur Küchentür zu lauschen.
„Wenn du mich nicht immer davon abhalten würdest, hätte ich es längst geschafft", sagte Lea. Sie betrachtete die Waffe.
„Nein, Lea, und das weißt du auch", sagte ich geduldig. Ich klang schon wieder wie ihre Erziehungsberechtigte. „Du traust dich nicht, und vielleicht willst du es auch gar nicht. Dir gefällt Selbstmord als Gedanke und als letzter Ausweg, aber nicht als tatsächliche Tat."
Irgendwo hatte ich gelesen, dass man das Hausgas durch Entfernen des Kohlenmonoxides entgiftet hatte, um die Selbsttötungen einzudämmen. Das merkwürdige Ergebnis dieser Maßnahme war gewesen, dass die Selbstmordrate gestiegen war. Die Leute waren gezwungen gewesen, anstelle der vergleichsweise sanften Methode des Gasaufdrehens zu härteren und damit sicheren Methoden zu greifen. Sie hatten sich erschossen und erhängt, waren von Türmen gesprungen und hatten sich vergiftet. Und all diese Methoden wiesen eine höhere Trefferquote auf als das Einatmen von Hausgas.
Mir fiel ein, dass bald das Gas wieder angestellt wurde. Es wurde nur zu bestimmten Zeiten kurzfristig zur Verfügung gestellt.
„Hast du den Hahn wieder zugedreht?", fragte ich Lea. Sie schüttelte den Kopf.
Ich riss die Küchentür auf. Die beiden lagen friedlich schlafend auf den Kissen, keine Spur von Aktivitäten. Aber es zischte eindeutig. „Lea!", schrie ich, „das Gas!" Ich riss das Küchenfenster auf, wedelte mit Handtüchern und zog Hermann schließlich an den Beinen aus der Küche. Dass er dabei nicht aufwachte, versetzte mich in Sorge. Es war schon einige Zeit Gas ausgeströmt. Ich schleppte ihn zum Wohnzimmerfenster und schüttelte ihn. Wie bei einer Gliederpuppe fiel sein Kopf vor und zurück, die Beine verdrehten sich. Zum Glück war er leicht. Ich hielt seinen Kopf aus dem Fenster und fing an, ihm auf den Rücken zu schlagen. Was machte man mit jemandem mit einer Gasvergiftung?

Mund-zu-Mund-Beatmung? Ich wusste es nicht. Da öffnete Hermann die Augen, wie ein Kind, das eben aus dem Schlaf erwachte. Hätte er nicht so verwirrt ausgesehen, hätte ich vermutet, er habe sich die ganze Zeit einen Spaß mit mir erlaubt und sich über meine Bemühungen, ihn zum Leben zu erwecken, belustigt.
„Was ist passiert?", fragte er.
„Als nächstes fragst du: Wo bin ich?", sagte ich, und ließ ihn auf ein Kissen sinken. „Du hast Gas eingeatmet. Deine Madame Ambassadeur auch."
Erst da fiel mir die Botschafterin wieder ein. Wir stürmten zu dritt in die Küche und veranstalteten mit der langen dünnen Notre Dame das gleiche wie mit Hermann. Nur dass wir für die Botschafterin vereinte Kräfte brauchten, weil sie so groß und unhandlich war.
Wir hatten keinen Erfolg. Sie rührte sich nicht. Hermann fing an zu weinen, Lea schaute fasziniert auf Notre Dames Gesicht. „Er hat es geschafft", sagte sie, „er hat es tatsächlich geschafft."
„Lea, verdammt noch mal", sagte ich, „nun hilf mir doch." Ich war mittlerweile drauf und dran die Botschafterin zu beatmen, aber das nahm mir Hermann zum Glück ab.
Ich stellte endlich den Gashahn ab. Auf Lea war kein Verlass.
Die Botschafterin rührte sich nicht. Sie war kreidebleich. Hermann übrigens auch, sein Kinn zitterte. Nur Leas Augen leuchteten. „Ihr hattet Recht", sagte sie, „Selbstmord kann man immer noch begehen. Es ist ganz leicht." Sie hatte lange nicht so zufrieden ausgesehen. Sogar ihre Wangen hatten wieder etwas Farbe.
Ich fühlte Notre Dames Puls. Er war nicht zu spüren.
„Merde, merde", fluchte Hermann vor sich hin. Ihm war gleichzeitig mit mir aufgegangen, dass dieses Ereignis noch ganz andere Konsequenzen nach sich ziehen konnte als seine persönliche Tragödie.
„Sie werden uns die Verschwörung des Weltjudentums anhängen", sagte er. „Ein Anschlag auf einen deutschen Diplomaten. Dahinter kann doch nur eine jüdische Weltverschwörung stecken."

„Tut es ja auch." Lea lachte. „Drei lebende Juden, ein toter Deutscher, die Lage ist doch eindeutig." Sie wirkte sehr erfreut. Sie war typisch neurotisch. Immer ängstlich, immer auf der Hut, aber wenn es wirklich brenzlig wurde, war ihre Angst wie weggeblasen und sie ganz in ihrem Element. Für die Krise hatte sie schließlich jahrelang geprobt, warum sich also noch aufregen, wenn der Ernstfall tatsächlich eintrat?
Ich dagegen bekam langsam Panik. Die beiden hatten es deutlich ausgedrückt. Hier saßen drei lebende Juden, illegale noch dazu, und dazwischen lag ein toter Repräsentant des Deutschen Reiches. Die Nationalsozialisten würden das als willkommenen Anlass nehmen, sich zu rächen. Und vielleicht nicht nur an uns.
Hermann weinte und fluchte abwechselnd. Er war inzwischen dazu übergegangen, Notre Dame ins Gesicht zu schlagen. Aber die Botschafterin war tot, daran gab es nichts zu ändern.
Schließlich blieben wir sitzen, ganz still, rührten uns nicht mehr. Wir überlegten. Oder zumindest Hermann und ich überlegten. Lea sah die Botschafterin mit leuchtenden Augen an, als wäre er ihr Liebhaber und nicht Hermanns.
„Er muss weg", sagte Hermann. „Er muss verschwinden." Sein Adamsapfel hüpfte auf und nieder. Ich wunderte mich, dass er so gefasst war, aber er hatte Recht. Wir konnten auf keinen Fall die Polizei oder einen Arzt rufen.
„Wir setzen ihn einfach auf eine Parkbank", sagte ich.
„Wie sollen wir das hinbekommen, ohne Aufmerksamkeit zu erregen?", sagte Hermann. „Wir schaffen es ja kaum, ihn hier in der Wohnung zu rangieren." Seine Augen zuckten nervös, er massierte sich die Schläfen.
„Wir schneiden ihn in Stücke und verteilen ihn auf die öffentlichen Mülleimer in der Gegend", sagte Lea. Sie stand auf und wühlte in einer Küchenschublade.
„Zuviel Blut." Hermann schob sich eine Haarsträhne hinters Ohr, die immer wieder nach vorn fiel. Seine Hand zitterte so stark, dass er anfing, mir leid zu tun.

Notre Dame wirkte friedlich. Er war zwar bleich, hatte aber einen entspannten, fast lächelnden Gesichtsausdruck.
„Der Müllschlucker", sagte ich.
„Da passt er nicht rein." Hermann nahm eine von Notre Dames Händen in seine. Beide hatten dünne und bleiche Finger, der eine kurze, der andere lange.
„Du wirst sehen." Ich stand auf und zog Notre Dame an den Füßen. Hermann erhob sich schließlich und stemmte Notre Dames Schultern. Lea öffnete die Wohnungstür und spähte um die Ecke. Der Hausflur war leer.
Wir trugen Notre Dame zum Schacht und schoben seinen Kopf durch die Öffnung. Ich befürchtete, dass seine schmächtigen Schultern vielleicht zu breit sein würden, aber sie verschwanden mühelos im Schacht. Hermann liefen schon wieder die Tränen übers Gesicht. Ich hörte mich „tut mir leid, tut mir leid" murmeln, „aber es geht nicht anders." Nur Lea war zufrieden. Sie streichelte Notre Dames Bein. „Danke", sagte sie, „du hast mir sehr geholfen." Ihre Finger blieben an seiner Geldbörse in der Hosentasche hängen. Sie zog die prall gefüllte Börse heraus und steckte sie in ihre Rocktasche. Sie zwinkerte mir vielsagend zu. Lissabon rückt näher, schien ihr Blick zu sagen. Ich war ein wenig besänftigt, auch wenn ich ihr ihren Gleichmut gegenüber Notre Dames Tod krumm nahm. Erst als ich ihr zuzischte, sie solle sich bewegen, half sie uns schieben. Die Hüften der Botschafterin glitten in den Müllschlucker, die Knie, und dann mussten wir nur noch den Füßen einen kleinen Schubs geben. Wir hörten den langen Körper rutschen, zögernd zuerst, eine kurze Pause entstand, in der wir den Atem anhielten, dann glitt er weiter. Wir standen mit gesenkten Köpfen vor dem Müllschlucker wie bei einer Begräbniszeremonie. Hermann faltete sogar die Hände, er schluckte. Wir lauschten, wie Notre Dame an Fahrt gewann, sich in die Tiefe drängte. Er war leiser als die Flaschen.

Brasilien, 1950
Weltmeister: Uruguay
Endspiel: Brasilien – Uruguay 1:2 (0:0)
Teilnehmende Mannschaften: 13
Erzielte Tore: 88 in 22 Spielen (4 pro Spiel)
Torschützenkönig: Ademir (Brasilien), 8 Tore

Klaus Stickelbroeck

Brasilianischer Tod

Ein kurzer Schrei. Hoch. Und schrill. Eine Frau ...
Dann die Stimmen. Laut. Sie sind immer laut. Schließlich dauert es Ewigkeiten, bis die hölzerne Kellertür einen Spalt weit geöffnet wird, der grelle Lichtstrahl in die Dunkelheit sticht. Zitternde Körper, die sich in Todesangst gegen die weiß gekalkte Wand pressen.
Draußen das grobe Trampeln der Soldaten, das Schnarren der Maschinenpistolen, gebellte Befehle.
Und schließlich das helle, harte Klackern der Stiefel des Mannes mit der schwarzen Uniform, der langsam die ausgetretenen Treppenstufen herunterkommt.

*

David Neumann saß mir in der schmalen, vom englischen Bombenhagel verschonten Toreinfahrt am Kirchplatz gegenüber, in die hinein sein Besitzer eine kleine, provisorische Kaffeestube gezimmert hatte. Ich war schier sprachlos.
„Das ist nicht dein Ernst?"
„Natürlich ist das mein Ernst."
„Nach Brasilien?"
„Brasilien."
Er nippte am Kaffee und blickte mir über den Becherrand hinweg fest in die Augen. Ich wich seinem Blick aus und ließ meinen über die verstaubte Ruine der alten St.-Peter-Kirche streichen. Brasilien? Inmitten der schmutzigen Schotterberge war Brasilien wahnsinnig weit weg. Vorsichtig setzte David den Becher ab.
„Ich habe es gestern erfahren."

„Von wem?", fragte ich.
Er schlug eine billige, filterlose Zigarette aus der zerknautschten Packung.
„Eine ganz sichere Quelle. Das Schwein ist in Brasilien."
Ich nickte nachdenklich. Es war mehr als ein Gerücht, dass viele von ihnen in den letzten Tagen des Krieges nach Südamerika abgehauen waren. Argentinien, Chile, Brasilien. Ich blieb skeptisch, sah noch nicht den Punkt.
„Nehmen wir mal an, er ist irgendwo in Brasilien. Wie willst du ihn dort finden? Brasilien ist riesig."
Tatsächlich legte sich so was wie ein Grinsen in seine Mundwinkel. Ein seltener Anblick. Und auch kein wirklich schöner. Dieses Grinsen hatte etwas Diabolisches, etwas Hartes, etwas Gemeines. Es trieb mir einen Schauder den Rücken hinunter.
„Das weißt du so gut wie ich: Fußball. Fußball war sein Leben. Mein Leben, dein Leben. Das war unser Leben. Dann kam der Krieg. Jetzt ist der Krieg vorbei. Und es wird wieder Fußball gespielt."
Schwer und asthmatisch hustend schleppte sich draußen ein alter Mann vorbei, der eine quietschende Karre zog, auf der er Holz und anderes brennbares Zeug sammelte.
Ich schüttelte den Kopf.
„Er ist doch viel zu alt." Ich rechnete schnell nach. „Einundvierzig. Er wird einundvierzig Jahre alt sein. Er kann nicht mehr spielen. Ich verstehe dich nicht."
David lachte. „Er wird nicht spielen. Aber er hält sich in dem Land auf, in dem die Fußballweltmeisterschaft ausgetragen wird, in Brasilien. Ich bin mir sicher, er wird sich folgendes Spiel ansehen."
Er legte die gerade angesteckte Kippe vorsichtig in den Ascher, zog das zusammengelegte Blatt einer Tageszeitung aus der Innentasche seines abgewetzten, dunklen Anzugs und entfaltete es glättend zwischen uns auf dem Tisch. Er tippte auf die großen, fetten Buchstaben der Überschrift ganz oben auf der Seite des Sportteils.

„Brasilien. Wer sonst?", las ich und langsam dämmerte mir seine Idee.
„Am 16. Juli um 15 Uhr beginnt das Finalspiel der Fußballweltmeisterschaft", erklärte er mit ruhiger Stimme. „In diesem Spiel wird Gastgeber Brasilien dabei sein und aller Wahrscheinlichkeit nach neuer Fußballweltmeister. Das Spiel findet im neuen Maracana-Stadion in Rio de Janeiro statt. Und er wird sich dieses Spiel nicht entgehen lassen."
David zog die Kippe aus dem Ascher und nahm einen tiefen Zug.
„Ich werde auch da sein, ihn finden. Und ihn töten."

*

Abends lag ich im Bett. Sarah, meine Frau, lag neben mir und schlief mit gleichmäßigen, tiefen Atemzügen. Ich konnte nicht einschlafen. Immer wieder sah ich ihn und David und mich. Wir trugen die rot-weißen Trikots der Fortuna aus Düsseldorf.
David war der schnelle Läufer auf der linken Seite, ich sein Pendant auf der rechten. Hinten organisierte Rudolf Reitmeier unser Spiel, wie immer die Mannschaft mit lauter Stimme nach vorne peitschend.
Er war fußballverrückt. Fanatisch. Leider beschränkte sich sein Fanatismus nicht nur auf das Fußballspiel.
Schon damals hatte ich seine zackige, harte Stimme gehasst und mich vor seinen stahlblauen Augen gefürchtet. Aus gutem Grund, wie ich mich wenige Jahre später bitter bestätigt fand. Er hat mich, Aaron Busch, und meinen Partner auf der linken Seite des Mittelfelds nie leiden können. Und er hatte es uns spüren lassen. Bitter spüren lassen. Beim Training. Auf dem Platz. Und später, als wir schon lange nicht mehr zusammen Fußball spielten und er die schwarze Uniform mit dem Totenkopf am Kragen trug.
Ich wälzte mich auf den Rücken, starrte hellwach die Decke an. Ich hatte gehofft, er wäre tot.

Brasilien?
Ich drehte meinen Kopf nach links, musterte das zarte Gesicht meiner Frau und musste an unsere beiden Kinder denken, die neben uns im Zimmer ahnungslos und unschuldig schliefen.
Ich musste etwas tun.

*

In der gleichen, zugigen Kaffeestube legte ich am nächsten Tag eine Hand auf Davids Arm.
„Wahrscheinlich ist er tot."
„Sie sagen, er lebt. Sie wollen ihn töten. Natürlich. Aber zunächst wollen sie ihn foltern. Sie wollen wissen, wer uns damals verraten hat. Wahrscheinlich wird er die Folter nicht überleben. Aber das ist meine Aufgabe, das Töten. Ganz allein meine Aufgabe. Ich werde ihn töten."
Sein Blick war kalt. Kurz vor Ende des Krieges hatten die Nazis ihn und seine Familie in den Kellergewölben eines alten, abgelegenen Bauernhofes in Urdenbach aufgespürt. Jemand hatte das Versteck verraten und die Nazis hatten kurzen Prozess gemacht. Kurzerhand hatten sie die ganze Familie in die nahe gelegenen Urdenbacher Sümpfe gejagt und sie dort erschossen. Seine Frau, Kinder, Eltern, alle. Ihn selbst schleppten sie in einen Zug, der ihn in ein Arbeitslager bringen sollte. Auf dem Weg dorthin war ihm die Flucht geglückt. Dem Anführer dieser schäbigen Mörderbande hatte er den Tod geschworen: Rudolf Reitmeier, der Mann, den er jetzt im fernen Brasilien vermutete.
Mich fröstelte.
„Die Schiffe gehen von Hamburg", fuhr er mit ruhiger Stimme fort. „Fünfzehn Tage dauert die Überfahrt. Karten sind kein Problem. Es wird knapp, aber wenn nichts dazwischenkommt, legt das Schiff zeitig in Rio an."
Ich hatte mich noch in der Nacht entschieden.
„Ich werde dich begleiten."
Er blickte mir in die Augen. Keine Miene verzog sich in seinem

harten, kantigen Gesicht.
„Das habe ich gehofft, mein Freund. Du bist der einzige, der mir geblieben ist."

*

Brasilien …
Rio de Janeiro. Die Stadt: beeindruckend. Ich war nie aus Düsseldorf hinausgekommen. Zwei Jahre Schweiz, aber das zählte nicht.
Brasilien …
Ich winkte der dunkelhäutigen Kellnerin und bestellte wortlos einen weiteren Kaffee, indem ich unbeholfen auf die leere Tasse vor mir tippte. Sie nickte lächelnd.
Hier war alles anders. Exotisch. Die schlanken, dunkelhäutigen Kellnerinnen mit ihren feinen, rhythmischen Bewegungen. Die Musik. Der Kaffee schmeckte hier in der schwülwarmen Sommerhitze besser. Dazu diese ausgelassene Stimmung in den Straßen, diese wahnsinnige, fröhliche, kindliche Euphorie.
Ganz anders als in Deutschland und dem Rest Europas war der große Krieg hier an den Menschen scheinbar spurlos und ohne bleibenden Eindruck vorbeigegangen. Dabei hatten die Brasilianer auch gegen uns gekämpft, als Teil der amerikanischen Truppen. Aber hier und heute zählte nur der Fußball, der in den Straßen und in den Plätzen der Stadt allgegenwärtig war. Riesige Plakate schmückten die Häuser. Die mit begeisterten Schlachtenbummlern überfüllte Stadt kochte, es roch geradezu nach Fußball.
Für einen Moment ließ ich mich von der Stimmung packen und vergaß, warum wir hier in Rio waren. Warum wir uns aufmachen wollten, dem Spiel des Jahrhunderts im größten Fußballstadion der Welt beizuwohnen.
Aber noch hatten wir keine Tickets. Und ohne Tickets … David war aufgebrochen, welche zu besorgen. Er hatte einen Tipp bekommen. Er und seine verfluchten Tipps! Ich blickte auf die Uhr.

Er war spät dran. Wahrscheinlich hatte er …
„Zwei Tickets!"
Ich zuckte zusammen. Von hinten war er an den Tisch herangetreten. Er grinste wieder sein diabolisches Lächeln und hielt triumphierend zwei fleckige Papierlappen in seinen Fingern.
„Ich wusste, dass es klappt. Es gibt immer eine Gerechtigkeit."
„Vermutlich hast du Recht."
„Komm! Wir müssen los. Es ist spät. Die Straßen sind voll, die Schlangen am Stadion kilometerlang."
Ich leerte den Kaffeebecher, legte der Kellnerin die abgezählten Cruzeiros auf den Tisch und ein paar Centavos Trinkgeld extra dazu.
„Hast du erledigt, was du erledigen wolltest?", fragte mich David.
„Ja. Und du?"
Er nickte Richtung Hosenbein.
„Im rechten Strumpf. Ein schönes, scharfes Messer, beidseitig geschliffene Klinge. Waffen sind hier an jeder Straßenecke zu bekommen."

*

Hunderttausende wälzten sich schon seit den frühen Morgenstunden in unvorstellbar dichten Menschenschlangen singend und klatschend Richtung Stadion. Das waren die ausgelassenen Brasilianer. Außerdem erkannte ich fachsimpelnde Italiener, enttäuschte Engländer, blonde Schweden und ein paar skeptische Südamerikaner in den Trikots aus Uruguay.
Brasilien gegen Uruguay hieß das Spiel, das die launenhaften Fußballgötter als letzte Begegnung der Finalrunde zu einem Endspiel um die Fußballweltmeisterschaft gemacht hatten.
Verschwitzte Polizisten lenkten uns durch die Stadiontore, hastig einen Blick auf die Eintrittskarten werfend und nicht im Traum daran denkend, uns zu durchsuchen.
Es war Viertel vor Drei, und in fünfzehn Minuten sollte das Spiel

angepfiffen werden.
Mich hatte, jetzt hier in dieser gigantischen Sportarena stehend, das Endspielfieber gepackt. Diese Stimmung, diese greifbare Erwartung, die Vorfreude. Fast war es wie früher. David und ich bei einem Fußballspiel. Ich warf einen wehmütigen Blick auf meinen alten Freund. Nein, es würde nie mehr so sein wie damals. Er fand meinen Blick:
„Ich habe ihn noch nicht gesehen, aber ich bin sicher, dass er hier ist. Ich spüre es!"
Hastig, aber sorgfältig strichen seine suchenden Blicke über die Menschen um uns herum. Ab und an verharrte er, spannte seinen Körper, atmete aus und bewegte dann wieder seinen Kopf, von links nach rechts, von rechts nach links. Ich tat es ihm gleich, nicht wirklich damit rechnend, dass wir unter den vielen Menschen hier ausgerechnet Rudolf Reitmeier entdecken würden. Im großen Rund der weiten Arena waren die meisten Köpfe nichts mehr als gesichtslose Punkte. David aber blieb hartnäckig.
„Er ist hier. Ich bin mir sicher." Er legte mit seltsam entrücktem Blick den Kopf schräg und schien für einen Moment einem unhörbaren Flüstern zu lauschen. „Ich spüre es."
Das Stadion war hoffnungslos überfüllt. Es gab kein Durchkommen mehr. Schließlich pressten wir uns mit dem Rücken gegen einen Betonpfeiler. Wir hatten einen freien Blick auf das Spielfeld und konnten gleichzeitig von hier aus den ganzen Block überblicken.
„Das sind über Zweihunderttausend", erklärte ich.
Er nickte.
„Mich interessiert nur einer."
Unten auf dem Rasen empfing ohrenbetäubender Lärm die Spieler. Für die Mannschaft aus Uruguay mussten die lautstarken Gesänge in Trommelfell zerfetzender Lautstärke Angst einflößend sein.
Brasilien spielte, zauberte und verbuchte in der Anfangsphase des Spiels gleich mehrere gefährliche Schüsse aufs Tor.

Zur Halbzeit stand es 0:0. War ich der einzige im Stadion – durch die eigene Situation sensibilisiert – der das Drama auf dem Rasen kommen sah, der bemerkte, dass sich dieser Tag ganz anders entwickeln würde, als sie alle ihn geplant hatten?

Zwei Minuten nach der für die fanatischen Zuschauer nicht auszuhaltenden Pause schien die Welt in Ordnung zu kommen. Ein trockener Schuss landete im Netz der Männer aus Uruguay. Raketen und Böller rasten rot lodernd und Funken sprühend über die Zuschauer.

In der 66. Minute erzielte Uruguay den Ausgleich, elf Minuten später folgte das Unvorstellbare. Ein Spieler Uruguays zwirbelte den Ball am brasilianischen Torwart vorbei gegen den Pfosten, von wo aus die Kugel wie von Geisterhand geführt über die weiße Torlinie rutschte.

Hunderttausendfaches Schweigen. Die Zuschauer standen unter Schock. Ohnmächtig starrten sie auf den grünen Rasen, hilflos dem grausamen Schauspiel ausgeliefert. Die brasilianischen Spieler waren wie gelähmt, schienen alle Fußballkünste verlernt zu haben, fügten sich kraftlos vor den entsetzt schweigenden Rängen in ihr nie für möglich gehaltenes Schicksal. Ich spürte eine Gänsehaut auf meinen Armen. Niemals zuvor hatte ich bei einem Fußballspiel etwas derart Unheimliches erlebt. Dieses unglaubliche, furchtbare, anhaltende Schweigen. In die grausame Stille hinein: der Schlusspfiff. Brasiliens Fußballwelt brach tödlich getroffen zusammen.

Eine Tragödie. Eine Beerdigung.

„Ich spüre es", murmelte David und ich fand, dass es eine Spur weniger zuversichtlich klang.

Sollte doch noch alles gut werden? Konnten wir wieder abreisen? Nach Deutschland? Ohne, dass er … ?

Ohne, dass ich …?

Wir sahen ihn gleichzeitig. Beim Verlassen des Stadions. Wirklich, das konnte doch nicht wahr sein! Es waren so viele Menschen im Stadion. Und nur wenige Meter vor uns lief … Rudolf Reitmeier.

Ich hätte ihn unter Millionen erkannt.
Der Gang, die Haltung. Vielleicht ein wenig gebückter als früher, das Haar schütter. Er war älter geworden, natürlich. Der Krieg war auch an ihm nicht spurlos vorbeigegangen. Er hatte verloren.
David blinzelte.
„Und was jetzt?", zischte ich, nachdem ich mich wieder gefasst hatte. Es galt, einen klaren Kopf zu bewahren.
„Wir folgen ihm. Der richtige Moment wird kommen. Jetzt haben wir Zeit, viel Zeit. Aber er darf uns nicht sehen."
„Und dann?"
„Was dann? Ich werde ihm das Messer in die Brust rammen und ihm dabei in die Augen sehen. Niemand wird es kümmern, wenn ein deutscher Nazi in einer menschenleeren Gasse abgestochen wird. Wenn sie ihn verscharren, sind wir schon wieder in Deutschland, mein Freund."
Ich schluckte. Inmitten enttäuschter, stummer, teilweise leise oder laut vor sich hin weinender Schlachtenbummler ließen wir uns zum Ausgang treiben, immer darauf achtend, Reitmeier nicht aus den Augen zu verlieren und ihm andererseits auch nicht zu nahe zu kommen. Es war schwierig, zwischen den taumelnden und schwankenden Brasilianern die einmal eingeschlagene Richtung zu halten.
Wohin würde er uns führen?
Wie lange mussten wir ihm folgen?
Dann ging alles ganz schnell. Reitmeier löste sich plötzlich aus der Menge. Verdammt! Hatte er uns gesehen? Vor einigen Minuten hatte er sich ruckartig umgedreht. Hatte er uns entdeckt? Konnte er mit uns rechnen? War er einfach auf der Hut, weil er immer befürchten musste, dass sie ihn finden würden? Finden, foltern und töten.
Foltern ... Nein, keine Folter. Es sollte viel schneller gehen, als er es sich wahrscheinlich in seinen ängstlichen Träumen ausgemalt hatte. Es sollte ein schnelles, in die Brust gerammtes Messer werden.

Wir pressten uns hastig zwischen stummen, kraftlosen Körpern hindurch ihm hinterher. Er schlenderte, seine Mörderhände in den Taschen seiner Hose versenkt, in eine kleine Gasse. Nein, er drehte sich nicht um. Der Lehmboden schluckte unsere Schritte. Dann ... war er wieder weg.
„Verdammt!"
David rannte los, glitt um eine Häuserecke und prallte mit ihm zusammen.
„He!", protestierte Reitmeier und drehte sich um.
Diese kalten, stahlblauen Augen. Ungläubiges Erstaunen. Ich warf einen Blick nach vorne, nach hinten. Wir waren alleine. Knapp dreißig Meter neben uns schoben sich Tausende durch die verstopften Hauptstraßen, aber hier, hier war niemand. Kein Mensch, keine Tür, keine Fenster ... kein Zeuge.
Wenn, dann hier! Das war uns allen klar. Allen dreien.
„Was ...?"
Er erfasste die Situation und riss die Arme hoch.
„David Neumann! Was um Himmels willen ...?"
„Was denkst du denn, du Schwein?", knurrte David und hatte das lange, geschliffene Messer schon in seiner Hand. Mit kaltem, entschlossenem Blick fixierte er sein Opfer. Niemand würde ihn stoppen können. Jetzt, wo er den Mann vor der Klinge hatte, der damals in gelackten, schwarzen Stiefeln die ausgetretene, steinerne Kellertreppe hinabgestiegen war. Der seine unschuldige Familie nach draußen schaffen und kaltblütig erschießen ließ.
„Ich kann das erklären!"
„Vielleicht. Aber nicht mir. Du kannst sterben, das ist alles!"
Reitmeier nickte und ließ die Hände fallen. Sag nichts, flehte ich ihn wortlos an. Sag nichts, dann wird alles gut! Doch er drehte mir den Kopf zu.
„Aaron Busch. Du?"
Er grinste. Fies. David spannte sich, holte mit dem Messer aus.
„David, mein alter Freund", knurrte Reitmeier. „Dass du mich töten möchtest, kann ich verstehen. Sehr unglücklich, dass dir damals die Flucht gelungen ist. Aber warum um alles in der Welt

tauchst du hier mit dem Mann auf, der dich und deine Familie an mich verraten hat?"
David zögerte irritiert. Einen Moment lang. Auch Reitmeier stockte. Und lachte plötzlich.
„Ich verstehe, du weißt es nicht? Es ist nie rausgekommen? Nun, es war dein Freund Aaron, der ..."
Jetzt musste es schnell gehen. Ich griff in meine Jackentasche und riss die Walther P 38 hoch. David hatte Recht: An jeder Straßenecke bekam man hier eine Waffe. Und sicher, niemand würde sich für die beiden toten Deutschen in der kleinen, schäbigen Seitenstraße interessieren.
Ich musste meinen ... Freund ... nach Brasilien begleiten. Es war eine Frage der Zeit, bis sie Reitmeier gefunden, gefoltert und ihm die Information abgerungen hätten, dass ich es war, der sie alle verraten hatte. Dass ich es getan hatte, um meine Familie zu retten und mit ihnen in die Schweiz flüchten zu können ... Geschenkt. Das war keine Entschuldigung. Schon gar nicht für David, der sich verwirrt zu mir umdrehte.
Ich hatte gar keine Wahl. Ich musste mit nach Brasilien.
Es gibt immer eine Gerechtigkeit? Vielleicht. Aber nicht in dieser Welt.
Ich drückte ab.

Schweiz, 1954
Weltmeister: Deutschland
Endspiel: Deutschland – Ungarn 3:2 (2:2)
Teilnehmende Mannschaften: 16
Erzielte Tore: 140 in 26 Spielen (5,38 pro Spiel – WM-Rekord)
Torschützenkönig: Sándor Kocsis (Ungarn), 11 Tore

Carmen Korn

Begegnung in Bern

Der Himmel störte das Bild. Die weißen Wolken, die gerade noch an einem hoffnungsvollen Blau entlang geglitten waren, rotteten sich dunkel zusammen. Erste Tropfen fielen auf die cognacfarbenen Ledersitze. Noch dachte er nicht daran, das Verdeck zu schließen. Er gab nicht leicht nach, hatte das noch nie getan.
Am Ufer des Bodensees war das Bild vollkommen gewesen. Beinah vollkommen. Ursulas Gesicht war ernst, als sie auf den See blickte, der gerade in der Sonne gleißte. Zu ernst, um diesen Moment nicht zu stören. Kaum, dass sie in Meersburg auf die Fähre nach Konstanz gefahren waren, hatte sie diese Miene aufgesetzt, als sei sie es der Erinnerung schuldig.
Felchen nach Müllerinnen Art hatten sie am Ufer des Sees gegessen. Salzkartoffeln. Dazu eine Flasche Meersburger Sonnenufer geleert. Ursulas Blinzeln im grellen Licht, ehe sie ihre Sonnenbrille aus der Tasche kramte. Fältchen hatte er in ihrem Gesicht gesehen, in denen sich heller Puder sammelte.
Doch in ihrem weißen Kleid mit dem knapp sitzenden Bolero, das ihre gebräunten Arme zur Geltung brachte, war sie noch immer die Schönste.
Er lenkte den Mercedes zum Emmishofer Tor. Grenzübergang zur Schweiz. Damals hatten vor der längst geschlossenen Grenze Spanische Reiter gestanden. Stacheldraht auf den hölzernen Barrieren.
„Es hellt schon wieder auf", sagte er.
„Gib mir die Jacke", sagte Ursula.
Er griff nach der Wolljacke, die hinter ihr auf der Rückbank lag, reichte sie ihr, berührte sie dabei am Arm. Zärtlich, dachte er.
„Lass es, Kurt", sagte sie.

Die Tropfen auf den Ledersitzen wischte er mit einem weichen Velourstuch weg, als sie am Grenzübergang warteten. Eine lange Schlange. Wollten sie alle nach Bern? Zum Endspiel? Oder fuhren sie nach Zürich? Geschäfte machen. Zum Bürgenstock, um zu kuren. Ins Tessin?
„Gruezi", sagte der Schweizer Zollbeamte und machte kehrt, um ihre Pässe zu stempeln. „Guete Reis", wünschte er, als er sie zurückgab. Sie waren wieder freundlich geworden, die Schweizer Zöllner.
Einmal schon war er nach dem Krieg in der Schweiz gewesen. Vor zwei Jahren. Um Geschäfte zu machen. Spirituosenkaufmann. Das ging wie geschmiert. Abendessen in Zürich. Baur au Lac. Kronenhalle. Ein Kreis auserwählter Kunden. Danach hatte er sich den Mercedes 220 A Cabrio gekauft. Schwarz mit cognacfarbenen Ledersitzen.
Sein bester Cognac war Remy Martin. Black and White einer der gängigsten Whiskys. Beides Verkaufserfolge. Getrunken wurde immer. Im Krieg und im Frieden.
Er hatte auch für Ursula eine Karte fürs Wankdorfstadion in Bern. Kontakte ausgespielt, kaum, dass sich der Triumph der deutschen Mannschaft im Halbfinale über die Österreicher vollzogen hatte. Vor zwei Tagen. Sechs zu eins in Basel.
„Freust du dich auf das Spiel?", fragte er.
Ursula drehte ihren Kopf zur Landschaft hin. Dabei war es nur Kreuzlingen, das sie zu sehen bekam. Keine Großartigkeiten.
Ihre Haare fingen an, sich aus dem seidenen Kopftuch zu lösen.
Die Sonnenbrille hatte sie aufbehalten. Auch, als sich der Himmel eintrübte. „Sie werden verlieren", sagte sie.
„Quatsch", sagte er. Sie war so negativ geworden. Das duldete er nicht. Er stoppte das Auto an einem Kiosk.
„Willst du Schokolade?", fragte er.
Er kaufte eine Tafel Cailler. Mokka mit Sahne. Riss das Papier auf und schob sich große Stücke in den Mund.
„Hab ich mich verändert?", fragte sie. „Äußerlich?"

„Nein", sagte er. Dachte an den Puder in den Fältchen. „Wie kommst du darauf?", fragte er.
Kurz nach halb acht kamen sie am Berner Bahnhofsplatz an.
Das Verdeck hatte er längst geschlossen.
Hell erleuchtet lag das Hotel Schweizerhof in der regnerischen Dämmerung des 2. Juli 1954. Die Hitzewelle des Junis war schon Geschichte.
„Jetzt ein Kalbssteak à la creme mit Morcheln", sagte er.
Ursula schüttelte den Kopf.

Jo sah in den Rasierspiegel und pfiff. Als ob es etwas zu pfeifen gäbe an diesem trüben Sommerabend in Zürich. Die Klinge zog glatt durch den Seifenschaum in seinem Gesicht.
Das Licht am Fenster war das einzig Taugliche, selbst an einem Tag wie diesem.
Ursulas Stimme gestern Abend am Telefon zu hören, war ein Schock gewesen. Er hatte auf dem dunklen Flur seiner Wirtin gestanden. Der Hörer in seiner Hand hatte gezittert. Er pfiff noch immer gegen den Schock an.
„Stormy Weather". In einer Bar im Niederdorf hatte er das Lied zum ersten Mal gehört. Die Sängerin hatte ihn an Ursula erinnert, doch als sie aufhörte, englisch zu singen, kam ein breites Bernerdeutsch aus ihrem Mund. Auch schon lange her und Hannes zu der Zeit zwei Jahre tot.
Der Albisrieder Platz lag vier Stockwerke unter ihm und war fast leer. Nur an der Haltestelle der Tram standen Leute. Regen im Sommer gehörte zu den scheußlichen Wettern.
Ursula war noch immer mit diesem Kerl zusammen.
Er schüttelte den Kopf und schnitt sich dabei. Keine Ursula mehr in seinem Leben. Nur Bernadette. Er sagte sich diesen Satz seit gestern Abend auf.
Bernadette hatte aus dem Fenster gesehen, als er ins Zimmer zurückkehrte. Gestern Abend. „Sie war dran", hatte sie gesagt.
„Warum glaubst du das?"
„Du siehst aus, als sei dir ein Geist begegnet."

Ein Geist. Ihm war nur ein kleines Nicken gelungen.
Er tupfte das raue weiße Handtuch auf den blutenden Schnitt.
Der Fleck würde seiner Wirtin kaum gefallen.
Die Walther lag in einer Schublade der Kommode. Die Pistole war in Verbandsmull gewickelt, als wäre sie verwundet. Verdeckt wurde sie von einer Schachtel der Confiserie Sprüngli, die einmal Zürcher Leckerli enthalten hatte. Jetzt enthielt sie eine Kollektion Präservative.
Auf der Schachtel waren das Stammhaus von Sprüngli am Paradeplatz und das Fraumünster zu sehen.
Haltbarkeit beschränkt, stand auf der Schachtel.
Schuld ist etwas, das jeder auf sich lädt, dachte er, früher oder später. Jo hörte auf zu pfeifen.

Kurt saß auf der Damastdecke des Doppelbettes und las die Zeitung. Zog die Luft durch die Zähne, als er die Hymne auf die Ungarn und ihren Spieler Ferenc Puskás las. Die Magyaren wurden schon als Weltmeister gehandelt, den Männern um Herberger traute man den Titel nicht zu.
„Drecksblatt", sagte er. Deutsche Zeitungen hatte es unten im Foyer keine mehr gegeben. Nur eine alte Badische lag herum, die noch nicht mal die Ergebnisse des Viertelfinales kannte, in dem die Brasilianer sich mit Gewalt gegen die drohende Niederlage wehrten und schließlich die Gendarmerie auf das Spielfeld eilen musste.
„Mäßige dich", sagte Ursula. Sie stand vor dem Spiegel und zog ihre Lippen nach. Blau schienen die Lippen, bevor sie das Lackrot von Elizabeth Arden darübergab.
„Willst du wirklich noch in die Bar?", fragte er. Sein Bauch war schwer von Kalbssteak à la creme und Bandnudeln.
„Du kannst einen Schnaps trinken." Ihre Stimme schnitt die Sätze in kurze Happen, seit sie auf die Fähre gefahren waren.
„Denkst du noch an ihn?", fragte er. Falsche Frage. Die hatte er wirklich nicht stellen wollen.
„Trink einen Kirsch", spuckten ihre lackroten Lippen aus.

Warum sagen, dass er das alles nicht gewollt hatte.
„Ich habe das damals nicht gewollt", sagte er.
„Du kannst ja nachkommen", sagte Ursula und verließ das Zimmer, dessen Tür mit Leder gepolstert war.

Ursula hatte ihm die Nummern der Plätze genannt. Beste Plätze. Loge. An der Mittellinie. Er kannte Bern nicht. Schon gar nicht das Wankdorfstadion. Der Deux Chevaux von Bernadette hatte neun PS. Vielleicht sollte er schon einmal losfahren, um zum Finale in Bern zu sein.
Er strich über den Streifen Pflaster am glatt rasierten Kinn und blickte zur Tür. Stellte sich vor, Ursula käme herein.
„Noch ein Dezi", sagte er zu dem Mann hinter der Bar und stand vom Hocker auf, als Bernadette von der Toilette kam.
„Du bist anders seit gestern", sagte sie.
„Ich hatte schon immer gute Manieren."
„Es ist doch alles so lange her", sagte Bernadette.
Der Mann stellte das Glas Wein vor ihn hin.
Zu der Zeit, als er ein Grenzgänger gewesen war, hatte Bernadette zwischen Kühen und Hühnern gelebt, ein glückliches Kind, das noch nicht wusste, dass es einmal den falschen Mann lieben würde. Einen, der eine Walther PP in der Kommodenschublade verbarg und damit töten wollte.
„Du bist erst dreiunddreißig", sagte Bernadette. „Bischt", sagte sie. Ein kleiner Lapsus, der ihr immer mal wieder passierte. Sonst hörte man ihr kaum die Schweizer Bauerntochter an.
„Ich weiß", sagte er, „das Leben liegt vor mir."
Das Leben, das er einmal hatte leben wollen, war vorbei, als er Kurt begegnete. Und das seines kleinen Bruders war einfach ausgelöscht worden.
„Lass uns nach Haus", sagte Bernadette, „du siehst müde aus."
Das möblierte Zimmer am Albisrieder Platz. Er legte den Kopf in den Nacken und betrachtete die Kassettendecke aus dunkler Eiche. Früher hatte diese Bar „Zum Schwanen" geheißen.
Es war Zeit, Entscheidungen zu treffen.

Der Klavierspieler und der Mann am Bass spielten gut, das Saxophon klang schwammig. Er schob Ursula zu den Klängen von „Glaube mir" über die Tanzfläche der Hotelbar und hoffte, dass sie bald aufs Zimmer gingen. Zwei Kirsch hatten sein Körpergefühl stark gesteigert. Er hatte Lust, mit ihr zu schlafen. Doch sie schob seine Hand weg, die er ihr auf die Brust legte.
„Ich hab noch nicht genug getrunken", sagte Ursula.
Er zuckte zusammen. Ließ sie sich nur noch von ihm anfassen, wenn sie betrunken war?
Einige Österreicher waren in der Bar. Morgen würde ihre Mannschaft in Zürich um Platz drei spielen. Gegen Uruguay, den noch amtierenden Weltmeister.
Ein Spiel der enttäuschten Hoffnungen.
Er bestellte einen großen Cognac für Ursula und sah, dass der Barkeeper zu einer Flasche Remy Martin griff. Er nickte.
Auf dem langen Hotelflur knickte Ursula mit einer ihrer hochhackigen Sandaletten um. Er nahm ihren Arm und führte sie zum Zimmer, schöpfte Hoffnung, als sie ihn gewähren ließ.
„Ich hasse dich, Kurt", sagte sie und hinkte ins Bad.

„Die Urus sind in Züri", sagte Jos Zimmerwirtin und schwenkte die Zeitung. „Das sind doch sicher Wilde", sagte sie.
Er las den Titel des Aufmachers zum Spiel der Österreicher gegen Uruguay und schüttelte den Kopf.
Die Tasse Zichorienkaffee trug er nach hinten ins Zimmer und stellte sie neben der Hermes ab, in der ein Blatt Papier steckte.
Er hatte angefangen, über Hannes zu schreiben.
Als Bernadette kam, lagen sechs Manuskriptseiten neben der Schreibmaschine. Eng beschrieben.
„Darf ich es lesen?", fragte Bernadette.
Er schenkte sich einen Schnaps ein, während sie las. Ging zum Fenster und sah auf den Albisrieder Platz hinunter. Der Himmel war heller als gestern.
„Willst du es veröffentlichen?"
Er hob die Schultern. „Ich weiß nicht", sagte er.

„Es ist ein quälender Text."
„Dann veröffentliche ich es nicht."
„Gerade darum solltest du es tun", sagte Bernadette.
Sie wusste alles von Hannes. Nichts konnte sie überraschen, doch sie weinte. „Ist sie in Zürich?", fragte sie.
Er schüttelte den Kopf.
„Dann ist sie in Bern. Darum willst du das Auto."
„Gibst du es mir trotzdem?"
„Bitte fahre nicht", sagte Bernadette. Sie fing an, seinen Rücken zu streicheln. Er drehte sich um und küsste sie.
Sie lagen nackt im Bett, als es an der Tür klopfte und die Klinke hinuntergedrückt wurde. „Herr Lichti", sagte seine Wirtin.
Er hatte vergessen, die Tür abzuschließen.
„Nicht jetzt", sagte er laut.
Bernadette und er liebten sich wie lange nicht. Er kam und dachte im nächsten Augenblick darüber nach, ob seine Wirtin geklopft hatte, um ihn zum Telefon zu holen.

„Dass alles so hochkommt, jetzt, wo wir in der Schweiz sind."
Ursula blickte in den Bärengraben und tat, als habe sie ihn nicht gehört. Einer der beiden Braunbären, die träge unten im Graben lagen, hob den Kopf, als eine Gruppe Ungarn herantrat. Sie waren schon einen Tag vorher in Siegeslaune.
„Alles Csárdás", sagte er.
Ursula sah ihn an. „Was meinst du damit?", fragte sie.
„Ein einziger Tanz", sagte Kurt. Er wandte sich von den Bären ab. „Ich wollte nicht, dass Hannes stirbt", sagte er.
Den Satz hatte er eben schon einmal gesagt.
„Du hast ihnen den Jungen zum Abschuss freigegeben."
„Nein", sagte er, „ich habe Hannes gerngehabt."
„Du wolltest, dass sie seinen Bruder töten."
„Warum hast du dreizehn Jahre gewartet, um mich zu hassen?"
„Du warst eifersüchtig", sagte Ursula, „so widerlich eifersüchtig."
„Ich hatte allen Grund dazu", sagte er.

Sie fing an zu weinen. Die Tränen zogen puderige Spuren durch ihr Gesicht. Sie sah alt aus. Viel älter als dreiunddreißig.
Er reichte ihr ein großes weißes Taschentuch, doch sie schlug es ihm aus der Hand und ging davon. Ließ ihn stehen vor einer der großen Sehenswürdigkeiten von Bern.
Er hob das Taschentuch auf und nahm auch die Tüten, in denen sich die feine Lingerie befand, die sie heute gekauft hatten. Spitzenhöschen. Ein Hauch von Nachthemd.
Sie hielt den Telefonhörer in der Hand, als er ins Hotelzimmer trat. Ihr Gesicht war ganz nackt ohne die Schminke.
„Ich habe gehört, Jo sei tot", sagte er.
Ursula legte den Hörer auf und griff nach der Puderdose aus schwerem Messing, die neben dem Telefon lag.
„Wollen wir heute wieder im Hotel essen?", fragte er.
„Lass mich allein", sagte Ursula, „wenigstens für eine Stunde. Setz dich in eine Beiz."
Er ließ die Tüten auf ihre Seite des Bettes fallen und ging.

Den Schlüssel für den Deux Chevaux hatte Bernadette neben die Schreibmaschine gelegt. Auf die sechs Seiten Text.
Das Auto konnte er vom Fenster aus sehen und auch Bernadette, die zur Haltestelle der Tram ging.
Seine Zimmerwirtin hatte geklopft, kaum dass Bernadette gegangen war. Ein hastiger Abschied. Einen anderen hätten sie beide nicht ausgehalten.
„Sie und das Fräulein Bernadette, sie machen doch nichts Unzüchtiges miteinander?"
„Wie kommen Sie darauf?", sagte er.
„Da war auch wieder die andere Dame am Telefon."
Ursula. Er hatte es geahnt. Eine Änderung der Pläne? Was sollte er tun? Sie im Hotel anrufen?
„Sie sind doch ein guter Schweizer, Herr Lichti. Oder?"
Er sah sie erstaunt an. „Mein Vater war ein Zürcher", sagte er. Rechtfertigte sich noch immer. Wie damals.
„Sie sprechen auch mit dem Fräulein nur Hochdeutsch."

„Meine Mutter kam aus Deutschland", sagte er widerwillig. „Ich habe meine Kindheit und Jugend in Konstanz verbracht."
„Bis die Deutschen Sie holen wollten für ihren Krieg. Da haben Sie sich wieder besonnen."
Er setzte sich an die Schreibmaschine und fing an zu tippen.
„Ich muss leider arbeiten", sagte er.
„Spannen Sie besser noch Papier ein in Ihre Schreibmaschine", sagte seine Wirtin spitz und verließ das Zimmer.
Er stand auf und ging zurück ans Fenster. Steckte die Hände in die Hosentaschen und ballte sie dort zu Fäusten.
Hätte er sich doch nur besonnen gehabt. Hannes genommen. Zum Vater gefahren. Statt sich als „Emigrantenschlepper" anwerben zu lassen. Kurt hatte getan, als sei das eine Fortsetzung der Wandervogeljahre.
Doch auch die zweihundert Reichsmark pro Gang über die Grenze hatten ihn gelockt und sich gegen die deutschen Großeltern zu stellen, die Nazis gewesen waren.
Die Schicksale, dachte er, die Schicksale hatten ihn auch bewegt. Anfangs waren es Kommunisten gewesen, der eine und andere Gewerkschafter. Nachher waren nur noch Juden gekommen, und ab Herbst 1941 war es gefährlich geworden.
Hätte er doch nicht zugelassen, dass Hannes mitmachte.
Hannes, der einzige Idealist.
Er ging zur Kommode und zog die Schublade auf. Legte die Schachtel von Sprüngli zur Seite. Wickelte die Walther aus.
Acht Kugeln waren im Magazin.
Er nahm die alte Polizeipistole hoch und zielte auf die Zimmertür. Seine Hand war wieder ruhig.

Der Junge, der ihm das Bier hinstellte, mochte so alt sein, wie Hannes damals gewesen war. Fünfzehn. Sechzehn.
Die Beiz war voll. Lauter Österreicher, die wohl nur Karten fürs Berner Endspiel besaßen und nicht fürs kleine Finale in Zürich. Hatten wohl geglaubt, Österreich würde es machen.
Kurt lachte leise, doch es hätte ihn sowieso keiner gehört.

Das Radio lief in einer Lautstärke, als ob es gleich explodieren wollte. Eine Traube von Leuten hing an dem Gerät.
Ein Foul-Elfmeter hatte die Lederhosen in Führung gebracht, doch nun gingen sie mit Eins zu Eins in die Halbzeit.
Er hatte Hannes wirklich gern gehabt. Eine ehrliche Haut. Hatte den Flüchtlingen helfen wollen. Wie er selbst. Am Anfang.
Wer hätte gedacht, dass die Deutschen gleich schießen würden. Die Grenze verlief unübersichtlich. Gerade hatte man Schweizer Gebiet erreicht und war doch mit dem nächsten Schritt schon wieder auf deutschem Grund.
Er hob die Hand, ein zweites Bier zu bestellen.
Wer hätte gedacht, dass der Junge in dieser Nacht mit den Flüchtlingen losgegangen war und nicht sein großer Bruder.
Der hatte mit Ursula im Bett gelegen.
Das hatte er nicht gewusst.
O ja. Er war eifersüchtig gewesen. Doch er hatte Ursulas Stecher nur hochgehen lassen wollen. Arrest bei den Schweizern wegen Beihilfe zum illegalen Grenzübertritt.
Für ihn war es dann auch vorbei mit der kriegswichtigen Arbeit im Betrieb seines Onkels nach dieser Nacht.
Die Kompasse für die Luftwaffe stellten von da an andere her.
Er hielt Frankreich besetzt.
Wie hatte er sich in diese Schuld hineindrängen lassen?
Er stand auf und versuchte vergeblich, den Servierjungen im Gedränge auf sich aufmerksam zu machen.
Legte fünf Franken auf den Tisch. Zu viel.
Die zwei Tore für die Österreicher bekam er nicht mehr mit.

Es war eine dieser hellsichtigen Nächte gewesen. Kaum eine Stunde Schlaf, doch Jo war sich nun sicher, das Richtige zu tun. Er schlich durch den Flur zur Tür und zog sie leise ins Schloss. Seine Wirtin stand in der Küche und kochte Zichorienkaffee. Sie würde nachher vergeblich nach ihm rufen, damit er seine Tasse bei ihr abholte. Er lief die erste Treppe hinunter und lauschte dann nach oben. Die Tür blieb geschlossen.

Jo klopfte sein Jackett ab und fühlte die Walther und das Bündel Geldscheine für die Karte vom Schwarzen Markt.
Der Deux Chevaux sprang an und tuckerte durch die stillen Straßen dieses Sonntags. Vierter Juli.
Viele Menschen würden sich aufmachen nach Bern. Von der deutschen Seite kommend. Die Grenze zur Schweiz nehmend. Die deutsche Fußballelf im Finale.
Ursula war schon da. Konnte lange schlafen. Sich in aller Ruhe ankleiden. Sicher hatte ihr Hotelzimmer ein großes Bad. Sicher hatte sie einen Koffer voller Kleider dabei.
Sie würde ihren Mann in den Frühstückssaal begleiten.
Kaffee. Heiße Milch. Hörnchen. Konfitüre.
Ursula hatte immer nur süß gefrühstückt.
In einem Landgasthof in der Nähe von Langenthal kehrte er ein. Aß einen Schüblig mit Brot. Trank ein Bier dazu.
Die Wurst lag ihm bis Bern im Magen.
Jo fuhr nicht in die Stadt hinein. Hielt in der Nähe eines Waldes und stellte das Auto ab. Der Himmel war grau. Als er in den Wald hineinlief, hörte er den Regen auf die Blätter fallen.

Noch vier Stunden bis zum Anpfiff um siebzehn Uhr. Er legte die Karten auf die mahagoniglänzende Frisierkommode des Hotelzimmers. Hoffte, dass die Kopfschmerztablette wirkte und Ursula sich schnell erholte und es keine Verzögerung gab.
Logenplätze. An der Mittellinie. Er kannte das Wankdorfstadion nicht, doch sein Schweizer Geschäftsfreund würde kaum wagen, ihm schlechte Karten zu geben.
Das Zimmer war abgedunkelt. Ursula lag angekleidet auf ihrer Doppelbetthälfte. Nur die Schuhe hatte sie abgestreift.
„Geht es dir besser?", fragte er.
„Lass mir Zeit", sagte Ursula.
Er wollte spätestens um vier im Stadion sein. Das Taxi war bestellt. Den Mercedes würde er in der Hotelgarage lassen.
„Ich vertrete mir noch mal die Beine", sagte er.
Der Himmel war nur noch eine dichte graue Wolkendecke.

Herbergers Elf hatte Besseres verdient.
Er ging zum Bahnhof hinüber und sah den Zeigern der großen Uhr zu. Er hatte das Gefühl, ausgezählt zu werden.

Jo kehrte aus dem Wald zurück und setzte sich ins Auto, als der Regen stärker wurde. Damals im späten Oktober hatte es auch so geregnet. Hannes war völlig durchnässt gewesen, als sie seinen toten Körper heranschleiften.
Und er hatte den größten Teil der Nacht mit Ursula im trockenen Bett gelegen. „Ich soll dir von Kurt sagen, der Gang heute Nacht ist abgesagt", hatte sie ihm am Abend ausgerichtet.
Was war das für ein Spiel von Ursula gewesen?
Warum sollte Kurt daran gelegen sein, den Jungen abknallen zu lassen? Nicht Hannes war Kurts Feindbild. Er war es. Jo.
Mit der Karte fürs Stadion ging es einfacher, als er dachte. Die Schwarzmarkthändler schienen sitzen zu bleiben auf ihrer Ware. Er behielt noch einige Scheine aus seinem Bündel. Könnte er sie doch Bernadette zukommen lassen.
Die Uhr am Ostturm des Stadions zeigte sechs Minuten nach vier an, als er sie die Plätze einnehmen sah.
Kurt hatte sich kaum verändert. Voller geworden vielleicht. Doch das dunkle Haar noch genau so dicht wie damals. Ursula sah zerbrechlich aus. Eine Gazelle unter Löwen.
Die große Turmuhr von Longines zeigte 16.45 Uhr an, als die Spieler aus den Katakomben kamen.
Er hörte den Anpfiff, doch sein Blick löste sich nicht von Ursula.

„Du bist falsch informiert worden", sagte Ursula, „Jo ist nicht tot. Ganz und gar nicht."
Kurt seufzte schwer. Das zweite Tor für die Ungarn war gefallen. Nach acht Minuten. Ein Debakel bahnte sich an.
„Du wolltest mich loswerden", sagte er. „Ich hätte ins KZ kommen können oder nach Russland. Als Kopf der Bande."
„Ich will dich noch immer loswerden."
„Du willst die Scheidung? Du weißt, dass dir nichts gehört."

Da unten auf dem Feld schien sich etwas umzukehren. Morlock schaffte es zum Eins zu Zwei. Fritz Walter begann, das Spiel seines Lebens zu machen.
„Jo ist hier", sagte Ursula.
Es fiel ihm schwer, das Spielfeld aus den Augen zu lassen und Ursula anzusehen. Er erschrak vor ihrem Blick.
„Du hast mich ausgetrickst und dafür den Jungen geopfert."
„Ich konnte weder dich noch Hannes gebrauchen."
„Du konntest nicht wissen, dass sie gleich schießen."
„Nein", sagte Ursula, „das wusste ich nicht."
„Er hing an seinem Bruder", sagte Kurt, „eine verrückte Bruderliebe. Ich habe die beiden darum beneidet."
Unten schoss Helmut Rahn zum Zwei zu Zwei.
„Tor", sagte Kurt. Seine Stimme klang heiser. „Willst du was trinken", sagte er, als der Halbzeitpfiff kam.

Kurt hielt eine Flasche Rivella in der Hand, als er auf die Tribüne zurückkehrte. Ein Strohhalm steckte in der Flasche.
Jo sah, dass Kurt zu den Rängen blickte, sie absuchte nach ihm. Ursula hatte es nicht für sich behalten.
Die zweite Halbzeit. Rahn und Morlock rannten über den Rasen, Fritz Walter und sein Bruder. Da unten schien sich Großes zu tun. Doch es zog an ihm vorbei wie Zeitlupe, dabei lief ihm die Zeit davon.
Jo klebte an seinem Sitz, als habe er nie vorgehabt, heute in diesem Stadion einen Menschen zu töten.
Das Tor von Rahn zum Drei zu Zwei kriegte er kaum mit.
Nur das Toben im Stadion. Die Anspannung, die er für seine hielt. Erst den Schlusspfiff ordnete er wieder ein.
Als das Deutschlandlied erklang, stand er vor Kurt und Ursula.

„Mach dich nicht noch unglücklicher", sagte Kurt und nahm ihm die Walther ab. „Wir sind Weltmeister", sagte Kurt.
Jo konnte später nicht mehr sagen, wie er zu Bernadettes Auto gefunden hatte und nach Zürich gefahren war.

Es war Dienstagmorgen, als er wieder zur Besinnung kam und sich wusch und rasierte und das Gefühl hatte, seinen Körper zu fühlen und zu leben.
Bernadette kam ins Zimmer und legte ihm die Zeitung hin.
„Ursula ist tot", sagte sie, „ihr Mann hat sie erschossen."
Er hörte die Erleichterung in Bernadettes Stimme.
Kurt hatte es vollbracht.

Schweden, 1958
Weltmeister: Brasilien
Endspiel: Brasilien – Schweden 5:2 (2:1)
Teilnehmende Mannschaften: 16
Erzielte Tore: 126 in 35 Spielen (3,6 pro Spiel)
Torschützenkönig: Just Fontaine (Frankreich), 13 Tore

Wolfgang Kemmer

Das Hass-Spiel

Albrecht hatte Herbert Szypriorski im Knast kennen gelernt. Sie hatten sich beim Tütenkleben angefreundet – oder besser gesagt: Herbert hatte sich mit ihm angefreundet und ihn ein wenig unter seine Fittiche genommen. Er war vierzehn Jahre älter als Albrecht und behauptete, gegen seine Zeit in der französischen Gefangenschaft sei der Knast die reinste Erholung.
„Ehrlich: Wenn ich dat jetzt mal so vergleichen soll", hatte er noch kurz vor seiner Entlassung gesagt, „dann hab ich die paar Jährchen hier eigentlich locker auf der linken Backe abgesessen."
Albrecht konnte da Gott sei Dank nicht mitreden. Er war für den Krieg noch zu jung gewesen und hatte aufgrund mildernder Umstände auch nur eine kurze Strafe abzusitzen gehabt. Trotzdem war er überglücklich gewesen, als das Ende nahte. Herbert war Schalke-Fan und wurde, wie es der Zufall wollte, am Tag des Finales um die deutsche Meisterschaft entlassen. Albrecht durfte schon zwei Wochen früher raus.
„Mensch, dat wird 'n Fest, wenn ich rauskomm", sagte Herbert. „Dann schaun wer uns erst mal zusammen dat Endspiel an. Die packen et wieder, die Jungens, dat hab ich im Urin. Die Hamburger Fischköppe hauen die doch weg wie nix. Besorg schon mal die Karten, Alb!"
Aber Albrecht hatte keine Karten mehr bekommen, weil er ausgerechnet an dem Tag, an dem er sie besorgen wollte, für seine Mutter ein Päckchen aus Schweden abholen musste, und weil er dazu extra mit dem Fahrrad in die Stadt zur Hauptpost fahren musste, und weil sie dort seinen Ausweis sehen wollten, und weil er den natürlich vergessen hatte und so den ganzen Weg noch mal zurück musste, und weil er unterwegs einen Platten

hatte und es gerade noch vor Toresschluss schaffte, das Päckchen von der misstrauischen Frau am Schalter ausgehändigt zu bekommen. Und als er dann zur Vorverkaufsstelle kam, war dort schon Feierabend und die letzten Karten waren weg.
Albrecht nahms nicht allzu schwer. Er schwärmte sowieso eher für Kaiserslautern und die Walter-Brüder. Und wenigstens freute die Mutter sich über das Päckchen. Seine Schwester Else hatte sich 1941 zusammen mit ihrem jüdischen Freund nach Schweden abgesetzt. Sie hatten sich schon während des Krieges wieder getrennt, aber Else hatte schnell Ersatz für ihn und Spaß am Leben in Schweden gefunden. Mit Eric hatte sie dann offenbar keine schlechte Wahl getroffen. In ihren Briefen an die Mutter erzählte sie begeistert von der Villa, in der sie lebten, und nach dem Krieg schickte sie hin und wieder Päckchen mit Knäckebrot und schwedischen Haferkeksen.
Herbert explodierte allerdings, als er hörte, dass es Essig war mit dem Endspiel. Albrecht hatte ihn vom Knast abgeholt und konnte ihn nur beruhigen, indem er mit ihm zu Hotte ging, wo das Spiel im Radio lief, und ihm ein paar Lagen spendierte. Mit jedem Pils und jedem Tor der Schalker wurde Herberts Laune besser. Nach dem Spiel zeigte Albrecht ihm dann den Brief, den Else mitgeschickt hatte.
„Mensch, Alb! Mittsommer, dat is doch genau während der WM. Mensch hast du ein Glück!"
„Ich fahr da nicht hin", sagte Albrecht.
„Na wat denn, wat denn? Du fährst da nicht hin? Natürlich fährste hin. Und weißte wat? Ich fahr mit. Dat biste mir schon schuldig, weil du die Karten verbummelt hast!"
„Unsinn, die Schweden lassen uns doch gar nicht erst rein! Zwei Knackis wie wir…"
„Wat? Die lassen uns nicht rein? Wieso dat denn? Schließlich ham wer unsere Strafe ordnungsgemäß abgebrummt, oder nich? Außerdem sind die Schweden bekannt dafür, dat se ein besonders liberales Völkchen sind." Er lachte. „Und sowieso: Boss Rahn is schließlich auch direkt aussem Knast zu den Vor-

bereitungsspielen gefahren."
„Ja, aber der saß auch nur ein paar Wochen und nicht wie du wegen Totschlag."
Das hätte er nicht sagen sollen. Herberts gute Laune war sofort wieder wie weggeblasen. „Na, dann fahr halt allein…"
„Ich mein doch nur… sicher hat da doch der der alte Herberger ein gutes Wort für ihn eingelegt. Aber bei uns…"
„Ach Quatsch mit Soße, so groß ist der Unterschied zwischen dem Boss und mir gar nich. Stell dir nur mal vor, einer der Polypen, mit denen der sich nach seiner Fahrerflucht geprügelt hat, wär mit der Rübe irgendwo an 'nen Stein gedotzt oder so…"
„Und wo sollen wir das Geld hernehmen? Das ist doch bestimmt nicht billig, nach Schweden!"
„Na, wohnen könn wer doch bei deiner Schwester, dat is doch schon mal super. Und dat andere wird sich schon finden, wenn wer erst mal da sind." Herbert strahlte schon wieder. „Lass mich nur machen…"
„Aber keine krummen Touren! Ich will nicht, dass Else durch uns irgendwelche Scherereien kriegt."
„Sicher, mach dir da mal keinen Kopp!"

Wie sich schnell herausstellte, war das schwedische Mittsommerfest, zu dem Else Albrecht eingeladen hatte, drei Tage vor dem Halbfinale in Stockholm. Dass die deutsche Mannschaft es bis dorthin schaffen würde, stand für Herbert völlig außer Frage.
„Passt doch super", tönte er, „dann ham wer die Kohle für die Fahrt auch locker zusammen."
Er hatte für Albrecht eine Aushilfsstelle in einer Großschlachterei aufgetan, wo er von morgens bis abends Därme putzen musste. Herbert selbst betätigte sich als Gepäckträger am Hauptbahnhof. Wenn sie sich dann nach der Arbeit bei Hotte trafen, um die WM-Spiele im Radio anzuhören, protzte er dermaßen mit seinen Einnahmen, dass Albrecht der Verdacht beschlich, die Trinkgelder seien womöglich nicht alle ganz freiwillig in Herberts Taschen geflossen.

Aber es ging ohne Zweifel voran und nach dem deutschen Auftaktsieg gegen Argentinien glaubte auch Albrecht allmählich an ihren Trip zum Halbfinale. Herbert hatte ausbaldowert, dass es während der WM günstige Sonderfahrten der Touropa von Hamburg aus für 83 Mark mit dem Liegewagen nach Stockholm gab.
Die deutsche Mannschaft ließ ein überzeugendes 2:2 gegen die Tschechen und noch einmal das gleiche Ergebnis gegen die Nordiren folgen. Das reichte fürs Überstehen der Vorrunde. Fehlte nur noch ein Spiel, dann winkte das Halbfinale! Albrecht merkte, wie auch in ihm das WM-Fieber stieg.
Den knappen Viertelfinalsieg gegen Jugoslawien feierten sie bei Hotte bis zum Morgengrauen und starteten gleich anschließend mit schweren Köpfen per Autostopp nach Hamburg. Die letzten sechzig Kilometer legten sie dabei in einem Viehtransporter inmitten einer Schafherde zurück und nahmen danach erst einmal ein Bad in der Elbe.
Weil sie vor der Abfahrt noch Geld tauschen wollten und Herbert unbedingt noch „bisskken Fahrwasser" mitnehmen musste, es aber nirgendwo Ritterbier zu kaufen gab und er sich erst nach ausgiebigen Geschmacksproben durchringen konnte, statt des Bieres ein paar Pullen Schnaps mitzunehmen, verpassten sie fast den Zug. Auf den Schrecken und weil sie ohnehin schon wieder einen sitzen hatten, putzten sie den Schnaps ruckzuck weg und verschliefen den größten Teil der Fahrt.
In Stockholm auf dem Hauptbahnhof, der hier „Centralstationen" hieß, herrschte reger Betrieb. Albrecht hatte den Eindruck, dass wesentlich mehr Menschen die Stadt verließen als ankamen, was er angesichts des Feiertags und des großen Fußballfestes nicht so ganz verstand. Zwar hatten die deutschen Zeitungen berichtet, das Interesse der Schweden am Fußball sei nicht allzu groß und viele Vorrundenspiele seien nur schwach besucht gewesen, aber das hier sah ja schon fast nach Flucht aus.
Weil Albrecht seine Schwester überraschen wollte und seine Ankunft nicht angekündigt hatte, war niemand da, um sie ab-

zuholen. Herbert entschied daher, dass sie erst einmal einen Stadtplan brauchten.

Die Villa von Eric Fortell lag auf Södermalm, einer der vierzehn Inseln, über die Stockholm sich am Rande der Ostsee erstreckte. Sie ragte südlich der zentralen Stadtinsel als felsige Anhöhe aus dem Wasser. Trotzdem konnte man mit der U-Bahn dorthin fahren.

„Wie soll das denn gehen?", fragte Albrecht, der in Hamburg zum ersten Mal in seinem Leben ein kurzes Stück U-Bahn gefahren war. „Fährt die etwa in einem Tunnel unter Wasser lang? Da fahr ich dann aber nicht mit."

„Quatsch! Die fährt natürlich über eine Brücke."

„Aber dann ist es ja gar keine richtige U-Bahn."

„Nein", seufzte Herbert, „an der Stelle nicht."

Sie schafften es schließlich, unbeschadet nach Södermalm zu kommen und hatten dadurch, dass die U-Bahn überirdisch fuhr, sogar Gelegenheit, etwas von der Stadt zu sehen. Am meisten imponierte Albrecht eine riesige Leuchtreklame. Das Ding stellte eine überdimensionale Zahnpastatube dar, aus der Zahncreme auf eine Bürste gepresst wurde.

Ein Stück dahinter tauchte die Bahn doch noch in einem in die Felsen getriebenen Tunnel ab, sodass die in schickem Gelb gekachelte Haltestelle Medborgarplatsen, an der sie ausstiegen, tatsächlich unter der Erde lag. Um zu Else und Eric ins Katarinenviertel zu kommen, mussten sie von der U-Bahn-Station ein gutes Stück bergauf und am Ende auch noch jede Menge Treppen steigen.

Oben stöhnte Albrecht. Nicht nur, weil er völlig außer Atem war, sondern auch vor Enttäuschung. Die Villa, von der seine Schwester immer geschrieben hatte, entpuppte sich als einstöckiges Holzhäuschen, das dringend mal wieder einen Anstrich nötig hatte. Allerdings passte das hier bestens ins Bild. Die verwinkelten Kopfsteinpflastergässchen und kleinen Hütten des Viertels vermittelten eher das Gefühl in einer Fischersiedlung als in der größten Metropole Skandinaviens zu sein. Dafür war aber der Blick, den man allenthalben zwischen den Häuschen hindurch hinunter auf die Stadt werfen konnte, atemberaubend. Und auch der hellblaue Volvo Duett, der vor der Tür der „Villa" stand, konnte sich sehen lassen.

„Wenn ihr eine Station früher ausgestiegen wärt, hättet ihr auch den Katarinahisset nehmen können", erklärte ihnen Else, nachdem sie Albrecht und auch Herbert herzlich begrüßt hatte. „Das ist so eine Art Fahrstuhl, mit dem man für ein paar Öre hier hochgebracht wird. Aber ein bisschen Bewegung hat euch sicher auch nicht geschadet nach der langen Zugfahrt."

Sie und Eric zeigten nicht die geringste Verwunderung oder gar Unmut darüber, dass Albrecht noch einen Freund mitgebracht hatte.

„Schön, dass wir euch überhaupt antreffen", sagte Albrecht, der in der ersten Verlegenheit nicht so recht wusste, was er sagen sollte. „Am Bahnhof hat man ja das Gefühl, dass hier gerade alle aus der Stadt abhauen."

Eric lachte.

„Ach, da müsst ihr euch gar nichts bei denken", sagte Else. „Das ist hier so üblich an Mittsommer. Da zieht es die Schweden alle hinaus in die Natur. Die großen Städte wirken dann oft wie ausgestorben."

„Aha, deshalb habt ihr mich also eingeladen, damit ihr wenigstens nicht ganz allein feiern müsst", grinste Albrecht immer noch verlegen.

„Natürlich nicht", sagte Else. „Ich wollte dir einfach nur was Gutes tun, nach all dem, was du hinter dir hast."

Er nickte und war ihr dankbar, dass sie nicht näher darauf einging, was sie mit „all dem" meinte. Er hatte Herbert im Knast nur erzählt, dass er „eine Bank gemacht" habe, aber nicht, dass es ausgerechnet die Bank gewesen war, in der er seine Lehre in den Sand gesetzt hatte, und dass seine verhasste Ex-Chefin ihn trotz Maske erkannt und ihm kurzerhand die Spielzeugpistole aus der Hand und einen fetten Aktenordner aufs nylonbestrumpfte Haupt geschlagen hatte. Solche Details waren nichts für Herbert.

Der hatte sich nämlich sichtlich beeindruckt gezeigt, dass Albrecht es als völlig unbeschriebenes Blatt direkt mit einer Bank versucht hatte. Und Eric brauchte das alles natürlich erst recht nicht zu wissen. Der Schwede schien zum Glück auch gar nicht weiter an den Lebensläufen und kleinen Karriereknicken seiner Gäste interessiert.

Aber schließlich wusste Albrecht auch nicht so genau, womit Eric sein Geld verdiente. Else hatte in ihren Briefen nur mal erwähnt, er sei Chemiker und arbeite in der freien Wirtschaft. Albrecht hatte nicht den blassesten Dunst von Chemie. Er stellte sich unter einem Chemiker immer ein verhutzeltes Professorchen im schlabberigen Laborkittel vor, das nach faulen Eiern stank und eine Hornbrille trug. Eric Fortell dagegen war eine imposante Erscheinung, ein Schwede, wie er im Buch stand: groß, blond, blauäugig, sportlich gekleidet, mit einem gewinnenden Lausbubenlächeln.

„Natürlich ist hier in der Stadt an Mittsommer auch noch was los", erklärte er ihnen in ausgezeichnetem Deutsch. „Man muss nur wissen, wo man hingeht."

„Na, dann isset ja gut", sagte Herbert. „Hatte da aber auch gar keine Bedenken. Wo nix los iss, muss man eben wat losmachen, nich wahr."

„Aber ein bisschen Glück habt ihr schon, dass ihr uns noch antrefft", sagte Else. „Wir sind nämlich gerade dabei, unsere Sachen zusammenzupacken, und wollten dann zum Mosebacke gehen. Das ist ein kleiner Park ganz hier in der Nähe, wo um die Majstangen getanzt wird."

„Super", sagte Herbert.

„Maistangen, soso", brummte Albrecht, der ein notorischer Nicht-Tänzer war, „nichts für ungut, Eric, aber irgendwie seid ihr Schweden ja schon ein komisches Volk: Die Autos fahren links, die U-Bahnen überirdisch und im Juni wird um die Maistangen getanzt…"

Eric lachte. „Maj hat nichts mit dem Monatsnamen zu tun, sondern heißt nur, dass die Bäume, um die getanzt wird, mit

Blumen und Bändern geschmückt sind. Du wirst schon sehen..."

„Am besten ich zeig euch mal schnell, wo ihr schlaft, dann könnt ihr eure Sachen auspacken und habt die Rucksäcke frei, um noch was mitzunehmen", sagte Else. „Alles andere können wir auch morgen noch klären. Es ist nämlich höchste Zeit, dass wir loskommen."

Sie folgten ihr ins Obergeschoss, wo sie ihnen eine kleine Kammer zeigte, in der allerlei Gerümpel stand und die wohl früheren Bewohnern als Kinderzimmer gedient hatte.

„Ich wusste ja nicht, dass ihr kommt", sagte sie, während sie eine alte Couch freiräumte und eine Luftmatratze und einen Packen Decken aus einem der Schränke holte.

„Schon in Ordnung", sagte Herbert, „da sind wir beiden doch schließlich ganz andere Unterkünfte gewohnt, wa, Alb?"

„Oh, waren Sie denn etwa auch...?", fragte Else.

Herbert nickte. „Aber, wenn ich mich recht entsinne, waren wer doch eigentlich schon beim ‚du'. Mal keine Umstände und falsche Verrenkungen, nur weil unsereins auf der vergitterten Akademie den Ehrendoktor gemacht hat."

„Na denn...", sagte Else, „dann packt mal aus."

„Was sollen wir denn eigentlich mitnehmen in unseren Rucksäcken?", fragte Albrecht. „Wenn ihr los wollt, können wir ja auch später noch auspacken."

„Es hat hier Tradition, dass an Mittsommer gepicknickt wird. Wer also was essen und trinken will, muss es schon selbst mitbringen. Eric stellt unten schon was für euch zusammen."

Als sie mit ihren leeren Rucksäcken wieder nach unten kamen, wartete neben einigen Fress-Paketen schon eine ganze Batterie unetikettierter Flaschen auf sie.

„Starköl", sagte Eric, „und ein bisschen Schnaps."

„Starköl heißt hier das Bier", erklärte Else.

„Super", sagte Herbert.

„Gibt's denn da in dem Park keinen Ausschank?", fragte Albrecht erstaunt. „Das wäre doch sicher ein gutes Geschäft an so einem

Feiertag."
Eric schüttelte den Kopf. „Einer der größten Fehler, den du in Schweden machen kannst, ist zu einem Fest zu gehen und deine eigenen Getränke zu vergessen."
„Wieso?"
„Alkohol ist hier zwar nicht verboten, aber sehr teuer und wird nur in den staatlich monopolisierten Läden, den Systembolaget, verkauft", erklärte Else.
„Und die haben meistens dann, wenn man gerade mal etwas braucht, auch noch geschlossen", fügte Eric hinzu.
„Na super", sagte Herbert.
„Sag ich doch", sagte Albrecht, „die Schweden sind ein komisches Volk."
„Und dat Zeug hier", fragte Herbert, während er einen Teil der Flaschen in seinen Rucksack packte, „dat habt ihr also dann sozusagen allet auf Rabatt gekauft und gebunkert?"
„So ähnlich", nickte Else.
„Alles klar", sagte Herbert, packte noch zwei Flaschen Starköl dazu, machte dann seinen Rucksack zu und wies Albrecht an, endlich seinem Beispiel zu folgen.
Nachdem sie sich im Mosebacke-Park auf einer Decke zwischen Freunden von Eric und Else niedergelassen, ordentlich mit Elses Heringssalat und selbstgebackenem Brot vollgestopft und dazu einige Gläser Schnaps und Starköl getrunken hatten, waren sie wie von selbst in den Reigen geraten, der sich im Kreis um den Mittsommerbaum drehte.
Albrecht verstand zwar die Lieder nicht, die dabei gesungen wurden, aber mit zunehmendem Alkoholpegel hatte er immer weniger Probleme mitzusingen, zumal einige Texte fast nur aus nachgeahmten Tiergeräuschen zu bestehen schienen.
Da es einfach nicht dunkel werden wollte, verlor er bei der immer wieder von kleinen Trinkpausen unterbrochenen Im-Kreis-Tanzerei nicht nur langsam die Orientierung, sondern auch völlig das Zeitgefühl. Die Stunden vergingen, ohne dass er es bemerkte, und als bei ihm endlich die Lichter ausgingen, war es

draußen immer noch hell. Das Letzte, was er sah, waren Herbert und Eric, die ihm zuprosteten. Er hatte keine Ahnung, wie er nach Hause kam.
Als er am nächsten Tag auf der Couch wach wurde, war es schon Mittag. Obwohl Herbert fast doppelt so viel getrunken hatte, war er schon aufgestanden. Unten auf der Straße hörte Albrecht Stimmen. Er schleppte seinen Brummschädel ans Fenster.
Herbert half Eric dabei, Kisten in dessen Volvo zu laden. Die Ladefläche des Kleinlieferwagens war schon voll. Jeder von ihnen stellte noch eine Kiste auf den Rücksitz. Dann schlugen sie die Türen zu.
„Soll ich wirklich nicht mitkommen?", hörte Albrecht Herbert fragen. „Ich mach so wat gern, ehrlich …"
Der Schwede lachte, sagte etwas, was Albrecht nicht verstand, und schüttelte den Kopf. Dann stieg er ein und fuhr langsam die enge Kopfsteinpflastergasse hinunter.
Zwei Stunden später war er wieder da. Albrecht hatte sich inzwischen ein wenig erholt. Else hatte sie wie in einem Museum durch alle Räume ihrer „Villa" geführt, ihnen alles voller Stolz gezeigt, sogar das Schlafzimmer mit einem echten Telefon. Lediglich Erics Arbeitsraum, sein „Labor", hatten sie nicht betreten, sondern nur einen Blick durch die schnell wieder geschlossene Tür geworfen.
„Davon verstehen wir ja sowieso nichts, gell, Albrecht?", hatte Else sie weiter ins daneben liegende Wohnzimmer gezogen, wo sie ihnen den Fernseher vorführte.
„Super", sagte Herbert, „is ja 'n dolles Ding!", und war, obwohl er kein Wort Schwedisch verstand, für den Rest des Tages nicht mehr von dem „dollen Ding" wegzubringen.
Also saßen sie auch nach Erics Rückkehr alle um den Fernseher, futterten die Reste vom Vortag, zusammen mit der handverlesenen Heidelbeermarmelade, welche die Mutter Albrecht eingepackt und dazu die Würste, die er selbst in der Großschlachterei als günstiges Mitbringesel erstanden hatte. Und als dann erst einmal die Grundlage stimmte, klappte es bei Albrecht auch

wieder mit Schnaps und Starköl.
„Na, so lassen wer uns dat schon gefallen, wa, Alb?", tönte Herbert, als der Fernseher endlich nur noch das Testbild zeigte und Albrecht sich schon wieder voll wie eine Haubitze fühlte. „Bei der Gastfreundschaft könnt man doch glatt vergessen, dat wer uns ja eigentlich in Feindesland befinden, woll?"
Albrecht starrte ihn entgeistert an.
Herbert wies auf die kleine schwedische Flagge, die auf der Kommode neben dem Fernseher stand.
„Tut mich ja schon schrecklich leid für dich, Erich, alter Schwede", dabei schlug er dem großen Blonden kräftig auf die Schulter, „aber im Halbfinale übermorgen wird kein Pardon gegeben!"
Eric lachte. „Na, lass uns mal abwarten, was bis dahin noch so alles passiert…"

Am nächsten Tag passierte nicht viel. Albrecht schlief wieder seinen Rausch aus. Als er aufwachte, war Eric schon mit dem Volvo unterwegs, und Else schickte ihn und Herbert auf einen Spaziergang, damit sie sich endlich einmal etwas von der schönen Stadt ansähen.
Weit kamen sie allerdings nicht. Immerhin schafften sie es, eine Fahrt mit dem Katarinahisset zu machen, dem Lift, von dem Else ihnen erzählt hatte. Die Aussicht über die Stadtinseln war famos. Aber Albrecht wurde dabei ganz flau im Magen und er ließ sich anschließend nur allzu leicht von Herbert dazu überreden, „nur mal rein interessehalber" einen der zufällig in der Nähe befindlichen staatlichen Alkohol-Läden aufzusuchen, um „quasi als Medizin vielleicht mal so'n Fläschken" zu erwerben.
Sie kamen genau an die richtige Adresse. Der Laden sah nicht nur aus wie eine Apotheke, sondern hatte auch die entsprechenden Preise. Was es im Angebot gab, war aber nicht etwa zu sehen, sondern der „Apotheker" ging nach hinten in einen separaten Raum, als müsse er den Wodka, den Herbert bestellt hatte, dort erst noch zusammenmischen.
„Das können wir uns doch gar nicht leisten", flüsterte Albrecht,

obwohl außer ihnen sowieso niemand in dem Laden war und ohnehin keiner sein Deutsch verstanden hätte.
Herbert winkte verächtlich ab. „Man muss sich doch auch mal mit den örtlichen Gegebenheiten vertraut machen", sagte er. „Dein Schwesterchen hat da völlig Recht."
Ohne mit der Wimper zu zucken, legte er für die Flasche Wodka den Gegenwert von einem vollen Tag Därme putzen auf die Theke.
„Das gibt's doch gar nicht", sagte Albrecht, als sie draußen waren. „Bist du jetzt Rockefeller, oder was?"
„Ach wat, Jungchen, trink erst mal, bist ja immer noch ganz grün um die Nase! Und hintern Ohren sowieso. Mach dir ma keine Sorgen. Papa macht dat schon."
Am Abend eröffnete Else den beiden dann ganz überraschend, dass sie und Eric nicht mit zum Halbfinale gehen könnten. Eric müsse leider ganz kurzfristig einen wichtigen Termin in Göteborg wahrnehmen, und da es dort auch gesellschaftliche Verpflichtungen gebe, bei denen die Geschäftspartner Wert auf das Erscheinen der Ehefrauen legten und sie sich ja eh nicht für Fußball interessiere, wolle sie auch mit.
„Und wir?", fragte Albrecht. „Was ist mit uns?"
„Ihr könnt natürlich gerne weiter hier wohnen", sagte Eric. „Ich habe euch schon Karten für das Spiel in Rasunda besorgt. Zum Finale sind wir dann wieder da."
„Aber dann brauchen wir ja auch einen Schlüssel", sagte Albrecht, dem das Ganze überhaupt nicht recht war. „Und wie kommen wir überhaupt dahin?"
„Gar kein Problem", sagte Else. „Das Stadion ist in Solna. Ich zeigs euch auf dem Stadtplan. Ihr kommt mit der Bahn hin. Aber notfalls könnt ihr sogar von hier aus laufen."
„Na, denn", sagte Herbert, dem es wenig auszumachen schien, dass ihre Gastgeber sie so mir nichts, dir nichts im Stich ließen, „dann kriegen wir uns wenigstens auch nich in die Wolle, wa, alter Schwede!" Dabei boxte er Eric recht kräftig in die Rippen. „Aber heute heben wer noch mal tüchtig einen zusammen."

An diesem Abend hielt Albrecht sich mit dem Trinken etwas zurück. Da er nun wusste, wie teuer Alkohol war, hatte er ein schlechtes Gewissen. Außerdem planten Else und Eric, schon früh loszufahren, und er wollte ihre Abfahrt nicht verschlafen. Obwohl er es tatsächlich schaffte, zusammen mit Herbert aufzustehen, hatten die beiden aber schon gepackt, als er nach unten kam. Sie frühstückten noch gemeinsam, dann stiegen die beiden in den wieder mit Kisten vollgeladenen Volvo und fuhren davon.

„Ja, macht euch nur vom Acker", sagte Herbert hinter ihnen her. „Wir wern dat Kind hier schon ohne euch schaukeln!"

Das Spiel sollte um 19.00 Uhr stattfinden, sie wollten aber vorher in der Stadt schon „so'n bissken schlachtenbummeln", wie Herbert es ausdrückte. Mittags schlugen sie sich ein paar Eier in die Pfanne, danach machten sie sich startklar. Herbert untersuchte die Flaschen, die im Abstellraum in der Küche standen, und packte ein ganzes Sortiment davon in seinen Rucksack. „Für Vor- und Siegesfeier", erklärte er auf Albrechts fragenden Blick.

Sie fuhren mit der U-Bahn zur Centralstationen, in der Annahme, dort auf weitere Anhänger der deutschen Mannschaft zu stoßen, mit denen sie dann zusammen zum Stadion ziehen wollten. Aber sie trafen nur eine Gruppe aufgeregter Franzosen, die Kokarden an ihre Jackenaufschläge geheftet hatten und kleine Tricolore-Fähnchen schwenkten.

„Komisch", sagte Herbert. Er konnte noch ein paar Brocken Französisch aus der Gefangenschaft und sprach einen der Männer an.

Albrecht verstand nichts von seinem Kauderwelsch, glaubte lediglich ein paar Mal die Namen der französischen Stars „Kopa" und „Fontaine" und dann auch noch „Brasil" und „Göteborg" herauszuhören. Die Franzosen lachten, während Herbert immer wütender zu werden schien. Schließlich zog er die Eintrittskarte für das Spiel aus der Tasche und zeigte sie ihnen. Sie zuckten nur die Achseln.

„Dat gibbet doch gar nicht!", wandte er sich an Albrecht. „Die behaupten tatsächlich steif und fest, dat unsere gar nich hier in Stockholm, sondern in Göteborg spielen. Die hätten einfach kurzerhand die Spiele getauscht und hier wär jetzt Frankreich gegen Brasilien."

„Aber wir haben doch die Karten", sagte Albrecht. „Wahrscheinlich hast du irgendwas falsch verstanden. Oder sie wollten dich nur veräppeln."

Herbert schüttelte den Kopf. Er war sogar zu erschüttert, um über Albrechts Zweifel an seiner Person beleidigt zu sein. „Wir fahren sofort zum Stadion", entschied er.

In Solna vor dem Rasunda-Stadion war noch nicht viel los. Immerhin trieben sich auch dort mehr Franzosen als Deutsche herum. Und letztere waren alle stinksauer und bestätigten das Unglaubliche: Die FIFA hatte tatsächlich kurzfristig die Spielorte für die beiden Halbfinalpartien getauscht.

„Die ham ja wohl 'n Ei am Brennen", schimpfte Herbert.

„Da stecken die Schweden dahinter, die haben die Hosen voll und wollen nicht, dass deutsche Zuschauer im Stadion sind", behauptete ein Dicker mit norddeutschem Akzent, dem die Zornesröte nicht aus dem Gesicht weichen wollte.

„Und was machen wir jetzt?", fragte Albrecht.

„Verdammte Hühnerkacke, wat soll ich mir hier die Franzmänner und die Schwatten angucken, wenn ich unsre Mannschaft sehen will!" Herbert sah auf die Uhr. Kurz vor halb fünf. „Nach Göteborg, dat hat wohl keinen Zweck mehr." Er überlegte. „Wir fahren zurück und kucken uns die Sache inne Flimmerkiste an. Da wern die Schweden ja wohl ihre eigene Gurkentruppe zeigen. Wollt ihr mit?", fragte er den Dicken und das kleine Grüppchen, zu dem er gehörte. „Wir ham 'ne Bude, wo wer uns die Sache im Fernsehen angucken können."

Der Dicke schüttelte den Kopf. „Wir haben beschlossen, noch zu warten und wollen uns dann zusammen mit all den anderen Deutschen, die ganz sicher noch kommen werden, über diese Unverschämtheit beschweren."

„Na denn mal viel Erfolg", sagte Herbert. Er wollte schon gehen,

als ihm noch etwas einfiel. „Mein Rucksack is ziemlich schwer und drückt mich so'n bisschen. Ich hätt da wat, mit dem ich euch dat Warten vielleicht wat erträglicher machen könnte …"
Während er in aller Gemütsruhe die mitgebrachten „Fläschken vertickte", schwitzte Albrecht Blut und Wasser und machte ihn immer wieder auf die schwedischen Polizisten aufmerksam, die um das Stadion herumstreiften. „Wenn du das Zeug schon unter der Hand verkaufst, solltest du es vielleicht wenigstens nicht so auffällig machen", sagte er und sah ängstlich nach einem groß gewachsenen blonden Vollbart in Zivil, der sie schon eine ganze Weile beobachtete. „Guck mal, wie der Blonde da hinten so komisch guckt…"
„Ach wat! Nu mach dir doch man nich innet Hemd, Alb. Der will wahrscheinlich auch wat haben und traut sich nicht zu fragen. Und die Bullen sind doch heilfroh, wenn allet ruhig bleibt, nachdem se uns hier so verarscht haben. Siehste!" Er starrte den Blonden an und schwenkte die letzte Flasche Schnaps, bevor er sie für zwanzig Mark zwei deutschen Schlachtenbummlern verkaufte. „Jetzt, wo et nix mehr gibt, macht er sich dünne. Pech gehabt, aber wer zuerst kommt, mahlt zuerst."
Auf dem Nachhauseweg beruhigte sich Albrecht wieder. Nur beim Umsteigen auf Centralstationen glaubte er für einen Moment noch einmal den blonden Vollbart gesehen zu haben.

Zurück in der „Villa" schaltete Herbert als erstes den Fernseher ein. Das Spiel lief noch nicht. Albrecht setzte sich aufs Sofa. Herbert ging zur Tür von Erics Arbeitszimmer. Sie war abgeschlossen. Er zog einen dicken Schlüsselbund aus der Tasche und machte sich am Schloss zu schaffen.
„Hey", protestierte Albrecht, „was machst du da?"
„Ich sperr die Tür auf."
„Woher hast du den Schlüssel?"
„Hab ich gar nicht." Es machte zweimal Klick und die Tür ging auf.
„Du brichst da ein!"

„Ich brauch jetzt wat zu saufen und et is nix mehr da."
„Ja, weil du vorhin alles verkauft hast."
„Genau."
„Aber das ist doch Erics Arbeitszimmer! Wieso sollte er denn da drin...?"
„Sag mal, du Schäfken", sagte Herbert, „wie blöd biste denn eigentlich? Du willst mir doch wohl nicht ernsthaft erzählen, dat du die ganze Zeit nicht gemerkt hast, dat der liebe Eric da drin 'ne nette kleine Schwarzbrennerei betreibt."
Albrecht glotzte ihn mit offenem Mund an.
Herbert schüttelte ungläubig den Kopf. „Na schön, du Blitzmerker. Dann verrat ich dir jetzt gleich noch wat, wat mir auch vorhin erst aufgegangen is: Der Drecksack, wat dein Schwager is, der hat dat nämlich mindestens gewusst von der Spielverlegung. Warum sind die sonst wohl nach Göteborg? Von wegen gesellschaftliche Verpflichtungen!"
„Blödsinn! Und warum haben sie uns dann nicht mitgenommen?"
„Weil er dann dat Auto nicht so vollmachen kann, du Schlaukopp. Fußball ist dem doch schnurzepiep. Der will nur kistenweise seinen selbst gebrannten Fusel verkaufen. Und da is nu mal Göteborg heut dat eindeutig bessere Pflaster. Möcht nich wissen, wat der für'n Reibach macht! Da waren die Preise, die ich vorhin genommen hab, wahrscheinlich det reinste Sonderangebot."
„Aber dann hätten sie uns das doch wenigstens sagen können, auch wenn sie uns nicht mitnehmen wollten!" Albrecht war vom Sofa aufgesprungen und Herbert in den Arbeitsraum gefolgt. Es roch nach Hefe und Gärung.
Herbert pfiff durch die Zähne. „Egal wie det Spiel heut auch ausgeht", sagte er, „der Gewinner is sowieso unser deutschschwedisch gemischtet Doppel. Ich sehse förmlich irgendwo hinterm Stadion anne Ecke inne Büsche stehen. Die wern ihnen den Fusel nur so aus den Händen reißen, so oder so, entweder aus Freude oder Verdruss!"
Er schnupperte an einem Bottich mit Maische. „Da wollten die

beiden so zwei Pappnasen wie uns natürlich nicht beihaben."
„Ich glaub das einfach nicht", sagte Albrecht.
„Na, dann frag sie halt, wenn sie wiederkommen", sagte Herbert und blickte sich suchend um. „Scheiße, ich glaub, der hat tatsächlich nix mehr da. Allet mitgenommen."
Aus dem Wohnzimmer war nun die deutsche Nationalhymne zu hören. Herbert füllte die Brennblase mit Maische.
„Aber was machst du denn da? Du kannst doch hier nicht einfach mit Erics Sachen rumfuhrwerken!"
„Doch, kann ich. Hab im Knast oft genug zugehört, wie dat geht mit der Brennerei. Ist kinderleicht." Er zündete das Feuer unter dem Kessel an. „Und während dat Süppchen hier ganz gemütlich köchelt, schauen wir, wie unsre Jungens den Schweden tüchtig einen einschenken. Und für die Siegesfeier ham wer denn wenigstens wat zu süffeln."
Albrecht schüttelte zweifelnd den Kopf, folgte dann aber dem Älteren ins Wohnzimmer, wo sie sich auf dem Sofa niederließen.
Der Schiedsrichter hatte mittlerweile die Partie angepfiffen, die Kamera zeigte aber mehrere Männer mit Schiebermütze, die – in der einen Hand die schwedische Flagge, in der anderen ein Megaphon – vor den Tribünen auf und ab tanzten und die schwedischen Zuschauer in Wallung brachten.
„Scheiße, wat is dat denn fürn Affentanz da?", maulte Herbert. „Wat wollen denn die Männeken mit den Flüstertüten?"
„Stimmung machen", sagte Albrecht.
„Ja", sagte Herbert. „So sieht et wohl aus. Schöne Stimmung. Ich frag mich nur, wo denn unsere Männeken mit Fahne und Flüstertüte sind?"
„Wieso?", fragte Albrecht. „Sind doch sowieso keine deutschen Zuschauer im Stadion."
„Ebent", sagte Herbert. „Ich glaub, ich spinne!"
Während das Spiel trotz der frenetischen Anfeuerung durch die schwedischen Schlachtenbummler in den ersten zwanzig Minuten eher dahinplätscherte, fing nebenan im Labor die Maische in der Brennblase an zu blubbern.

„Na, so langsam müsst jetzt aber mal wat passieren", meinte Herbert und ging kurz hinüber, um zu sehen, was sich dort tat.
„Super", rief er Albrecht zu. „Ich glaub, et steigt schon langsam durch. Dat wird wat."
„Ja", gab Albrecht trocken zurück, denn just in diesem Moment schoss Hans Schäfer zum 1:0 für die deutsche Mannschaft ein.
Herbert war sauer, weil er das Tor verpasst hatte. „Mensch, dat musste doch sehen", giftete er. „So wat bahnt sich doch an, da musste mir doch Bescheid geben, du Trantüte!"
Sein Ärger steigerte sich kurz darauf noch, als der Schiedsrichter ein schwedisches Handspiel übersah und Skoglund dadurch den Ausgleich erzielen konnte.
„Sauerei", fluchte er, „wusst ich doch sofort, dat wer mit dem ungarischen Pfeifenonkel noch unser Spässken kriegen. Der will sich doch bloß rächen für Bern, die schwarze Sau!"
In der Halbzeit ging er und holte etwas vom ersten Durchlauf aus dem Kühler. Der Fusel schmeckte abscheulich und verlor erst, nachdem er ihn mit Wasser verdünnt hatte, etwas seinen beißenden Geschmack.
„Ich glaube mich dunkel zu erinnern, dat der Wuttke im Knast da mal wat von zwei Durchgängen gefaselt hat, damit dat Zeuch auch richtig gut schmeckt", sagte er. „Aber wat solls, Hauptsache et haut richtig innen Kopp! Und wenn die Jungens gewinnen, isset eh allet wurscht."
Nach gewinnen sah es dann nach der Pause aber ganz und gar nicht mehr aus. Als nach knapp einer Stunde Juskowiak nach einem Revanchefoul vom Platz gestellt wurde, schwollen nicht nur dem Düsseldorfer Verteidiger die Zornesadern. Herbert war außer sich, rannte nach nebenan, holte „mehr Stoff" und schüttete den Fusel nun unverdünnt in sich hinein.
„Du, ich glaube, da draußen schleicht einer ums Haus", sagte Albrecht, während sich die Deutschen nun verzweifelt gegen die zahlenmäßige Überlegenheit der Schweden stemmten.
„Soll halt schleichen!", grunzte Herbert und starrte gebannt auf den Fernseher. „Wenn er nix Besseres zu tun hat…"

Die Deutschen starteten einen der wenigen Entlastungsangriffe über Fritz Walter.
„Du, jetzt schaut er auch noch durchs Fenster…"
Ein Schwede stieg hart ein gegen den Lauterer, der zu Boden ging und liegen blieb.
Draußen klopfte jemand laut gegen die Tür.
„Raus! So ein Drecksack!", brüllte Herbert.
„Mensch, Herbert", sagte Albrecht, „ich glaub, das ist der Blonde vom Stadion!"
„Der muss jetzt aber auch runter, der Drecksack! Der muss auch Rot kriegen!"
Es klopfte noch lauter. Sanitäter liefen aufs Feld.
„Scheiße!", brüllte Herbert, während sie den alten Fritz mit der Bahre vom Platz trugen.
Im nächsten Moment flog die Haustür auf, zwei Männer in blauen Uniformen stürmten herein und riefen etwas, was Albrecht nicht verstand, aber den nun völlig ausrastenden Herbert dazu veranlasste, sein Glas samt Flasche mit Durchlauf nach ihnen zu werfen.
Als er sah, wie sie die Pistolen zückten, stürzte Albrecht durch die Tür ins Labor. In der Apparatur blubberte und brodelte es. Irgendetwas war übergelaufen. Ein durchdringender Alkoholgestank hing in der Luft. Albrecht rannte Richtung Fenster. Im Wohnzimmer brüllte Herbert wie ein Stier, gleich darauf krachten zwei Schüsse. Ein Querschläger sauste durch die Tür und schlug neben Albrecht in die Anlage ein. Glas splitterte, es dampfte und zischte. Er spürte einen Schlag im Rücken und eine kochende Flüssigkeit spritzte ihm über die nackten Arme. Als er das Fenster aufriss, fachte der Luftzug die aus der Apparatur schlagenden Flammen an.
In der Tür zum Wohnzimmer tauchte der Blonde mit dem Vollbart auf. Albrecht hechtete hinaus und rannte, ohne sich noch einmal umzudrehen, blindlings davon.
In Göteborg hatte Gunnar Gren gerade das 2:1 für die Schweden geschossen.

Es wurde Zeit, nach Hause zu gehen. Hotte wollte dichtmachen. Albrecht hielt den Zeitungsausschnitt über das Hass-Spiel in den Händen:
„Der instinktsichere ‚kleine Mann' hat aus den fanatischen Heja-Rufen der aufgepeitschten schwedischen Zuschauerplebs den Grundton abgrundtiefer Gehässigkeit herausgehört, wenn nicht den Grundton eines Hasses, der sich nicht nur gegen die deutschen Fußballspieler richtet, sondern gegen die Deutschen schlechthin. Das offizielle Schweden hat hämisch genießend zugelassen, dass rund 40.000 Repräsentanten dieses mittelmäßigen Volkes, das sich nie über nationale und völkische Durchschnittsleistungen erhoben hat, den Hass über uns auskübelte, der nur aus Minderwertigkeitskomplexen kommen kann ... Es ist der Hass eines Volkes, dem man das Schnapstrinken verbieten muss, weil es sonst zu einem Volk von maßlosen Säufern würde."
Er zahlte seinen Deckel mit dem Geld, das seine Mutter ihm vorgestreckt hatte. Morgen würde er wieder in der Schlachterei anfangen.
„Bet', Kinder, bet', morgen kommt der Schwed', so hießet zumindest früher immer, warum weiß ich auch nich!", hatte die Mutter gesagt, als er völlig zerschlagen, mit Glassplittern im Rücken und nur höchst notdürftig versorgten Brandwunden an den Armen, nach Hause gekommen war. Er hatte ihr alles erzählt, da sie früher oder später sowieso von Else hören würde, was passiert war.
„Und der Herr Szypriorski ist dann wohl jetzt wieder hinter Schwedischen Gardinen." Es hatte erleichtert, ja fast ein wenig ausgelassen geklungen, wie die Mutter es sagte. „Ich glaube, Albi, dat war sowieso nicht der richtige Umgang für dich."
Albrecht seufzte. Er hatte ein schlechtes Gewissen. Immerhin hatte Herbert ihm von dem Erlös des Schnapsverkaufs vor dem Stadion auch ein paar Scheine in die Taschen gesteckt. Damit hatte er sich einfach zu ein paar deutschen Schlachtenbummlern in den Zug gesetzt und war problemlos über die Grenze gekommen. Die Schweden waren offenbar heilfroh, die aufgebrachten

Deutschen loszuwerden. Ab Hamburg war er dann wieder per Autostopp gefahren.

Als er nun durch die menschenleeren, dunklen Gassen nach Hause stolperte, dachte er daran, wie hell es in der Mittsommernacht gewesen war. Seltsam, dass sich Else immer noch nicht gemeldet hatte.

Die Mutter machte sich Sorgen. Trotzdem hatte sie das Licht schon gelöscht, lag wahrscheinlich längst im Bett. An der Haustür hatte er Mühe, das Schlüsselloch zu finden. Während er die Treppe hochstieg zu seinem Zimmer, hörte er ihr Schnarchen. Sie hatte ihre Tür offen gelassen, so wie früher, wenn sie wissen wollte, wann er nach Hause kam. Leise drückte er sie zu.

Als er in sein Zimmer trat, spürte er einen leichten Luftzug. Das Fenster stand offen. Er wollte hingehen, um es zu schließen, als ihm jemand von hinten an die Gurgel ging und den Mund zuhielt. Er ruderte wild mit den Armen in der Luft. Die Tür schlug zu.

„Schön ruhig!", sagte eine ihm nur zu bekannte Stimme. Dann ging das Licht an und der Griff an seiner Kehle lockerte sich. Albrecht konnte sich umdrehen.

„Das Dreckschwein, was dein Schwager ist, hat uns in die Scheiße reingeritten", sagte Herbert. „Und du hast mich drin hängen lassen!"

„Herbert!", sagte Albrecht. „Wo kommst du denn her?"

„Scheinst dich nicht sonderlich zu freuen, wa, Alb?"

„Doch, klar freu ich mich ..." Er ging und machte das Fenster zu.

„So, tatsächlich? In Stockholm haste aber nur an die eigene Haut gedacht. Dabei waren et ja nur drei läppische Bullen. Weißte, wat wer im Krieg mit Kameradenschweinen wie dir gemacht haben?" Er hatte plötzlich ein Klappmesser in der Hand und fing an, sich damit den Dreck unter den Fingernägeln herauszupulen. „Einfach et Licht ausgeblasen!"

„Herbert, du kannst doch ..."

„Sind eben doch nicht immer nur die dümmsten Bauern, die

Glück haben, so wie du", schnauzte Herbert. „Als du raus warst, ist nämlich kurz drauf dat ganze Dingen explodiert. Warn Heidenspaß, und in dem Tohuwabohu hat Onkel Herbert et einfach so gemacht wie Boss Rahn und die zwei Bullen bein Löffeln gepackt und verprügelt. Einer war ja hinter dir her."

„Siehst du", sagte Albrecht erleichtert. Er griff in die Tasche, um den Zeitungsausschnitt herauszuholen, weil er glaubte, Herbert würde sich darüber freuen. „Wenn ich nicht abgehauen …"

„Papperlapapp!", brüllte Herbert und fuchtelte wild mit dem Messer herum. Die Spitze kam Albrecht gefährlich nahe. „Du und deine saubere Sippschaft, ihr seid schuld an der ganzen Kacke. Wegen dir hab ich die Rückfahrt unten in der Gepäckablage von som ollen Reisebus machen müssen, zwischen Koffern und Taschen. War verdammt unbequem, kann ich dir sagen!"

„Herbert, ich kann doch…"

„Und jetzt verlange ich Schmerzensgeld und zwar nicht zu knapp."

In dem Moment polterte es an der Tür, sie wurde aufgerissen, und Albrecht fühlte sich für einen Augenblick auf fatale Weise nach Stockholm zurückversetzt. Nur stürzten diesmal keine Uniformierten herein, sondern seine Mutter im Schlafrock mit der alten Armeepistole seines Vaters in der Hand. Er hatte sich immer schon gefragt, wo das Ding eigentlich hingekommen war.

„Was geht hier vor?", rief sie energisch. Dann sah sie Herbert mit dem gezückten Messer vor ihrem Sohn stehen und schoss sofort zweimal.

Mit der ersten Kugel erwischte sie die Lampe, die zweite traf Albrecht in die Brust. Schon im Fallen hörte er noch einen weiteren Schuss, sehen konnte er nichts mehr. Es wurde dunkel um ihn.

Anzeiger, Dienstag, 1. Juli 1958:
In der Nacht von Sonntag auf Montag kam es in der Nordstadt zu einem blutigen Zwischenfall mit Todesfolgen. Anwohner der Berling-Gasse hatten gegen 0.45 Uhr bei der Polizei angerufen

und gemeldet, sie seien von lautem Geschrei und mehreren seltsamen Geräuschen, vermutlich Schüssen, aus dem Nachbarhaus geweckt worden. Dann sei es plötzlich still gewesen. Alle Fenster und Türen seien fest verschlossen gewesen, auch auf wiederholtes Klopfen und Schellen habe niemand aufgemacht.
Die sofort an den Ort des Geschehens eilenden Beamten verschafften sich unverzüglich Zugang zu der fraglichen Wohnung und fanden im Obergeschoss die Leichen zweier Männer. Beide vorbestraft und stark alkoholisiert, wobei der eine sich schließlich als Sohn der Wohnungseigentümerin Irmine G. entpuppte. Selbige lag ebenfalls, durch einen schweren Bauchstich niedergestreckt, neben ihnen in ihrem Blut und verstarb noch in der Nacht im Krankenhaus.
Das Motiv für das Gemetzel liegt noch im Dunkeln. Die ermittelnden Beamten vermuten bisher lediglich, dass ein blutverschmierter Zeitungsausschnitt, den sie zwischen den beiden toten Männern auf der Erde fanden, möglicherweise der Schlüssel für die Lösung des rätselhaften Falles sein könnte.

Chile, 1962
Weltmeister: Brasilien
Endspiel: Brasilien – Tschechoslowakei 3:1 (1:1)
Teilnehmende Mannschaften: 16
Erzielte Tore: 89 in 32 Spielen (2,78 pro Spiel)
Torschützenkönig: Garrincha (Brasilien), 4 Tore
Bemerkung: Garrincha wurde ausgelost – es gab fünf weitere Spieler mit vier Toren.

Norbert Horst

Spiel der Teufel

Die winterliche Maisonne schien auf Valparaiso, das wie ein großes Croissant die Bahia umschloss und an dessen Hängen die bunten Häuser klebten, als habe Gott eine Handvoll Zuckerstreusel darüber verteilt. Sophia Jesus Navarro machte wie jeden Sonntagabend ihren Gang zum Hafen, nahm wie immer denselben Weg, kannte all die Treppen, die von ihrem Hügel hinabführten, die Gassen, die Plätze, überquerte schließlich die Avenue Errázuris und ging die große Landungsbrücke bis zum Ende. Sie blickte auf die Wolken, die allmählich rot wurden, roch noch einmal an der Rose, brach dann mit geübtem Griff die Blüte und ließ die Blätter ins trübe Wasser rieseln. Eine Weile sah sie den roten Punkten beim Auseinandertreiben zu, warf dabei aus den Augenwinkeln einen Blick auf die Straße, aber es war keines der bekannten Autos zu sehen. In letzter Zeit waren sie seltener da. Dann machte sie sich auf den Rückweg. Auf der Plaza Victoria setzte sie sich auf eine der Bänke und sah für einen Moment den Wasserspielen im großen Brunnen zu.

Emilio Cruz stand an diesem Abend mit seinem Taxi keine zehn Schritte entfernt und wartete auf Kundschaft. Die anderen Fahrer waren ausgestiegen, rauchten und palaverten an Hugos Kiosk. Sie sprachen über die Weltmeisterschaft, die am Mittwoch beginnen würde.
Die meisten Zeitungen in der Auslage und hinter den Klemmhaltern berichteten in großen Lettern von den Brasilianern, die drüben in Vina del Mar spielen würden. „Der Weltmeister ist da."
Emilio saß allein in seinem Taxi und blies den Rauch seiner Zigarette in die kühle Luft.

Nicht, dass in seinem Kopf kein Platz für Fußball gewesen wäre, dass er ihn kalt ließ, gar verachtete. Im Gegenteil. Fußball erfüllte ihn, aber es war nicht dieses Interesse, mit dem sich die Leute an den Ecken und in den Kneipen die Köpfe heiß redeten und es dann wieder vergaßen, wenn es zu Haus etwas Gutes zu essen gab. Bei ihm war es anders, ganz anders.
Emilio war schon immer ein eigenartiger Mensch gewesen, schon als Kind im Waisenhaus. Ein Fenstersitzer und Wolkenglotzer, auch ein Flügelzupfer und Krötenstecher, und einer, der gern in die Kirche ging, auch wenn er später nicht seine Pflegemutter zum täglichen Gottesdienst begleitete. Er liebte die Gesänge dort, er liebte es zu flehen, zu leiden, er liebte die Gemeinschaft der namenlosen Sünder, die eins wurde in der Angst und der Hoffnung und schließlich verschmolz in der Erlösung durch die Gnade der Vergebung. Deshalb hasste er Satan und die Sünde.
„Den Teufel müssen wir bekämpfen, Emilio, in uns und wo immer wir ihn sehen", hatte seine Pflegemutter stets gesagt und dabei seinen Kopf so tief hinuntergedrückt beim Gebet, dass es schmerzte.
„Wir müssen hier auf Erden zu Werkzeugen Gottes werden."
Auch, als er schon ein Mann war, hatte sie diese Lehre immer wieder mit ernstem Gesicht beschworen. Bis seine Pflegeeltern bei dem großen Beben umgekommen waren und ihn allein zurückgelassen hatten. Dieses Taxi und ein einsames, verfallenes Haus in der Wildnis der Berge hinter Vina del Mar war alles, was ihm geblieben war.
Ein Gast öffnete die Tür zum Fond, stieg ein und nannte eine Adresse an der Santa Justina, dann verschwand sein Gesicht hinter einer Zeitung, zum Glück. Emilio startete den Wagen und fuhr los.

Sophia Jesus zog fröstelnd ihr Tuch enger um die Schultern, nutzte die Lücke hinter dem anfahrenden Taxi und überquerte die Straße. Sie setzte ihren Heimweg fort, für den letzten steilen Anstieg zu ihrer Straße nahm sie wie immer einen der Ascensores, in denen um diese Zeit am Anfang des Winters kaum Touristen zu finden waren. Als sie die Stufen zum Eingang emporstieg, sah sie aus den Augenwinkeln die schwarze Limousine in die kleine Straße einbiegen. Drinnen hängte sie ihr Tuch auf den Haken, setzte Wasser für einen Tee auf, als es schon klopfte. Der Mann kam herein, schloss die Tür hinter sich, sein Begleiter bezog draußen Posten.

„Guten Abend, Sophia."

Er zog einen Stuhl vom Tisch, setzte sich.

„Guten Abend, Gonzalo. Willst du auch einen Tee?"

„Danke, nein." Er nahm die dunkle Brille ab und öffnete sein Jackett. „Du warst wieder am Hafen?"

„Da du es weißt, warum fragst du? Ich habe schließlich keinen anderen Platz, wo ich um ihn trauern könnte."

„Du trauerst jetzt schon sehr lang, Sophia. In der letzten Woche war der zweite Jahrestag des großen Bebens, es ist zwei lange Jahre her, dass die große Welle Jorges Boot im Meer versenkte. Wie lang willst du noch in Schwarz gehen?"

Sie drehte sich zu ihm um, sah ihn an. Durch sein dunkles Haar zogen sich erste graue Strähnen.

„Ich weiß es nicht, Gonzalo. Es dauert so lang, wie es dauert."

Er beugte sich vor.

„Versteh mich nicht falsch, Sophia, aber du bist eine schöne Frau, und du bist noch jung. Willst du bis ans Ende deiner Tage Rosenblätter aufs Meer streuen?" Er wartete einen Augenblick. „Vielleicht solltest du dich erinnern, was das Leben sonst noch zu bieten hat. Du müsstest auch nicht hier wohnen, das weißt du."

Sophia nahm einen Schluck Tee und blickte auf das Foto mit dem Trauerflor.

„Ich weiß das alles, Gonzalo, aber ich fühle mich wohl hier in diesen vier Wänden."

Er nickte, tat einen tiefen Atemzug und lehnte sich wieder zurück.

„Ich will nur, dass du weißt, dass ich immer für dich da bin. Wir alle sind für dich da, Jorge war mein bester Mann und für uns alle wie ein Bruder." Er stand auf. „Außerdem ist er bei einem Geschäft gestorben, nur deshalb war er an dem Tag auf dem Meer." Seine Hand glitt hinter sein Revers, holte einen weißen Umschlag hervor und legte ihn auf das Leinen der Tischdecke. Dann verabschiedete er sich und ging.

Emilio Cruz parkte sein Taxi, nahm die Zeitung, die sein letzter Gast hatte liegen lassen und ging in seine Wohnung. Beim Essen las er nicht nur, dass die Brasilianer die Favoriten waren, er las auch, dass sie Zauberer seien, überirdisch, und dass sie ihn hatten, Pelé, den Göttlichen. Seit der Vater Emilio zum ersten Mal mit in ein Stadion genommen hatte, war er diesem Ort verfallen. Er liebte die Gesänge dort, liebte es, zu flehen, zu leiden, und er hasste es zu verlieren. „Der Herr wird den Gottesfürchtigen zum Sieg verhelfen," hatte sein Vater immer gesagt. Ja, wenn der Glaube stark genug war, würde das passieren. „Der Herr wird den Gottesfürchtigen zum Sieg verhelfen," sagte Emilio leise und trotzig und blickte dabei mit starren Augen auf das Bild in der Zeitung, das ihn zeigte, den schwarzen Zauberer, den Magier, den Teuflischen.
Nach dem Essen wusch er sich und ging in das kleine Zimmer, in dem auch am Tag die Vorhänge geschlossen blieben. Auf dem kleinen Altar zündete er die Kerzen an, in deren unruhigem Licht die Gesichter auf den Fotos unter dem Kreuz lebendig zu werden schienen. Er streifte das rote Trikot mit der Rückennummer des großen Leonel Sanchez über, faltete die Hände und summte leise die Hymne. Sie mussten siegen, sie mussten. Wenn nicht dieses Mal, wann dann? Der Herr wird den Seinen zum Sieg verhelfen, so würde es sein. Aber warum irrte sich Gott dann und schenkte diesen Teufeln den Sieg? Vor vier Jahren schon und seither immer wieder. Warum? Er sah lange auf das Kreuz, dessen goldener Lack in der Düsternis rot glänzte. Genau. Warum war er nicht schon früher darauf gekommen. Ihre Hilfe kam nicht von Gott, konnte gar nicht von ihm kommen. Sie wa-

ren des Teufels, nicht des Herrn. Hier in diesem Jammertal hatte Satan noch Macht, hier konnte er seine Dämonen aussenden, hier konnte er Unheil anrichten und den Sieg den Falschen schenken, denen, die ihm dienten, wenn man sich nicht entgegenstellte. Mache mich zu deinem Werkzeug, o Herr, das war die Lösung. Man musste sich ihnen entgegenstellen. Er musste sich ihnen entgegenstellen.

„Kann ich zahlen, Señorita da Silva?"
Naira da Silva trocknete sich ihre nassen Hände ab und ging zu der alten Frau mit den gefärbten Haaren. Sie zahlte wie jeden Donnerstag eine Tasse Kaffee und ein Stück Kuchen, gab stets dasselbe Trinkgeld.
„Der Kuchen war heute besonders gut, hatte ich den Eindruck."
„Vielleicht ging es dem Bäcker heute besonders gut." Naira lächelte.
„Oder er ist ein Verehrer von Ihnen, man weiß ja nie."
„Ach nein, Señora Montez, so ein altes Mädchen wie mich nimmt keiner mehr."
„Alt? O Gott, was soll ich denn da sagen?" Sie war schon zwei Schritte gegangen, wandte sich noch einmal um. „Vielleicht könnte Sie ein Heiratsantrag ja noch einmal umstimmen."
„Nein, sicher nicht. Irgendwann werde ich zurückgehen und wieder an der wirklichen Copacabana liegen." Sie sah hoch zu dem Schild. „Vielleicht kommt es ganz plötzlich. Wenn Sie eines Tages an einem Donnerstag vor verschlossener Tür stehen, dann wissen Sie, ich bin wieder zurückgegangen. Begraben werden möchte ich gern in brasilianischer Erde."
Ihre letzten Worte gingen unter in Motorengeheul und Bremsenquietschen. Eine Autokolonne stoppte auf dem Bürgersteig vor dem kleinen Café und spuckte eine Meute von Menschen aus, von denen die meisten Fotoapparate hochhielten und die sich um zwei Schwarze in Trainingsanzügen tummelten. Ein Mann in einem hellen Anzug und mit einem Block in der Hand löste sich aus der Gruppe.

„Naira, verzeih, dass wir dich so überfallen, aber ich habe angefragt und sie fanden die Idee gut und die Chance ergab sich ganz überraschend, du hast doch nichts dagegen, oder?"
Sie hatte kaum die Chance zu reagieren, als das stolpernde und rufende Rudel sie schon umzingelte.
„Pelé, sieh her! Bitte, einmal lächeln, Vava! Könnt ihr die Señora mal in eure Mitte nehmen? Und lächeln, bitte! Stellt euch unter das Schild, das Schild muss mit drauf sein, das ist doch das Wichtigste. Und lächeln, bitte! Ja, genau so …"

„Pelé und Vava im Copa Cabana." „Weltmeister fühlen sich zu Hause." „Nach dem Sieg ins Copa Cabana."
Emilio sah am nächsten Morgen auf die Überschriften der Zeitungen an Hugos Kiosk. Das Foto war überall auf Seite eins, Naira da Silva umrahmt von Pelé und Vava unter dem Copa-Cabana-Schild. Emilio presste die Lippen aufeinander und tastete seinen Hosenbund ab. Das wäre vielleicht eine Gelegenheit gewesen, aus dem Hinterhalt oder dem Gewühl, aber er war nicht da gewesen, wie auch? Seit zwei Tagen hatte er den alten Revolver dabei und versucht, irgendwie in ihre Nähe zu kommen, aber das Quartier war abgeschottet wie eine Festung. Er kaufte sich die El Mercurio de Valparaiso, setzte sich auf die Haube seines Taxis und las.
Die 41jährige Naira da Silva bekam gestern unerwartet hohen Besuch. Die Brasilianerin, die seit 11 Jahren in Valparaiso lebt und das Café „Copa Cabana" in der Altstadt betreibt, konnte es kaum fassen, als mit Pelé und Vava zwei leibhaftige Weltmeister ihr kleines Lokal besuchten. Als die Idee der Teamleitung der Seleção unterbreitet wurde, waren die Herren nach ihrem beeindruckenden Auftaktsieg am Mittwoch spontan zu dieser großartigen Geste bereit. Señora da Silva, natürlich ein großer Fan ihrer Landsmänner, bekam …
Emilio ließ die Zeitung sinken und begann, langsam zu nicken. Wenn er Pelé nicht selbst bekam, dann eben eine der ihren.

An diesem Morgen verließ Sophia Jesus Navarro ihre Wohnung erst, als die Sonne die Kühle der Nacht schon vertrieben hatte. Auf dem Markt kaufte sie Fleisch und ein wenig Gemüse für den Abend. Kurz vor elf Uhr ging sie zur Post und meldete am Schalter ein Auslandsgespräch an. Der Beamte bat sie in die Kabine Nr. 2. Sophia schloss die gläserne Klapptür hinter sich, stellte die Tasche mit dem Gemüse ab und wartete einen Moment. Sie wählte die lange Nummer aus dem Kopf, es summte zweimal, dann wurde abgenommen.

„Hallo?"

„Hallo, Sophia, bist du es?"

„Ja, ich bin's." Sie lächelte. „Es ist schön, deine Stimme zu hören. Wir reden so selten miteinander."

„Ich weiß, Liebste, aber wir müssen vorsichtig sein, und es hat ja bald ein Ende. Hast du den Brief mit dem Plan bekommen?"

„Ja, schon vor einer Woche. Ich habe mir alles genau gemerkt und ihn verbrannt, wie du geschrieben hast."

„Folgen sie dir noch?"

„Nein, schon seit einiger Zeit nicht mehr."

„Und Gonzalo?"

„Er kommt von Zeit zu Zeit und bringt mir Geld."

„Nur Geld?"

„Er macht eindeutige Angebote, aber er kommt mir nicht zu nah."

„Meinst du, dass wir es wagen können?"

„Ja, das glaube ich. Ich halte es auch nicht mehr lange aus."

„Gut, Sophia. Dann machen wir es jetzt, die Gelegenheit ist günstig. Nächste Woche ist das Schiff wieder in Valparaiso und bleibt nur einige Tage. Du müsstest es also holen."

„So plötzlich jetzt?"

„Ja. Mein Cousin wird zu dir Kontakt aufnehmen, sobald er angelegt hat. Du hast also einige Tage Zeit. Am besten gehst du direkt danach aufs Schiff."

„Ich hoffe, ich finde es."

„Das wird klappen. Geh einfach nach dem Plan."

„Ja. Ich kann es kaum erwarten, dich wiederzusehen."
„Genauso geht es mir, Sophia. Ruf mich am Dienstag wieder an."
„Ich küsse dich."
Sie hängte ein, nahm ihre Tasche und verließ die Kabine. Am Schalter bezahlte sie das Gespräch, warf, bevor sie das Gebäude verließ, einen Blick auf die Straße, dann ging sie nach Hause.

Endlich verließ der letzte Gast das Café. Kurze Zeit später löschte sie das Licht, verschloss die Tür und ging die Straße entlang.
„Mache mich zu deinem Werkzeug." Emilio Cruz murmelte den Satz vor sich hin, küsste das Kreuz um seinen Hals und startete das Taxi. Als er Naira da Silva erreicht hatte, hielt er an und stieg aus.
„Ich brauche kein Taxi."
„Señora, sind Sie nicht die Dame aus der Zeitung? Ich erkenne Sie doch."
„Wie bitte?"
„Na, Sie standen doch heut in der Zeitung, mit Pelé."
„Ja, das ist …"
„Oh, bitte erlauben Sie mir, dass ich Sie nach Hause fahre."
„Aber ich wohn gar nicht so weit."
„Bitte, Señora, es wäre mir eine Ehre. Eine berühmte Person in meinem Taxi. Ich bin ein großer Verehrer der Brasilianer."
Er hielt die Beifahrertür auf und machte eine einladende Handbewegung. Naira da Silva zögerte einen Moment, warf einen Blick auf das Taxi, dann stieg sie lächelnd ein. Emilio setzte sich hinters Steuer und fuhr los, ohne nach der Adresse zu fragen. Naira da Silva lächelte immer noch.
„Es ist schon eigenartig, wenn man in der Zeitung steht. Es waren heute auch viel mehr Gäste im Café als sonst. Schon um fünf war kein Kuchen mehr da."
Emilio schwieg und gab Gas.
„Hier hätten Sie rechts abbiegen müssen, das wäre der kürzeste Weg zu mir gewesen. Ich sagte ja, es ist nicht weit."
Er zeigte wieder keine Reaktion und bog etwas später auf die

Hauptstraße nach Vina del Mar ab. Aus Nairas Lächeln war mittlerweile eine starre Maske geworden. Sie sah Emilio von der Seite an und versuchte, ihrer Stimme eine markige Bestimmtheit zu geben.
„Fahren Sie mich sofort nach Hause, was soll der Unsinn?"
Emilio zog die Pistole aus dem Hosenbund und legte sie sich in den Schoß, ohne seinen Blick von der Straße zu wenden.
„Ganz ruhig, dann passiert dir nichts."
Sie fuhren von Valparaiso nach Vina del Mar und verließen die Stadt nach Osten hinaus. Irgendwann bog Emilio in eine kleine Straße ab, die zu einem unbefestigten Weg wurde. Dann lenkte er das Taxi auf einen einsamen Hof, im Hintergrund war in der Dunkelheit ein Haus zu erkennen.
„Aussteigen!"
Er leuchtete mit einer Taschenlampe den Weg aus und ließ sie ins Haus vorgehen, eine alte Treppe hinunter, in den Keller. Er öffnete am Ende des Ganges eine schwere Holztür und zündete eine Petroleumlampe unter der Decke an. Der Raum war klein, es gab eine Pritsche, einen Stuhl, auf dem Tisch standen Lebensmittel. Sie hatte die Fahrt über immer versucht, mit ihm zu reden, aber er war stumm geblieben. Jetzt antwortete er ihr zum ersten Mal.
„Dort ist etwas zu essen und genug Wasser, unter der Lampe steht eine Flasche mit Petroleum. Für alles andere steht unter dem Tisch ein Eimer."
„Was soll das alles, was habe ich Ihnen getan?" Ihre Stimme war zittrig und dünn.
„Du würdest es nicht verstehen. Es ist für eine große Sache, mehr brauchst du nicht zu wissen."
Plötzlich hatte Emilio eine Schere in der Hand, Naira stieß einen Schrei aus.
„Es wird dir nichts passieren. Wenn er tut, was ich sage, wird dir nichts passieren."
Vorsichtig griff er Naira ins Haar und schnitt eine fingerdicke, grauschwarze Strähne ab. Dann stieß er sie zurück auf die

Pritsche, verschloss die Tür mit zwei schweren Riegeln und fuhr zurück nach Valparaiso.
Vor dem Postamt hielt er an, nahm den vorgeschriebenen Brief und las ihn noch einmal.
„Sie ist in unserer Gewalt. Wenn du spielst, tötest du sie. Ihr Leben liegt in deiner Hand. Es ist uns ernst." Die letzten Sätze las er noch einmal laut, faltete den Bogen, legte die Haarsträhne hinein und verschloss den Umschlag. „An Pelé persönlich" schrieb er unter die Adresse des Hotels und fügte noch ein „Dringend" hinzu. Dann warf er den Umschlag in den Schlitz des Briefkastens.

Am nächsten Morgen ging Sophia Jesus Navarro durch die quirlige Geschäftigkeit eines Samstags zum Busbahnhof und stieg in die Linie 143 nach Vina del Mar. Sie setzte sich auf die hintere Bank und warf auf der langen Fahrt von Zeit zu Zeit einen Blick nach hinten, aber sie war sich sicher, dass ihr kein Auto folgte. In Vina del Mar nahm sie den nächsten Bus und fuhr bis zu dessen Endstation weit außerhalb der Stadt schon am Fuße der Berge. Sie stieg aus, ging ein Stück die Straße bergan und bog dann nach rechts in den Wald ab.

Im Hotel der Brasilianer versuchte an diesem Samstag eine Gruppe junger weiblicher Fans mit einem Trick zu den Spielern der Seleção durchzukommen. Sie hatten sich als Zimmermädchen verkleidet und konnten von einigen Hotelangestellten erst aufgehalten werden, als sie schon auf den Fluren zu den Zimmern der Stars waren. Trainer Almoré Moreira ließ darauf die Wachen verstärken. An der Rezeption nahm er die Post für die brasilianische Delegation entgegen. Er sah die Briefe durch und schüttelte den Kopf.
„Was ist los, Trainer?" Mario Americo hatte ein Schälchen in der Hand und rührte eine Tinktur an.
„An Didi. Für Pelé persönlich, dringend. Dieser für Garrincha riecht sogar nach Parfum." Er hielt dem Masseur das Couvert

unter die Nase. Americo lächelte.

„Du lachst, aber das lenkt sie doch nur ab in dem Alter. Wir wollen hier aber Weltmeister werden, oder?"

„Was willst du tun?"

„Wir stellen das ganze Zeug sicher und geben es den Jungens nach dem Turnier, das ist immer noch früh genug. Ich kann mir schon vorstellen, was für Angebote in Briefen stehen, die nach Parfum riechen. Sie sollen an Tore denken, nicht an Titten."

Americo sagte nichts. Der Trainer packte alle Briefe zusammen und verschwand in seinem Zimmer.

Emilio war schon früh am Nachmittag herübergekommen. Ein halbe Stunde, länger brauchte man nicht von Valparaiso bis zum Estadio Sausalito an einem Sonntagnachmittag. Es war kein Problem gewesen, noch eine Karte zu bekommen. Jetzt saß er neben einer Gruppe lärmender brasilianischer Fans und starrte mit versteinerter Miene auf den Rasen. Irgendetwas war schiefgelaufen, offensichtlich. Oder er hatte es ignoriert, er hatte es für einen Scherz gehalten, nicht ernst genommen, was auch immer. Jedenfalls berannten die Brasilianer das Tor der Tschechen, und Pelé spielte wie der Teufel, lief und dribbelte, als gälte das Gesetz der Schwerkraft nicht für ihn. Gut, dann musste man eben andere Seiten aufziehen. Vielleicht war eine Haarsträhne ja nicht genug, vielleicht musste es mehr sein, etwas Überzeugenderes, ein Finger oder eine Hand, vielleicht wollten sie Blut sehen. Er starrte vor sich hin und hörte das Raunen der Männer nicht. Erst als einige Entsetzensschreie dazwischen waren und die Sambatrommeln verstummten, sah er wieder auf das Spielfeld. Pelé verließ humpelnd den Platz und ließ sich von Mario Americo an der Seitenlinie behandeln. Nach endlosen Minuten kam er noch einmal humpelnd zurück, dann war es endgültig vorbei. Emilio starrte erst ungläubig auf die Szene, dann musste er lächeln. Dieser schlaue Teufel, so hatte er es also geplant, um ja keinen Verdacht aufkommen zu lassen. Er täuschte eine Verletzung vor. Eine Wärme stieg in Emilio auf und er verließ das Stadion. Es funktionierte.

Am Morgen des folgenden Dienstags erwachte Sophia Jesus Navarro schon sehr früh, obwohl sie müde war und ihr die Beine schmerzten. Sie war in den letzten Tagen dreimal zu der Stelle gefahren und hatte bis zum Einbruch der Dunkelheit gesucht, aber ohne Erfolg. Sie stand auf, wusch sich, machte sich einen Tee und aß ein wenig. Dann machte sie sich, früher als sonst, auf den Weg zur Post. Als sie in Kabine Nr. 3 saß und die Nummer mit der brasilianischen Vorwahl wählte, hatte sie ein wenig Angst. Es summte fünfmal, dann wurde abgenommen.
„Hallo!"
„Hallo Jorge, ich bin es, Sophia."
„Du rufst früh an, Liebste."
„Ja. Ich muss dir was sagen, Jorge."
„Was ist denn los?"
„Ich habe es nicht gefunden."
„Was meinst du. Es war nicht da?"
„Nein, ich habe den Ort nicht gefunden."
„Vielleicht hast du dir den Plan nicht richtig gemerkt?"
„Doch, ich hab ihn mir genau gemerkt. Ich habe die Schritte gezählt und alles genauso gemacht, wie du es geschrieben hattest, aber sie haben dort oben Bäume gefällt für eine Stromleitung, es ist alles anders."
„Bäume gefällt?"
„Ja, es sah überhaupt nicht mehr so aus wie auf dem Plan, ich war schon dreimal dort, aber es ist unmöglich."
„Verflucht." Er schwieg einen Moment. „Mach dir keine Sorgen. Wir bleiben bei unserem Plan. Verhalte dich weiter so wie immer. Du hörst von mir, sobald ich dort bin."
„Du willst kommen?"
„Wir haben keine andere Wahl. Keine Angst, alles wird gut."
Dann hängte er ein. Sophia blieb auf der hölzernen Bank länger sitzen als sonst, ihre Beine schmerzten immer noch. Dann verließ sie mit der üblichen Vorsicht das Gebäude und ging nach Hause.

Am Morgen des nächsten Tages hatte er nach Naira da Silva gesehen. Ihre Angst war groß gewesen, aber sonst ging es ihr gut. Jetzt saß Emilio wieder im Estadio Sausalito und beobachtete im Getöse der Sambatrommeln um ihn herum mit breitem Lächeln das Geschehen weit unter ihm auf dem grünen Rechteck. Pelé hielt sich an seine Forderung und war immer noch verletzt. Die Spanier zeigten es den Teuflischen. Sie führten. Vielleicht war heute schon alles vorbei, vielleicht hatte er schon heute sein Ziel erreicht. Wenn sie verloren, waren sie ausgeschieden und der Weg für seine Blauroten war einfacher, viel einfacher. In der Halbzeitpause versank Emilio zwischen all den bunten, singenden Tänzern in ein tiefes, demütiges Gebet, flehte um Beistand. Aber es half nichts. Die Höllenhunde spielten plötzlich mit neuer Kraft, vor allem jener, den sie den Paradiesvogel nannten mit seinen satanisch schiefen Beinen. Und die zwei Tore zum Sieg schoss wie zum Hohn Amarildo, der Ersatzmann für Pelé. In Emilios Kopf wirbelten die Gedanken durcheinander. Wollte ihn der Ziegenfüßige verhöhnen? Er musste sich noch etwas überlegen. Was einmal geklappt hatte, klappte bestimmt noch ein zweites Mal

Sophia stand am Fenster ihrer Wohnung sah auf die Dächer der Stadt, hinter denen Meer und Himmel in diesigem Grau ineinander übergingen. Seit dem Gespräch mit Jorge waren drei Tage vergangen, und er hatte nichts von sich hören lassen seitdem. Als es klopfte, schrak sie zusammen. Sie öffnete, und vor der Tür stand ein Mann, der ihr unbekannt war.
„Ja, bitte."
„Señora Navarro? Mein Name ist Gustavo Alonso, ich bin ein Cousin ihres toten Mannes Jorge."
Sophia starrte irritiert in das braun gebrannte Gesicht und brauchte einen Moment.
„Ich soll Ihnen sagen, dass er das rote Kleid mit der schwarzen Blume immer am liebsten an Ihnen sah."

Über ihre Miene flog ein Lächeln, sie nickte und bat ihn herein.
„Jorge hat gesagt, dass Sie kommen würden."
„Ja, ich will es auch kurz machen, man sollte mich hier nicht sehen. Ich habe mit ihm gesprochen und soll mitteilen, dass es am Sonntag passiert. Er will während des Fußballspiels zum Versteck, wenn alle an den Fernsehern sind. Er wird Sie abholen, das Geld besorgen und gleich danach auf's Schiff. Wir laufen Montag in der Früh aus."
Sophia nickte.
„Halten Sie sich also am Sonntag den ganzen Tag bereit."
Er wandte sich um und ging, sein herber Geruch nach Salz und Tabak blieb noch eine Weile im Raum. Sonntag also.

An diesem Sonntagmittag stand Emilio an seinem üblichen Platz an Hugos Kiosk und wartete vergeblich auf Kundschaft. In den Parks, auf den Bürgersteigen und in den Cafés, nirgends gab es ein anderes Thema als das Viertelfinale am Nachmittag. Diesmal würde er nicht hinüber nach Vina del Mar zu den Teuflischen fahren, nein, heute würde er sich seine Blauroten mit dem großen Leonel Sanchez in Pablos Bar im Fernsehen ansehen. Danach würde er entscheiden. Wenn sie gewannen und gleichzeitig die Brasilianer die Engländer schlugen, dann musste er handeln.
Kurz nach Mittag hatte das Warten Sophia innerlich in eine solch zittrige Spannung versetzt, dass ihr das Klopfen an der Tür einen Todesschrecken einjagte. Sie wartete einen Moment, öffnete ganz langsam und blickte in das Gesicht eines Jungen. Er hielt ihr einen Zettel hin, sie nahm ihn, und er verschwand wortlos.
„Um drei am Ort unseres ersten Treffens", stand dort in einer Handschrift, die ihr sehr vertraut war.
Um zwei Minuten vor drei saß Emilio mit etwa einhundert aufgeregt lärmenden und rauchenden Menschen in Pablos Bar und starrte durch die sirupartige Luft auf den flimmernden Fernseher, der hoch oben auf einem Regal stand. Sein Atem zitterte, ihm war, als brenne in ihm ein Feuer.
Sophia näherte sich zur gleichen Zeit der verabredeten Stel-

le, konnte aber niemanden entdecken. Die Straßen waren wie leergefegt. Plötzlich öffnete sich vor ihr die Tür eines geparkten Autos, und Jorge stand vor ihr. Zwei Jahre hatte sie ihn nicht gesehen, und jetzt stand er einfach da. Überall in ihr fanden kleine Explosionen statt.
„Steig ein, schnell!"
Sie fuhren los, und Jorge blickte immer wieder in den Rückspiegel, aber es schien ihnen niemand zu folgen. Sophia sah ihn von der Seite an und traute sich nicht, ihn zu berühren. Er war es dann auch, der seine Hand an ihre Wange legte.
„Woher hast du das Auto?", war das Erste, was sie sagen konnte.
„Ein paar Freunde habe ich hier immer noch, auch nach zwei Jahren." Sein Lächeln hatte sich nicht verändert. Erst als sie etwas später hinter Vina del Mar die Hügel hinauffuhren, fiel die Anspannung langsam von ihr ab.

Jetzt hatte es das Schicksal tatsächlich so eingerichtet, seine Blauroten würden gegen die Teufel spielen. Jetzt kam es auf ihn an. Garrincha, den nächsten Brief würde Garrincha bekommen. Zwei Tore hatte er geschossen und gespielt, als sei er nicht von dieser Welt. Emilio wusste, was zu tun war. Er steuerte sein Taxi vorsichtig durch die hüpfenden und johlenden Menschenmassen auf den Straßen, die Fahnen schwenkend den chilenischen Sieg feierten und erst weniger wurden, als er die Stadtgrenze erreicht hatte und in die Hügel fuhr. Kurz bevor er in den kleinen Weg zu seinem verfallenen Haus einbiegen musste, zwangen ihn zwei Autos zum Bremsen, die in einer Anhaltebucht am Straßenrand bei einem geparkten Wagen standen.

Jorge schwitzte. Unter einem hohen Strommast hielten sie an, Sophia zeigte ihm die Stelle, an der sie die Spur verloren hatte. Er orientierte sich einen Moment und ging dann mit festem Schritt auf einige Felsen zu. Immer wieder stoppte er, sah sich um, nickte dann und ging weiter. Als er an einen alten Arrayán-Myrtenbaum kam, begann er zu laufen. Vor einer Felsnase blieb er stehen, schlug mit einem Stock das Gestrüpp nieder und wälzte einen kürbisgroßen Stein zur Seite. Er langte tief in den entstandenen Spalt und zog einen schwarzen Koffer hervor, der mit Klebeband abgedichtet war. Dann griff er noch einmal hinein und zog einen zweiten, noch größeren ans Tageslicht. Andächtig kniete er einen Moment davor, löste das Klebeband und öffnete die Klappe. Bis an den Rand war der Koffer gefüllt mit Dollarnoten, lediglich die äußeren Scheine waren ein wenig fleckig und feucht. Er sah Sophia an. „Unser neues Leben."

Emilio parkte den Wagen hinter dem Haus und ging in den Keller. Er entfernte die beiden schweren Riegel und schreckte einen Moment vor dem Dunkel im Innern zurück. Im Schein der Taschenlampe fand er den Docht der Petroleumleuchte und entzündete ihn. Naira da Silva lag auf der Pritsche. Sie erwachte mit Mühe und war kaum in der Lage aufzustehen. Als sie Emilio erkannte, gab ihr die Angst einen letzten Rest Kraft, um zurückzuweichen. Es stank in dem kleinen Raum. Emilio nahm den Eimer, schloss die Tür hinter sich und schüttete die Exkremente hinter dem Haus ins Gras. Dann ging er zurück. Er stellte ihn wieder in die Ecke und wandte sich Naira zu.
„Es ist bald vorbei, du hast es fast geschafft." Sie drückte sich mit wirrem Blick gegen die Wand, ihre Lippen zitterten. Emilio breitete auf dem Tisch das mitgebrachte Verbandszeug aus.
„Aber ein Opfer brauche ich noch von dir, ein etwas größeres diesmal. Verzeih, das war nicht vorgesehen." Dann nahm er das Messer.

Die Sonne war schon im Meer versunken und es wurde allmählich dunkel, als Sophia und Jorge mit den Koffern den Hang hinunterstolperten. Sie überquerten die Straße, schlossen den Wagen auf und verstauten das Geld auf dem Rücksitz. Jorge schnaufte, er sah auf das Hinterrad und Adrenalin schoss durch seinen Körper. Er blickte auf das Vorderrad, rannte ums Auto herum. Alle vier Reifen waren zerstochen. Er fluchte, als zwei Autos mit hoher Geschwindigkeit angerauscht kamen und so heftig bremsten, dass der Schotter spritzte. Im nächsten Augenblick richteten drei Männer ihre Waffen auf die beiden. Der Staub verflog langsam, die hintere Tür des zweiten Autos öffnete sich und ein Mann im schwarzen Anzug stieg aus.

„Auferstehung der Toten, gelobt sei der Herr." Gonzalo Lando gab seiner Stimme eine hämische Feierlichkeit. „Willst du mich nicht begrüßen, Jorge?"

Jorge schwieg, starrte den Näherkommenden an wie eine Fata Morgana.

„Damit hast du nicht gerechnet, was?"

Jorge schwieg weiter.

„Du hast schon früher die Menschen unterschätzt, das ist ein Fehler, Jorge." Gonzalo wandte sich ab und blickte auf die Lichter der Stadt. „Willst du gar nicht wissen, wie ich drauf gekommen bin?"

„Wozu?" Jorges Stimme war heiser.

„Es war das größte Geschäft, das wir je gemacht haben. Eineinhalb Millionen Dollar für eine ganze Schiffsladung zollfreies Kupfer. Das mit dem Erdbeben und der Welle, das war wirklich ein saudummer Zufall. Aber als nach zwei Monaten Fischer unten an der Küste das Boot fanden, mit einem Loch im Rumpf, das jemand von innen hineingeschlagen hatte, konnte das kein Zufall sein."

„Du hast es also die ganze Zeit gewusst."

„Nein, gewusst habe ich es erst seit Sophias erstem Anruf in Sao Paulo."

Jorge starrte Sophia an, dann wieder Gonzalo.

„Keine Angst, Jorge, sie war dir treu, und sie hat nichts erzählt. Aber ich habe in dieser Stadt viele, sagen wir, Geschäftspartner, die für mich arbeiten. Warum sollte das auf dem Postamt anders sein?"

Sophia schloss für einen Moment die Augen.

„Und nun wollen wir zum Ende kommen. Don, hol das Geld aus dem Wagen."

Einer der drei Bewaffneten steckte die Pistole hinter den Hosenbund und ging zum Wagen. Als er neben Jorge war, trat dieser ihm seitlich ans Knie. Der erste Schuss des zweiten Gorillas traf die Seitenscheibe. Jorge entriss Don die Waffe, schoss dreimal und traf einen der beiden anderen einen Finger breit unter dem Auge, Gonzalo brachte sich hinter seinem Auto in Sicherheit. Jorge stürzte hinters Steuer, ließ den Wagen an, schoss weiter mit Links aus dem Seitenfenster.
„Steig ein!"
Sophia öffnete die Beifahrertür einen Spalt und kroch, schon halb im Fahren, in den Fußraum vor den Sitz. Ein Geschoss zersplitterte die Frontscheibe, Jorge gab Vollgas, rammte Gonzalos Wagen und raste dann die Straße hinunter. Schon in der nächsten Kurve schlingerte er und prallte gegen einen Felsblock, der die Straße begrenzte.

Emilio bog vom Schotterweg auf die Straße ein und fuhr wieder Richtung Valparaiso. Obwohl er den Finger dick in ein Tuch gewickelt hatte, nässte das Blut durch und auf dem Umschlag waren Flecken zu sehen. Plötzlich bog vor ihm ein Wagen so knapp in die Straße ein, dass er bremsen musste. Er erkannte den geparkten Wagen von vorhin, aus den Augenwinkeln sah er Männer und andere Autos. Der Fahrer vor ihm schien betrunken zu sein, der Wagen schleuderte und kam in der ersten Kurve von der Straße ab. Verflucht, er konnte jetzt nicht anhalten, nicht mit einem abgeschnittenen Finger. Emilio bremste nur kurz und wollte weiterfahren, aber die Tür des Unfallwagens flog auf und ein Mann richtete eine Pistole auf ihn.
„Anhalten, oder ich knall dich ab." Jorges Stimme überschlug sich. Er riss die hintere Tür auf.
„Los, die Koffer!" Sophia schleppte mit Mühe die beiden Koffer herüber, wuchtete sie auf den Rücksitz und stieg ein. Jorge sprang vorn in das Taxi und hielt Emilio die Pistole an den Kopf.
„Fahr los, Mann, so schnell du kannst."
Emilio gab Gas, im Rückspiegel sah er Scheinwerfer, die näher

kamen. In diesem Augenblick durchschlug das erste Projektil die Heckscheibe. Er raste weiter, der Wagen hinter ihm kam immer näher. Das Geräusch der einschlagenden Geschosse klang wie ein kurzes, trockenes Husten. Jorge lehnte sich über die Rückenlehne nach hinten und feuerte drei Schuss durch die kaputte Heckscheibe, da traf Emilio eine Kugel dicht neben seinem rechten Ohr. Sein Kopf schlug auf's Lenkrad, aber der Wagen fuhr weiter geradeaus. In der nächsten Linkskurve durchbrach er eine hölzerne Planke, rauschte einen Abhang hinunter, überschlug sich mehrfach und wurde von einer alten Buche gestoppt. Jorge nahm wie von weit für ein paar Sekunden Sophias Wimmern wahr und den Geruch von Benzin, dann begann der Wagen zu brennen.

Der matte Wind schob die Wellen des Pazifiks nur mit Mühe ein paar Schritte den Strand hinauf, im Hafen ging die Arbeit ihren gewohnten Gang. Seit neun Tagen war die Weltmeisterschaft vorbei, und in die Stadt war wieder der Alltag eingekehrt. Keine Sambatrommeln mehr in den Straßen, keine feiernden oder verzweifelten Menschen mehr, keine Jubelgesänge oder Entsetzensschreie, sondern nur der übliche Klang der Stadt.
An diesem Donnerstag versuchte Julia Montez ein letztes Mal, im Cafe Copa Cabana ein Stück Kuchen und eine Tasse Kaffee zu genießen, wie sie es seit Jahren getan hatte. Aber die Tür war, wie in der Woche davor, verschlossen. Die alte Frau hielt die Hand über die Augen und blickte durch das Glas der Eingangtür auf den Platz, an dem sie immer gesessen hatte. Sie lächelte und machte sie sich auf den Heimweg. Eine alte Zeitung wurde den Gehsteig entlanggeweht, verfing sich im Rosenbeet eines Vorgartens. Auf der Titelseite zeigte sie ein Foto von Pelé, der einen Anzug trug und den Coup Jules Rimes in den chilenischen Himmel reckte. Er lachte.

England, 1966
Weltmeister: England
Endspiel: England – Deutschland 4:2 n.V. (2:2, 1:1)
Teilnehmende Mannschaften: 16
Erzielte Tore: 89 in 32 Spielen (2,78 pro Spiel)
Torschützenkönig: Eusébio (Portugal), 9 Tore

Thomas Kastura

England, 1966

Totenstille im Stadion. 95.000 Menschen gaben keinen Laut von sich, jedenfalls die meisten von ihnen. Etwas Furchtbares musste geschehen sein, dachte Russell Chambers. Was war da oben los?
Er zog seine Walther PPK und behielt den leeren Gang im Auge. Die Katakomben von Wembley abzusichern, war selbst für den MI6 keine leichte Aufgabe. Chambers hatte von der Einsatzleitung einen geradezu labyrinthischen Abschnitt zugeteilt bekommen. All diese Knicke und Abzweigungen im Bereich der Kabinen, der reinste Horror.
Ein Anschlag auf die Queen? Dann hieß es, den Tätern sämtliche Fluchtwege abzuschneiden. Spielten die Kommunisten verrückt, weil Nordkorea und die Sowjetunion bei der WM ausgeschieden waren? Sogar den Frenchies konnte man nicht mehr über den Weg trauen, seit sie nicht mehr in der NATO waren und in der Südsee mit Atombomben um sich schmissen.
Endlich knackte es in Chambers' Funkgerät. Der Spielstand wurde durchgegeben: 1:0 für Deutschland, Haller in der 12. Minute, ein Schuss aus der Drehung.
Deshalb also die Schweigeminute. Im großen Finale lagen die englischen Löwen gegen die deutschen Panzer zurück.
Schlimmer konnte es nicht kommen. Das Empire stand am Rande des Abgrunds. Und im Gegensatz zu einem Attentat auf die Königsfamilie oder einem Erstschlag des Warschauer Pakts konnte der MI6 nicht das Geringste dagegen unternehmen.
Inzwischen waren wieder Sprechchöre zu hören. „England!", schallte es trotzig durchs Stadion, Chambers kriegte das selbst hier unten mit, in der Verbannung.

Er steckte seine Pistole zurück ins Holster und stieß ein paar saftige Flüche aus. Warum war er nicht oben auf den Rängen und feuerte das Team an? In letzter Sekunde hatte er noch Tickets ergattert – und kurz darauf seinen Einsatzbefehl erhalten: Wachdienst in den Katakomben von Wembley, zur Strafe ... Elektroschockfolter beim KGB war leichter zu ertragen. Nur weil er bei seiner letzten Mission auf Kamtschatka eine Kleinstadt in Schutt und Asche gelegt hatte. Jeder macht mal einen Fehler, oder?

Plötzlich ein Dröhnen wie von einem Jumbo-Jet, Putz rieselte von der Decke. Ein Schrei aus abertausend Kehlen.

Tor für England, es gab keine andere Erklärung.

Nach einer halben Ewigkeit kam über Funk die Bestätigung. Geoff Hurst hatte den Ausgleich erzielt, per Kopf im Fünfmeterraum.

In der Kathedrale des Fußballs war die Hölle los, die Fans lagen sich in den Armen – darunter sicher auch Shelley, eine hübsche Rothaarige aus der Verwaltung, die Chambers nach dem Spiel flachzulegen beabsichtigt hatte, am besten noch auf der Fahrt zum Pub, in seinem schwarzen Jaguar E-Type. Bestimmt wurde sie gerade von irgendeinem Bürohengst abgeschlabbert.

1:1. Ohne ihn. Teufel noch mal, so konnte das nicht weitergehen!

Chambers holte tief Luft. In den Gängen roch es nach Pfefferminz und Eukalyptus; das stammte noch von den südamerikanischen Mannschaften, machte die Atemwege frei.

Vor einer Woche hatte er das Viertelfinale England–Argentinien live miterlebt. Ein wahres Blutbad, erstaunlich, dass es keine Toten gegeben hatte, als Rattín, der Mannschaftskapitän, wegen Schiedsrichterbeleidigung vom Platz geflogen war. Die Navy sollte den verdammten Gauchos mal ganz offiziell was auf die Mütze geben. Lagen die Falklands nicht bei Argentinien um die Ecke? Irgendein Anlass würde sich schon finden.

Oben Stöhnen, Raunen, Herzrasen. Chambers konnte das blanke Entsetzen durch den meterdicken Beton spüren. Anscheinend drehten die Deutschen auf.

Eigentlich mochte er die Krauts. Seit die Mauer stand, hatte er oft in Ost-Berlin zu tun. Diese Mädchen aus Schöneberg kannten keine Scham. Yessir, der Sozialismus hatte auch was Gutes.

Ein Plan musste jetzt her. Doch wenn Chambers seinen Posten verließ, war er die längste Zeit beim MI6 gewesen.

Vor ein paar Monaten hatte er den neuen James Bond im Kino gesehen, „Feuerball". Mit echter Geheimdienstarbeit hatte das wenig zu tun. In Wirklichkeit spielte Sex nur eine untergeordnete Rolle, und man riskierte nicht alle naslang sein Leben. Völlig absurd waren diese Psychos, die die Weltherrschaft an sich reißen wollten. Dr. No, Goldfinger, lächerlich.

Die Chefetage des MI6 war trotzdem nervös: Was, wenn so ein Spinner tatsächlich die Bombe über London abwarf? Vielleicht gab es solche Kerle ja doch, mit einer Privatarmee und geheimen Stützpunkten rund um den Erdball?

Es wurde laut im Stadiontunnel. Halbzeit. Die Spieler gingen in die Kabinen.

Chambers sog jedes Detail auf. Uwe Seeler, der Kapitän der Deutschen, wirkte nicht besonders glücklich. Hatte wohl einige Chancen vergeben, genauso wie Emmerich. Overath haderte mit sich wegen eines Patzers in der Defensive. Beckenbauer, der Youngster, machte einen leicht mürrischen, aber entschlossenen Eindruck. Dagegen waren Haller und Tilkowski, der Torwart, gut drauf.

Die Lions kamen in roten Jerseys und mit breiter Brust, als hätten sie eine Reihe von Attacken abgewehrt und wollten jetzt den Spieß umdrehen. Bobby Moore supercool, der genoss die Party aus vollen Zügen. Bobby Charlton leicht entnervt, hatte ihm Beckenbauer zugesetzt? Dann: Geoff Hurst, der Torschütze, mit federndem Gang. Der hatte heute noch einiges vor.

„Wieder einen umgelegt?", fragte Chambers, als Nobby Stiles an ihm vorbeiging. Stiles packte bei jeder Gelegenheit die Blutgrätsche aus, Fußball war für ihn Kampfsport mit einem zu vernachlässigenden spielerischen Element, dem Ball. Das Publikum liebte ihn.

„Muss mich zurückhalten." Stiles nuschelte, ihm fehlten die Vorderzähne. „Die Scheiß-FIFA hat mich vor dem Viertelfinale abgemahnt!"
„Ach was, wir nehmen keine Gefangenen!", munterte Chambers ihn auf. Fairness war gut, aber Gewinnen war besser.
Als letzter kam Gordon Banks in seinem gelben Sweater. Der Keeper war so gelassen wie immer, „The Banks of England". Schließlich Alf Ramsey, der wortkarge Coach.
Die Betreuer und ein paar Funktionäre wuselten um die Mannschaften herum, eskortiert von mehreren Bobbys und zwei MI6-Kollegen in Zivil.
Der Schiedsrichter, Gottfried Dienst aus der Schweiz, und die beiden Linienrichter, der Tscheche Galba und Bachramow aus der UdSSR, verzogen sich in einen gesonderten Raum. Sie wirkten ein bisschen arrogant, als seien sie die wahren Akteure auf dem Rasen. Bachramow trug den Ball, eine Spezialanfertigung fürs Endspiel.
Die Türen der Kabinen schlossen sich. Kostbare Minuten verstrichen, Chambers' Verzweiflung wuchs.
Er versuchte mit seinen Kollegen zu tauschen, versprach ihnen, die nächsten drei, vier, fünf Aufträge für sie zu übernehmen, so beschissen oder gefährlich sie auch sein mochten – keine Chance.
Dann gingen die beiden Mannschaften zur zweiten Halbzeit raus. Überraschend viele Freundlichkeiten wurden ausgetauscht. „Good luck again!", sagte Uwe Seeler zu George Cohen, der ihn unermüdlich beharkt hatte. „Danke!", erwiderte der Verteidiger der Lions mit dem einzigen Wort, das er auf Deutsch kannte.
Chambers wartete, bis die Spieler samt Anhang verschwunden waren. Blieb noch die billigste Nummer: Irgendwo in den Katakomben ein Feuer legen. Nur ein kleines, der Ablauf des Finales durfte unter keinen Umständen gestört werden. Die Feuerbrigade würde anrücken und den Brandherd im Handumdrehen löschen. Wegen der Rauchentwicklung hätte Chambers einen Vorwand, nach oben zu gehen.

Wiederanpfiff. Er machte sich auf die Suche nach einem geeigneten Brandsatz – die Endspielprogramme brannten bestimmt wie Zunder.

Schon nach wenigen Yards fiel ihm etwas auf. Eine der Bodenplatten war nicht verfugt.

Hm. Wembley war in den zwanziger Jahren erbaut worden. Aber diese Schlamperei, obwohl kaum sichtbar, durfte nicht sein.

Die Bodenplatte war quadratisch und maß etwa zwei Fuß. Chambers ging weiter durch den Stadiontunnel. Nach exakt fünfzig Platten kam wieder eine unverfugte. Seltsam.

Sein Stiefelmesser bestand aus solidem Sheffield-Stahl. Er schob die Klinge in den Zwischenraum. Die Platte ließ sich anheben.

Chambers nahm sie heraus und blickte in einen Schacht. Einen tiefen Schacht, der sich im Dunkeln verlor. An der Seite war eine Trittleiter angebracht.

Er rief sich die Pläne des Stadions in Erinnerung. Ein Geschoss unter der Kabinenebene war dort nirgends eingezeichnet. Keine Einstiege in die Kanalisation, keine Luftschächte oder unterirdischen Fluchtwege.

Sein Agenteninstinkt, den zu betäuben er sich mit Hilfe einer umfangreichen Whiskysammlung alle Mühe gab, sagte ihm, dass hier etwas faul war. Chambers beschloss, der Sache auf den Grund zu gehen.

Er schaltete seine Mini-Taschenlampe ein, steckte sie in den Mund und stieg die Leiter hinab.

Zehn Yards, zwanzig, dreißig. Dann erreichte er den Boden.

Ein weiterer Gang erstreckte sich in beide Richtungen. An der gefliesten Wand hing ein Schild. „Ausstieg 14" stand darauf. Auf Deutsch.

Was hatte der Fritz denn hier unten verloren?

Chambers folgte dem Gang und kam zu einer Abzweigung. Wieder ein Schild, mit einem Pfeil: „Zentrale".

Da hatte jemand Ordnungssinn bewiesen. Na dann, auf zu dieser ominösen Zentrale, so geräuschlos wie möglich.

Der Gang machte einen Knick, Chambers spähte um die Ecke,

die Walther im Anschlag.
Eine schwere Stahltür, halb geöffnet. Auf der Schwelle stand ein Wachmann, mit dem Rücken zu Chambers. Offenbar verfolgte er, was in dem dahinterliegenden Raum geschah.
Ein kräftiger Schlag mit dem Pistolenknauf, der Wachmann ging zu Boden.
Chambers zerrte den Körper zurück in den Gang und lauschte. Keine alarmierten Schreie, anscheinend war seine Aktion unbemerkt geblieben. Stattdessen Geräusche eines ... Fußballspiels?
Er riskierte einen Blick durch die Tür. Was er sah, raubte ihm den Atem.
Ein riesiges Kontrollzentrum lag vor ihm, mehrere Großbildschirme zeigten das Finale live aus verschiedenen Perspektiven, dazu lief der BBC-Kommentar. Gerade griffen die Engländer an: Flanke Wilson, Tilkowski faustete das Leder weg, Hunt kam an den Ball – und verzog.
Die Anwesenden atmeten sichtlich auf. Was waren das für Typen?
Wissenschaftler in weißen Kitteln saßen hinter Schaltbänken, auf denen bunte Lämpchen blinkten. Und jede Menge Militärs standen herum, einige unterhielten sich angeregt über den Spielverlauf. Die Soldaten gehörten zwei verschiedenen Einheiten an. Ein Teil trug die gleiche Uniform wie der Wachmann, olivgrün, das war irgendwas Südamerikanisches. Die anderen kamen Chambers allzu bekannt vor: schwarzes Tuch, Reichsadler, SS-Runen auf dem Kragenspiegel. Nazis.
Kopf des Ganzen schien ein komisches Duo zu sein. An einem erhöhten Pult stand ein Männchen mit überdimensionierter Schirmmütze und allerlei Lametta auf der goldbetressten Brust – der kommandierende Offizier, ein Caudillo in Kleinformat, wild gestikulierend und mit einem irren Blick. Daneben ein hochgewachsener SS-Major, wie Chambers an den Rangabzeichen erkannte, unbeweglich wie eine Statue. Sein verwittertes Gesicht bestand teilweise aus Prothesen, das linke Auge, die Wangenknochen und der komplette Kiefer. Schultern und Arme wirkten

so kantig wie bei einem Nussknacker, vermutlich war der Major ein wandelndes Ersatzteillager.
Chambers schloss die Tür und knöpfte sich den Wachmann vor. Nach ein paar Ohrfeigen kam der Kerl zu sich. Mit dem Messer an der Kehle wurde er gesprächig, allerdings konnte er nur Spanisch. Für Chambers, der immer mal wieder zum Tauchen nach Teneriffa jettete, kein Problem.
Was er aus dem Mann herauskitzelte, stellte die durchgeknalltesten Szenarien der Eierköpfe aus Oxbridge in den Schatten. Die beiden Spaßvögel waren der abtrünnige argentinische General Mendoza, genannt „El Lobo", und Major Hagen von Krückenstein, Befehlshaber einer Truppe von SS-Veteranen, für die der Krieg seit 1945 in die Verlängerung gegangen war. Sie hatten sich verbündet, um erst das britische Empire auszuradieren und dann den Rest der Welt, jedenfalls das meiste davon.
Ihre erste Operation bestand darin, England zu demoralisieren, indem sie das WM-Endspiel manipulierten. Wenn Deutschland siegen würde, so glaubten sie, läge die Landesverteidigung darnieder. Schritt 2 sah vor, sich einer britischen Atombombe zu bemächtigen und damit Birmingham zu pulverisieren.
Per Maulwurftaktik waren die Argentino-Nazis von einer Lagerhalle in den Docklands bis unter den heiligen Rasen von Wembley vorgedrungen. Der Luftraum wurde von der Royal Air Force überwacht, also hatten sie sich in den letzten zwei Jahren durch den Londoner Schlick gebuddelt und nach und nach eine Kommandozentrale errichtet. Wembley war als Tarnung perfekt, niemand vermutete dort einen Hort des Bösen.
Chambers schickte den Wachmann zurück ins Reich der Träume, zog ihm die Uniform aus und schlüpfte hinein. Er wollte diesen Wahnsinnigen einen Strich durch die Rechnung machen.
Per Funk verständigte er die Einsatzleitung.
„Was Sie sich alles einfallen lassen, um das Spiel zu sehen, Chambers", sagte Captain Hawking. „Damit können Sie nach Hollywood gehen."
„Aber Sir …"

„Vergessen Sie's! Hier wird's gerade spannend. Over and out!"
In dem Kontrollzentrum herrschte ebenfalls helle Aufregung, als Chambers sich hineinstahl. Hawking glaubte ihm nicht. Er war auf sich allein gestellt.
Ecke für England, ein deutscher Spieler wehrte den Ball unglücklich ab. Martin Peters von West Ham reagierte am schnellsten und haute die Kugel in die Maschen. 2:1!
„Himmel, Arsch und Wolkenbruch!", entfuhr es von Krückenstein.
Chambers verkniff sich den Torjubel und nahm Haltung an wie ein Wachmann. Die argentinischen Soldaten waren damit beschäftigt, ihre Wetten neu zu koordinieren und beachteten ihn nicht. Die wenigen Alt-Nazis, alles Offiziere, polierten ihre Monokel.
„Wie lange ist noch zu spielen?", brüllte General Mendoza. „Doce minutos? Maldito!"
„In zwölf Minuten kann noch viel passieren." Der Major knirschte mit seinen Stahlkiefern. „Kraftfeld aktivieren!"
Auf dem Bildschirm, der den englischen Strafraum zeigte, erschien ein Gitternetz, begleitet von einem tiefen Summton.
„Die Energie reicht nur für fünf Minuten, Herr Sturmbannführer", sagte ein grauhaariger Wissenschaftler, den die NASA vergessen hatte anzuwerben. „Dann müssen sich die Akkumulatoren wieder aufladen."
„Setzen wir die Energie lieber für einen Laserstrahl ein", schlug General Mendoza vor. „Um endlich den Torwart zu grillen!"
„Zu auffällig, das hatten wir doch schon." Von Krückenstein schüttelte roboterhaft den Kopf. „Unsere Aktionen sollten auf den Spielverlauf abgestimmt sein, sonst schöpft der britische Geheimdienst Verdacht."
„Ich will das Blut dieser englischen Diebe sehen!" El Lobo hieb mit der Faust auf das Pult. Er hatte heute seinen cholerischen Tag.
„Geduld, Generalissimo. Das Kraftfeld wird die präparierten Stollen der Engländer auf dem Rasen festnageln."

„Aber schauen Sie sich diesen Charlton an! Der läuft wie ein Pampashase!"
„Die werden schon langsamer." Der Major wies auf den Bildschirm. „Passen Sie auf!"
Machtlos musste Chambers mitansehen, wie Emmerich einen Freistoß ausführte. Weber köpfte den Ball knapp übers Tor.
„Die deutschen Spieler sind unfähig!" Der General war kurz davor auszurasten.
„Konnten Sie nicht die Flugbahn des Balls verändern?", herrschte von Krückenstein einen Wissenschaftler an.
„Das ging viel zu schnell."
„Wozu haben wir den Ball denn mit einem Netz aus haarfeinen Drähten versehen?"
„Zu wenig Saft auf den Ultra-Magneten."
Der Major entsicherte seine Pistole und exekutierte den Unglücklichen.
Der Schuss ließ alle Weißkittel zusammenfahren. Entsetzte Blicke. Dann beugten sie sich wieder über ihre Konsolen.
„Ich dulde hier keinen Dilettantismus, meine Herren. Strengen Sie sich gefälligst an!"
Das tat auch Chambers, doch ihm wollte partout nicht einfallen, wie diese tödlichen Comicfiguren zu stoppen waren. Nirgendwo konnte er die Energiequelle oder einen Hauptschalter erkennen. Und den Major einfach abzuknallen, brachte auch nichts, es waren einfach zu viele.
Der Summton erstarb.
„Das Kraftfeld hat sich deaktiviert", sagte von Krückenstein.
„Energie liegt unter zehn Prozent."
„Was jetzt?" Mendoza schäumte.
„Daumen drücken. Wir brauchen ein Wunder."
Und das Wunder geschah. Während sich die Engländer schon als die sicheren Sieger wähnten und die Fans auf den Rängen feierten, trugen die Deutschen einen letzten Angriff vor. 90. Minute. Wieder Freistoß Emmerich. Abgewehrt, aber zu kurz, Getümmel im Strafraum, ein Abpraller. Irgendwie kam der Ball zu Weber,

und der schoss ein zum 2:2. Ausgleich.

Maßlose Enttäuschung im Stadion, Jubel in der Kommandozentrale wie nach einem V2-Start. Kurz darauf beendete der Schiedsrichter die reguläre Spielzeit. Verlängerung.

Auf dem Bildschirm sah man, wie die Mannschaften auf dem Rasen eine kurze Pause einlegten und Getränke zu sich nahmen. Helmut Schön, der deutsche Trainer, sprach seinen Spielern Mut zu und machte eine entschuldigende Geste in Richtung Alf Ramsey. So war eben Fußball, sollte das heißen.

„Wir sind wieder am Drücker." Der Major wandte sich einem Techniker zu. „Justieren Sie die Energiezufuhr. Die Ultra-Magneten, die wir hinter den Toren eingegraben haben, brauchen mehr Strom."

„Jawohl!" Ängstlich erhob sich der Mann und ging zu einer Flügeltür.

„Ich helfen, Herr Sturmbannführer!", rief Chambers mit spanischem Akzent. Er folgte dem Techniker, ohne eine Bestätigung des Majors abzuwarten – und gelangte ins Herz dieses aberwitzigen Unternehmens.

Eine Halle. Mit Blöcken hintereinandergeschalteter Akkumulatoren, groß wie Reihenhäuser. Elektrizität lag in der Luft, die Nackenhaare sträubten sich.

Der Techniker trat an eine Schalttafel und drückte verschiedene Tasten. Chambers schlug ihn nieder und suchte fieberhaft nach einer Vorrichtung, um dem faulen Zauber ein Ende zu bereiten. War es dieser Hebel oder jener? Die roten oder die schwarzen Knöpfe?

Ein Luftzug von der Seite. Er duckte sich. Zu spät.

Ein Handkantenschlag traf seinen Nacken. Chambers sank zu Boden.

Als er die Augen wieder aufschlug, konnten nur Sekunden vergangen sein. Er hatte nicht das Bewusstsein verloren, das war gut. Allerdings fühlten sich seine Gliedmaßen an, als sei er gelähmt, das war schlecht. Und der Anblick, der sich ihm bot, war gut und schlecht zugleich.

Eine junge Frau, mindestens einsachtzig groß, stand über ihm. Lange Beine, lange blonde Zöpfe bis zum Po. Sie hatte zwei Holster mit Maschinenpistolen umgeschnallt und trug einen Kampfanzug aus schwarzem Leder. Darin schien es ihr zu warm zu sein, denn der Reißverschluss stand bis zum Bauchnabel offen. Eine ehrfurchtgebietende Oberweite entquoll dem Zwischenraum. In ihren Händen hielt sie leider zwei Dolche.

„Wen haben wir denn hier?", sagte sie mit einer Stimme, die Patronen in flüssige Rinnsale verwandelte.

„Gestatten, Chambers. Russell Chambers", stellte er sich auf Deutsch vor. „Meine Freunde nennen mich Russ."

„Hocherfreut, Mister Chambers. Mein Name ist Grimgerde von Krückenstein."

Aha, das Töchterchen des Nussknackers. „Grimgerde?"

„Eine der Walküren. Passend, nicht wahr?" Eisblaue Augen musterten den britischen Agenten von Kopf bis Fuß. Blieben unter seinem Gürtel hängen.

„Ich mag große Frauen."

„Nicht mehr lange." Die Spitzen der Dolche zuckten wie Raubvogelköpfe hin und her. „Wollten Sie die Energiezellen sabotieren?"

„Wie kommen Sie denn darauf? Endlich treffe ich jemanden, mit dem ich mich über Wagner unterhalten kann." Langsam ließ die Lähmung nach.

„Wirklich?"

„Die Ouvertüre zum ‚Tristan'. Das ist schon fast atonal, meinen Sie nicht?"

„Atonal?", wunderte sich Grimgerde.

„Ausgefallen, eigenwillig. Irgendwie ... erotisch."

„Mit gefühlvollem Bläsereinsatz." Sie fixierte Chambers' Hose. Im Einsatz bekam er immer eine Erektion. Musste an der Anspannung liegen.

„Ich sehe, Sie sind Musikexpertin."

„Bestimmt kein Fußballfan", erwiderte Grimgerde unwirsch und ließ sich auf dem Geheimagenten nieder. Die Dolche verharrten über ihm, bereit, sich auf ihre Beute zu stürzen. „Dummerweise muss ich Sie jetzt ein bisschen aufschlitzen."

„Einen wehrlosen Mann?", sagte Chambers und legte jenes Timbre in seine Stimme, das schon die verbohrtesten Rotarmistinnen schwach gemacht hatte. Ideologien waren austauschbar. Und seine Hose war definitiv zu eng.

„Sie haben einen letzten Wunsch, wie?" Grimgerde legte die Dolche beiseite und rutschte nach unten. „Den will ich Ihnen nicht abschlagen, schließlich bin ich keine Barbarin."

„Wie wäre es mit einem Duett?", meinte Chambers. „Betrachten Sie meinen Körper als Instrument."

„Die Querflöte ist meine große Leidenschaft."

Grimgerdes Reißverschluss ging noch ein gutes Stück weiter auf. Es wurde ein kurzes, aber intensives Allegro amoroso, bewegt, mit viel Ausdruck, zum Ende hin presto bis prestissimo. Chambers hätte nie gedacht, dass ihm seine Kenntnisse in klassischer Musik einmal so gute Dienste leisten würden.

„Oh, Russ!", hauchte Grimgerde schließlich, als sie sich umdrehte und wieder auf Chambers' Gesicht herabblickte. „Du hast die Zunge eines Oboisten."

Er legte seine Hände um ihren Hals und würgte sie solange, bis ein verzücktes Lächeln ihren Mund umspielte und der Kopf wegkippte. Das Leben war keine verdammte Oper.

Zeit, die Hose hochzuziehen und weiter seine Pflicht zu tun.

Eine Klappe. Darunter ein großer Hebel. Das sah nach der zentralen Energiezufuhr aus.

Chambers versuchte ihn nach unten zu drücken, aber nichts rührte sich. Er stemmte sich dagegen – und plötzlich brach das Ding ab!

Schöne Bescherung. Die Akkumulatoren brummten unverdrossen weiter.

Wieder ein Kleiderwechsel. Diesmal zog er den Kittel des Technikers an. Der war weit genug, um die beiden Maschinenpistolen von Grimgerde darunter zu verbergen.

Zurück ins Kontrollzentrum. Siggi Held spielte gerade einen

Rückpass auf Seeler, der das Leder jedoch verfehlte. 97. Minute, immer noch 2:2. Chambers hatte kein Tor verpasst.
„Wir müssen alles auf eine Karte setzen", sagte von Krückenstein.
„Das Spiel ist ausgeglichen. Irgendwann wird eine Schiedsrichterentscheidung den Ausschlag geben, das rieche ich. Wir brauchen den cortikalen Richtstrahl."
„Dann riskieren wir, das Gehirn der Zielperson irreparabel zu schädigen", wandte ein Wissenschaftler ein.
„Machen Sie es!", kreischte General Mendoza.
Der Wissenschaftler schob einen Regler nach oben. Chambers schaute genau hin. Es gab eine Skala von Plus bis Minus. Der Regler war im Plus.
Alle betrachteten gebannt die Bildschirme. Jetzt stürmte England. Eine Flanke von rechts. Die Nazi-Wissenschaftler fummelten wie verrückt an ihren Apparaturen herum. Hurst nahm den Ball direkt, Lattentreffer.
Das Leder prallte zu Boden, auf die Linie oder dahinter war schwer zu sagen. Dann sprang es nach vorne weg. Weber – schon wieder der! – köpfte den Ball ins Toraus.
Die englischen Spieler rissen die Arme hoch. Tor!
Die Deutschen schüttelten entkräftet die Köpfe. Kein Tor!
Schiedsrichter Dienst aus der Schweiz machte Anstalten, auf Eckball zu entscheiden. Dann zögerte er, bedrängt von den reklamierenden Engländern.
„Der Ultra-Magnet hat den Ball davon abgehalten, die Linie in vollem Umfang zu überqueren", triumphierte von Krückenstein.
„Abgewehrt!"
Dienst blickte in Richtung Eckfahne.
„Der Schweizer ist auf unserer Seite! Richtstrahl auf den russischen Linienrichter!", kommandierte General Mendoza. „Alle verbleibende Energie auf Bachramow!"
Der richtige Mann ..., zur richtigen Zeit ... Chambers stürzte nach vorn, schaltete den Wissenschaftler mit einem Karatekick aus und schob den Plus/Minus-Regler nach unten, ins Minus.
„Eindringling liquidieren!", bellte von Krückenstein.

Die Wachmänner nahmen ihre Gewehre von den Schultern, hatten aber keine freie Schussbahn, weil die Weißkittel wie ein Hühnerhaufen durcheinanderliefen. Einer der Altnazi-Offiziere bekam einen Herzinfarkt, ein anderer reagierte nicht, offenbar war er schwerhörig. Gleichzeitig versuchte jeder, den Bildschirm im Auge zu behalten.
Bachramow, dessen Bewegungen ohnehin schon fahrig waren, schien wie vom Blitz getroffen. Ein Zittern durchfuhr ihn. Zeigte der cortikale Richtstrahl Wirkung?
Dienst ging zur Außenlinie, auf halbem Wege trafen sie sich. Plus oder Minus? Tor oder kein Tor?
Chambers mähte die heranstürmenden Angreifer mit einer Maschinenpistole nieder. Mit der anderen Hand drückte er den Hebel weiter nach unten.
Bachramow nickte energisch und deutete zum Mittelkreis. Schiedsrichter Dienst fällte eine Entscheidung: Tor für England! 3:2 für die Gastgeber. Das Stadion bebte.
Im Kontrollzentrum war die Hölle los. Mendoza begann, wahllos um sich zu schießen und jagte sich dabei selbst eine Kugel in den Kopf. Von Krückenstein zog den Splint aus einer Handgranate und wollte sie Chambers vor die Füße werfen. Aber das Ding verhakte sich in seiner Handprothese und sprengte den Major in die Luft.
Eine Rauchwolke erfüllte den Raum. Der Rest der Truppe ergriff panisch die Flucht und nahm die Leichen und Schwerverletzten größtenteils mit.
Von einem Augenblick auf den anderen befand sich Chambers allein im Kontrollzentrum. Allmählich legte sich der Qualm.
Der Bildschirm funktionierte noch. England lag vorn.
Chambers überlegte kurz. Im Grunde konnte er sich das Spiel ja hier unten zu Ende ansehen.
Hinter den Schalttafeln entdeckte er sogar eine Kiste mit deutschem Bier. Er öffnete eine Flasche und ließ sich auf einem Drehsessel nieder.
Die Krauts hatten kaum noch Kraft, um ein weiteres Mal auf

den Ausgleich zu drängen. In der 120. Minute machte Hurst mit seinem dritten Tor alles klar: 4:2. England war Weltmeister. Chambers sprang auf und riss die Arme hoch – als sich von hinten eine Hand auf seine Schulter legte.

„Ich dachte schon, dieses dämliche Spiel hört nie auf", sagte Grimgerde.

Er plumpste entgeistert in den Drehsessel.

„Männer und Fußball – das werde ich nie verstehen." Sie setzte sich auf seinen Schoß und fuhr mit hungrigen Händen über ihren splitternackten Körper. „Sieh mal. Ich bin eine entmilitarisierte Zone."

Chambers fand, er müsse ehrlich zu ihr sein. „Tut mir furchtbar leid, aber dein alter Herr hat das Zeitliche gesegnet."

„Das Majörchen?"

„Mausetot."

Grimgerde winkte ab und löste ihre Zöpfe. „Das war nur mein bescheuerter Onkel. Hat mir weisgemacht, der ganze Schwachsinn sei eine Pfadfinderübung."

„Soll ich das glauben?"

„Du kannst mich jetzt ja umerziehen. Für alle Fälle."

„Mit dem größten Vergnügen."

Das Funkgerät knackte. Hawking gab das Ergebnis durch. Chambers sollte sofort zur Ehrenloge der Queen kommen. Dort fand die Siegerehrung statt.

„Kann ... nichts verstehen ..." Chambers imitierte ein Rauschen auf der Frequenz.

„Was ist los?", wollte Hawking wissen. „Warum ist der Empfang so schlecht?"

Grimgerde drückte ein paar Knöpfe auf der Schalttafel. Plötzlich erklang Musik, die ersten Takte der Tristan-Ouvertüre.

„Höre ich da Wagner?", fragte Hawking. „Wo zum Teufel sind Sie?"

„Immer im Dienste Ihrer Majestät." Chambers brach die Verbindung ab.

Mexiko, 1970
Weltmeister: Brasilien
Endspiel: Brasilien – Italien 4:1 (1:1)
Teilnehmende Mannschaften: 16
Erzielte Tore: 95 in 32 Spielen (2,97 pro Spiel)
Torschützenkönig: Gerd Müller (Deutschland), 10 Tore

Roger M. Fiedler

Die Revanche für '66

Als das Sofa aus dem Fenster flog, fragte sich Gonzalo Machado ‚Limpido' ein erstes Mal, was mit seiner Frau geschehen war. Und wann. Der Beginn ihrer Metamorphose mochte so ungefähr vier Jahre zurückliegen, nein, genau vier Jahre war das her, seit sie sich nach und nach stolze zweihundert Kilo angefuttert hatte. Damals hatte sie noch durch die Tür gepasst, heute nur noch auf das Sofa. Schwer zu glauben, dass die Explosion der Körperfette seelisch bedingt sein sollte. Er hätte ihr ein Kind machen sollen, aber als echter Mexikaner hat man noch andere Ziele im Leben. Seit er zum ersten Mal in eine der Kommentatorenkabinen gestiegen war, um ein Fußballspiel live zu begleiten, war sein Lebensweg vorgezeichnet gewesen. Vielleicht hatte er sie dabei aus den Augen verloren. Ganz sicher hatte er das bei seinem ersten großen Auslandseinsatz. England. Vier Jahre! Zweihundert Kilo.

Jovenita keuchte und schwitzte. Mit ekstatischem Hüftschwung beförderte sie das ausgesessene Sofa direkt in den Innenhof des Lirio Central, sechs Stockwerke tief. Dort schien es dem Geräusch nach am Boden zu zerschellen wie die Titanic am Eis. Das erste Mal, dass er sie so erlebte. Der Fernseher lief stumm in der Ecke, Jovenitas Eiseimer, Schoko-Karamel, hockte darauf wie ein bräsiger Affe.

Jovenita stammte eben aus einfachen Verhältnissen. Telenovelas, Eis und Kinder. Naja. Und die Art, wie sie diese Lederstrapse trug, verriet einiges über ihre Vorstellungswelten. Das musste sie in einer ihrer Shows gesehen haben. Es wirkte grotesk. Vielleicht wegen ihrer Körperfülle. Warum er ihr den Gefallen tat, das Spiel mitzuspielen? Ja, warum eigentlich? Hätte er gewusst, wie sehr sie das in Rage brachte, er hätte es zugunsten einer ruhigen Dose Bier gelassen. Er hätte das schon im Sinne einer intakten Inneneinrichtung nicht gewollt. So viel Geld kann man mit Quasseln kaum verdienen, wie sie sich anschickte, in einer einzigen Halbzeitpause zunichte zu machen. Das Sofa, gut, das war alt. Die Nachbarn würden sich nicht beschweren. Im Lirio flog öfter schon mal Sperrmüll aus den Fenstern. Das Viertel hätten sie längst verlassen sollen. Jovenita wurde nicht müde, darauf herumzureiten. Weg aus dem Viertel, Kinder, Reihenhaus mit Rasen.

Ihr Eisberg auf dem Fernseher hinterließ einen Schleim aus Geschmolzenem auf der Mattscheibe. Das würde üble Flecken geben. Im Angebot der Werbesendung ein Kakerlakenspray zum Supersonderpreis. Den konnte er durch den klebrig herunterlaufenden Schoko-Karamel-Brei nicht erkennen. Mochte ein Hundertstel der Anschaffungskosten für ein neues Gerät sein, und das würde fällig werden, sobald das Eis seine verheerende Wirkung im elektronischen Inneren entfaltete. Darauf hinzuweisen, machte keinen Eindruck auf sie, was wiederum an dem Knebel liegen mochte, den sie ihm in den Mund zu schieben für besonders erotisch gehalten hatte. Jovenita, das schlichte Gemüt. Offenbar wollte sie nicht nur eine stimmungsvolle Nummer schieben, sondern gleich auch inneneinrichtungsseitig Akzente setzen. Die schwarze Ledergarnitur, die sich um ihre Hüften wand und zwischen ihren Backen verschwand, um oberhalb ihrer Brüste in einem Nietenhalsband ihr Auskommen zu finden, schien sie als Symbol für die neuen Zeiten anzusehen, die nun anbrechen sollten. Straff. Sie hatte es selbst genäht, geschickt wie sie mit den Händen war. Das wird dir gefallen, hatte sie geunkt. Nun ja. Jedenfalls verfehlte Jovenitas Wandlung nicht ihre Wirkung.

Gonzalo war perplex. Er hörte auf, sie wie einen Einrichtungsgegenstand zu betrachten, nur – hm – wenn das ihr Ziel gewesen war, konnten sie jetzt zum Wesentlichen kommen. Die Partie würde in wenigen Minuten weitergehen. Eine schnelle Nummer,

ein kühles Bier, und dann könnten sie ihren Ausbruch vergessen und sich wieder dem Ereignis widmen. Fußball-WM gab es nicht jedes Jahr in Mexiko, das ging in ihren Kopf nicht rein. Dass England spielte, mein Gott, was hatte das mit ihm zu schaffen? Ein Viertelfinale ist ein Viertelfinale, der Ball ist rund, vor dem Spiel ist nach dem Spiel. Diese tiefen Weisheiten Jovenita zu vermitteln, war aussichtslos. Schon die Worte Viertel und Finale konnte sie nicht zusammenbringen. Finale ist lateinisch, meine Liebe. Durch den Knebel gesprochen, hört sich das nicht sehr erhellend an. Saugstarker Frottee, schwarz, mit leichtem Waschmittelaroma. Finale heißt Ende. Dann ist die Show vorbei. Da gibt es keine Wiederholungen auf dem zweiten Kanal. Sieben Minuten bis zum Anstoß, und Jovenita tänzelte ans Bett heran.
Müssen wir das hier etwas enger machen?
Wie soll man darauf antworten mit dem Knebel zwischen den Zähnen?
Hmhm, versuchte er, huhu.
Allein die Fragestellung war ja schon dumm. Genauso dumm wie die Frage: Wollen wir das Sofa nicht endlich mal rausschmeißen?
Huhu.
Fliegende Sofas tragen nicht unbedingt zur inneren Ruhe Gefesselter bei. Nun hielt Jovenita die Hühnchenschere in der Hand, und jetzt endlich spürte Gonzalo den Schweiß auf der Stirn. Enge war er ja beruflich gewohnt, flankiert von ausländischen Kollegen, eingepfercht in einer Kommentatorkabine. Den Blick fixiert auf den kleinen Kasten, der ein Fußballspiel zeigte, dazu seine Worte, die mit den Mickymäusen auf den Ohren fast so unterdrückt in den leeren Raum der Weltempfänger versickerten wie seine situationsbezogenen Kommentare jetzt. Sein Blick erfasste Jovenitas Augen, das kühle Eisen der Schere lag auf seiner nackten Haut. Sie schnibbelte ihm die Klamotten runter. Schlaghosen, der letzte Schrei. Siebzig Pfund hatte er in London dafür bezahlt. In Pesos war das ein Vermögen. Was sonst noch im Haus an Werten war, außer dem neuen Kühlschrank in der

Küche, fiel kaum ins Gewicht, und den würde sie nicht opfern. Darin lagerte sie schließlich ihre Eisvorräte. Und sein Bier. Was gäbe er für einen kühlen Schluck! Dreieinhalb Minuten. So, wie sie sich bewegte, konnte das kaum noch rechtzeitig was werden. Mag sein, sie hielt es für lasziv, ihm ihre Kugelbrüste ins Gesichtsfeld zu rollen.
Na, mein Kleiner, wie gefällt dir das?
Huhu.
Dann bemerkte er die Fliege. Zu allem Überfluss noch das. Während der Halbzeitnummer hatte die wohl den Eiseimer entdeckt und flog ihm nun in ihren Fresspausen ums Gesicht herum. Jovenita, die Blume vom Lirio, sie merkte nichts. Oder sie wollte nichts merken. In ihrem Kopf spielte sich ganz offensichtlich eine jener Episoden ab, die sie zu später Sendezeit dem Fernsehen entnommen hatte. Der glückliche Ehemann wird von seiner liebreizenden Frau mit einer Ledernummer verwöhnt. Dann gibt es Kinder, Eis und Tränen. Das alles in fünfundzwanzig Minuten, die Werbung nicht gerechnet. Insekten sind nicht im Programm. Zweihundert Kilo Liebeskummer in einem Batmankostüm, und eine Fliege im Gesicht. Die Spannung kam aus der Uhr. Noch eine Minute bis zum zweiten Anpfiff.
Wie war das in England?, fragte sie. Und jetzt brach Gonzalo endgültig der Schweiß aus allen Poren. England? Inglaterra? Huhahuhaa?
War es etwa so?
Verfickt! Darüber hatten sie doch schon gesprochen. Ein kleiner, dummer Seitensprung. Meinte sie, dass sie hier auch in dieser Beziehung Akzente setzen musste? Die Kollegin aus der Nachbarskabine auslöschen in seiner Erinnerung? Nur weil er sich am Wochenende mit ihr zum Essen verabredet hatte? Um der alten Zeiten willen? Huhu. Kinder, Eifersucht, Eis und Reihenhäuser – beschränkte, kleine Jovenita-Welt. Sie gab ihm einen fetten Kuss, der Gonzalo nahezu ersticken wollte. Das vertrieb die kleine Fliege. Immerhin etwas.
Ja, das macht dich an, stellte sie fest und schob ihm die Hand

zwischen die Beine, genauso wie früher. Und dann fing die Tirade an. Wie alles früher so viel besser gewesen wäre, er so scharf auf sie und sie so verliebt. Die Fliege setzte sich auf seine Nasenspitze. Im Fernsehen wackelte Maskottchen Juanito mit dem Riesensombrero. Auf dem Platz schienen sich die Akteure von neuem zu sammeln. Der Ton, Jovenita, der Ton! Huhu. Es kam nichts raus. Stattdessen ging was rein. Das verdammte Fliegenvieh krabbelte um seine Nasenlöcher. Er schnaufte heftig. Jetzt war es genug. Finale! Rote Karte, Platzverweis. Dreh doch den Ton an, damit wir wenigstens was hören können! Nichts zu machen, am Knebel kam seine Sprecherstimme nicht vorbei, nur ein Brei von offenen Vokalen. Jovenita griff in seinem Strafraum nach dem Leder. Gonzalo verlor den Fernseher aus den Augen. Die Fliege wollte nicht gehen. Er saugte heftig Luft durch seinen Knebel. Das Stöhnen schien seine Frau nur anzufachen. War die denn so dumm? Ein verdammter Seitensprung, schon tickt sie aus. Und wenn sie wenigstens austicken würde, wie alle anderen austicken, verhuhuhu! Schmeiß das Sofa raus und die verdammten Teller an die Wand, aber hol mir die Fliege aus der Nuhu!
Huhu. Aaaah.
Ja, das magst du. Ein bisschen härter, was? Das willst du so? Ah, Gonzalo, du bist ein prächtiger Mann.
Sie setzte sich auf ihn und schaukelte ihr Becken auf seinem. Die Fliege brummte davon. Wenigstens das geschafft. Gonzalo starrte seiner Frau ins glänzende Gesicht. Die schien ganz außer sich. Ihre Haare wild aufgelöst, hatte sie die Nüstern von einer arabischen Vollblutstute. Mann, die war ja wirklich heiß! Tatsächlich, so hatte er sie gewollt. Damals.
Aber damals war eben damals. Und jetzt presste ihm ihr Körpergewicht die Luft aus den Lungen. Hatte sie sich so angefuttert, weil er mit dieser belanglosen kleinen Engländerin …? Der Praktikantin von der BBC? Ah-ha-hu-ha-ho. Estadio Guanajuato, León, England 1:0 gegen Deutschland, Anpfiff zur zweiten Halbzeit. Stumm legte Corezza den Ball auf den Anstoßpunkt, und

gleich trat ein Schwarz-Weißer dagegen. Die Kollegen hatten die Namen üben müssen. Maher, Mberti Wox, Sknejinge, Hottches, Mbekenbawer, Oheratt, Mjulle, Grabochki. Die englischen Spieler waren einfacher. Njewtonn, Cohpärr, Maleri, Jurst, Pieteres. Wer da gerade am Ball war, konnte Gonzalo aus seiner Position kaum erkennen. Ein bisschen lustloses Herumgekicke, und dann kam die Fliege zurück.

Und mit ihr der Schrecken. Das würde nichts mehr werden mit einer ruhigen Partie. Mit dem verdammten Viertelfinale auf dem Weg zur mexikanischen Weltmeisterschaft. Und alles wegen einer Praktikantin und der verdammten Vierzentner-Eifersucht-Revanche auf seinem Bauch. Die Fliege trat ihm ins Auge, er warf den Kopf von links nach rechts, er wühlte sich ins Kissen. Das Vieh war zäh, es kam zurück. Oder waren das schon zwei? Jovenita wippte auf und ab. Gonzalos Angstschweiß durchseichte seine Laken. Huuuuu. Nununu. Von draußen drangen Schreie herein. Das Lirio tobte. Egal wie zerstritten die Mietparteien sein mochten, beim Fußball trafen sie sich alle vor den Fernsehern wieder. Offenbar hatte die Partie gleich nach Anpfiff einen Höhepunkt genommen. Ohnmächtig zerrte Gonzalo seine Blicke zum Fernsehgerät. 2:0, eine frühe Entscheidung. Die Engländer waren besser. Schon '66 waren sie besser gewesen.

Auch seine Engländerin war – na ja – wenn nicht besser, dann doch entspannter gewesen. Jovenita arbeitete wie eine Lokomotive, und Gonzalo begann sich in sein Schicksal zu fügen. Und die Fliegen gingen in seinem Gesicht spazieren. Und Gonzalo ahnte, dass er eine der wichtigsten Begegnungen in seiner Karriere nicht nur nicht kommentieren, sondern ganz verpassen würde. Etwas Missgunst war ja auch im Spiel, der Wunsch, sein Kollege aus Atahualpa könnte mit einer langweiligen Partie gestraft werden. Da hätte er sich mit Torwart Banks und der Rache Montezumas durch die Minuten quälen müssen, mit dem Juwelendiebstahl vom Tegendama-Hotel, in den ein englischer Spieler verwickelt war, kurzum mit all dem Mist, den Kommentatoren sich auf einen Reservezettel schreiben für die Längen

einer Begegnung, in der es nichts Besseres zu sagen gibt, weil das Geschehen auf dem Platz sich in einer andauernden gegenseitigen Blockade zweier ängstlicher Gegner erschöpft. Na ja, und jetzt fielen wider Erwarten Tore.
Gol, Gol, brüllte es aus den Etagenwohnungen herein, und Gonzalo ärgerte sich darüber, diese Partie nicht selber kommentieren zu können, sie stattdessen mit einem versabberten Knebel im Mund vom Bett aus mitverfolgen zu müssen, wenn von Verfolgen überhaupt die Rede sein konnte. Das Gewitter der Begeisterungssalven drang an sein Ohr, und Jovenita, die zärtliche Blume im Lederkostüm, probierte eine weitere ihrer Telenovela-Ideen aus. Sie schmierte ihm Eiscreme ins Gesicht. Mhmm. Mhhuuummm. Nhhhn!
Das wiederum lockte die Fliege zurück. Flieg-en! Und Jovenita machte ihre erste Pause. Mit dem Finger im Mund schleckte sie ihr Eis, strich von Zeit zu Zeit liebevoll den klebrigen Löffel über den gespannten Körper ihres treulosen Mannes und war sichtlich vergnügt. Wenigstens hatte die ihren Spaß. Dann schleckte sie das Eis von seinen Lenden, was Gonzalo nicht unberührt ließ. Schließlich ging sie zum Hardcoreteil ihres Programms über. Kein Zweifel, sie wollte ihr Kind. Jetzt. Mitten in der Begegnung zweier Topfavoriten.
Wir machen ein Kind, sagte sie glücklich verzückt, als hätte er es noch nicht bemerkt – und dann ziehe ich es in einer besseren Umgebung auf. Ich werde mir eine kleine Wohnung am Stadtrand suchen, irgendwo, wo es sauber ist. Ich werde abnehmen, mein Schatz. Vielleicht heirate ich sogar noch mal.
Die Fliegen kamen zu dritt. Sie rannten auf seinem Körper herum und löffelten ihre Eisportionen mit ihren kleinen Rüsselchen. Ich? Wieso ich? Wieso noch mal? Wieso war „wir" nicht mehr der Stand der Dinge? Hieho hi? Hieho hi hier?, juchzte Gonzalo unter seiner Bedrängung. Heihahen? Schweiß mischte sich mit Schokokaramel. Eine böse Ahnung fiel ihm heiß in den Nacken. Mein Gott, das alles wegen dieser dummen englischen Schnepfe am Rande der letzten WM? Nur wegen der dämlichen

Verabredung am Samstag? Die hätte er doch sausen lassen. Na, vielleicht nicht. Vielleicht kam er ja jemals aus dieser seltsamen Nummer raus. Angst wollte die ihm machen, einfach nur Angst. Das gehört dazu. Er würde ruhig bleiben, wenn er konnte. Er konnte sich ja etwas mehr auf seine Jovenita konzentrieren, die eine oder andere Partie auslassen, die Arbeitsgespräche in der Stadt einschränken, ein Häuschen mieten, wie sie es wollte. Er konnte. Na, erst mal nichts als die Fliegen aus der Nase pusten. Und die Eiscreme, die begann, seine Atemwege einzuengen. Johehiha, hö hau! Doch sie hörte nicht auf. Sie steigerte ihre Lust. Und irgendwie auch seine. Als es ihm kam, der Gedanke, der gesamte Überblick über alles, über Gott und die Welt, den Fußball, die kleinen Spiele zwischen den Kommentaren, die englischen Girls im Bett und die Welt des Lirio mit all ihren Bitterkeiten, kam auch die letzte Welle von Schweiß. Ein heißes Bad von Nadelstichen. Jovenita, die Blume aus dem Lirio, sie hatte das alles geplant. Ein Jubelschrei ergoss sich durch die Luft, verbunden mit gleichzeitigem Entsetzen; Deutschland hatte den Ausgleich geschafft. Die Rache für '66, brüllte der Kollege aus Atahualpa, dessen Kommentatorenstimme sich zwischen den Wänden der Luftschächte aus den geöffneten Wohnungen heraus mehrfach überschlug, sie liegt zum Greifen nahe. Uwe Seeler, sein Name verballhornt zu einem Hubeseller, liegend mit Kopfballtor, hörte Gonzalo liegend in seiner Fesselung. Heih, bat er, hein, neih, hei.
Die erste vorwitzige Fliege folgte Gonzalos heftigem Atemzug und landete als heißer, kleiner Klumpen in seinen Nebenhöhlen. Gonzalo nieste heftig, sein Körper bäumte sich auf. Am Knebel vorbei kam zu wenig Luft zurück in die Lungen, um den nächsten Nieser zu füllen, das Geräusch saugender Luft an einem zu engen Eingang raste los wie eine rhythmisch einsetzende Pumpe. Niemand hörte was, nicht mal Gonzalo selbst, denn die Brandung aus der Nachbarschaft hielt unvermindert an. Das Fiebern brodelte im Block, die Fliege brummte in Gonzalos Nasengang. Jetzt war es genug, entschieden genug! Genug, hehug,

hehug, he ... huuuu! Eine zweite Fliege geriet in den Luftsog und befreite sich tapfer. Rotz und Wasser lösten sich aus allen Öffnungen, und es strömte aus Gonzalo aller Körpersaft aus allen Richtungen, die Gottes Hand dafür vorgesehen hatte, in einer Intensität allerdings, die Gottes Hand dafür nicht vorgesehen haben konnte. Gott, hilf, versuchte er zu schreien, Dios Ajuda, Jo-ju-ha, hörte er sich schluchzen. Und Jovenita ritt zu ihrem Höhepunkt.

Für Gonzalo gab es keine Verlängerung. Das 3:2 von Mjulla war sein Tod. Die Gazetten würden berichten, es sei ein tragischer Unfall gewesen, der einer jungen Mutter und gleichzeitigen Witwe ihren liebreizenden Ehegatten in einem heißen Liebesspiel entrissen habe, wie es sich für einen echten Mexikaner gehört. Am Rande der ersten Fußballweltmeisterschaft in Mexiko. Die Fliege wurde als Beweisstück gesichert.

Deutschland, 1974
Weltmeister: Deutschland
Endspiel: Deutschland – Holland 2:1 (2:1)
Teilnehmende Mannschaften: 16
Erzielte Tore: 97 in 38 Spielen (2,55 pro Spiel)
Torschützenkönig: Gregorz Lato (Polen), 7 Tore

Jürgen Siegmann

Voodoo

Alles fing eines Morgens mit der Kiste an. Ich war nach dem Frühstück gerade damit beschäftigt, den Küchenfußboden zu schrubben, als ich zur Rezeption unseres Hotels gerufen wurde. Und da stand sie. Eine große Kiste aus Metall voller Beulen und Schrammen, als hätte sie schon ein bewegtes Leben hinter sich. Der Paketbote hatte sie gerade gebracht. Und es gab keinen Zweifel. Sie war für mich, denn mein Name war in großen Buchstaben darauf geschrieben. Ich hatte gerade Zeit, sie auf mein Zimmer zu bringen, denn als ich die Treppe wieder herunterkam, wartete schon Xaver Ettenhofer, unser Oberkellner, auf mich.

Ich war keine zehn Minuten weg gewesen, aber er hatte einen siebten Sinn dafür, wann sich eine Gelegenheit ergab, mich zu schikanieren. Und so stand er da mit seinen nach hinten gekämmten Haaren und diesen lächerlich buschigen Koteletten und schaute demonstrativ auf die Uhr. „Die Mittagspause ist gestrichen, Aristide", sagte er höhnisch grinsend. „Du kannst nicht einfach deinen Arbeitsplatz verlassen, wann es dir passt. Wir sind hier nicht in Afrika."

Ich machte den Fehler zu grinsen, weil genau in dem Moment, als aus den Lautsprechern Michael Holms großer Sommerschlager ‚Tränen lügen nicht' ertönte, ein Mann das Hotel betrat, der auch gut in der Hitparade hätte auftreten können. Er trug eine weiße Hose mit Schlag, dazu ein lilafarbenes Hemd mit riesigem Kragen und eine sorgfältig gescheitelte Föhnfrisur.

Ettenhofer, dem der Sinn für solche Feinheiten fehlte, funkelte mich böse an. „Wir sind hier nicht in Afrika". Das war sein Lieblingsspruch. Dass ich, Wilhelm Aristide Biassou, Deutscher war und mein Vater aus Haiti stammte, was nicht so ganz in Afrika liegt, störte ihn wenig.

Ich hatte die Vornamen von meinen Großvätern bekommen, Wilhelm und Aristide. Ettenhofer hatte mich Aristide genannt. Das hieß, es waren keine Gäste in Hörweite, aber Leute vom Personal. Wenn Gäste in der Nähe waren, nannte er mich nämlich Wilhelm und war sehr korrekt. Sein wahres Gesicht zeigte er nur, wenn wir alleine waren. Dann schrie er mich beim kleinsten Fehler sofort an. Wenn es nach ihm gegangen wäre, dann wären meine Tage in diesem Hotel gezählt gewesen.

Als ich endlich Feierabend machen durfte, sauste ich wie der Blitz nach oben unters Dach, wo ich ein kleines Zimmer bewohnte. Die Kiste war von meinem Großvater Aristide. Ich hatte ihn nur ein einziges Mal in meinem Leben getroffen, als ich mit meinen Eltern zu Besuch in Haiti war. Aber Mutter hatte es nicht gefallen, und so waren wir nie wieder hingefahren. Als ich die Kiste öffnete, fiel mir als erstes ein Brief in die Hände.

„Lieber Aristide. Zu meinem großen Bedauern war es uns nie vergönnt, uns näher kennen zu lernen. Aber dennoch habe ich immer eine tiefe Verbundenheit zu dir gespürt. Wenn du diese Worte liest, werde ich nicht länger unter euch weilen, aber sei gewiss, dass mein Geist immer über dich wachen wird.

Dein Vater hat in seinem Wunsch, ein guter Deutscher zu werden, sein kulturelles Erbe stets verleugnet. Ich weiß nicht, wie du dazu stehst, aber solltest auch du für deinen Großvater nur ein höhnisches Lächeln übrig haben, so möchte ich dich nur um eines bitten: Wirf den Inhalt dieser Kiste nicht auf den Müll, sondern bewahre ihn im Gedenken an deine Wurzeln auf. Vielleicht kommt der Tag, an dem er dir von Nutzen sein kann. Dein dich liebender Großvater Aristide."

Ich hatte keine Ahnung, wovon mein Großvater redete. Neugierig begann ich, mir die anderen Dinge anzusehen, die in der Kiste lagen, alle sorgsam in Zeitungspapier eingepackt. Das erste, was ich auspackte, war eine kleine schwarze Schachtel. Ich öffnete sie, aber sie war leer. Und erst als ich sie ein paar Mal

gewendet hatte, kapierte ich, dass es ein Miniatursarg war! Verwundert stellte ich ihn zur Seite.
Als nächstes kam ein Paket schwarzer Kerzen zum Vorschein und dann ein langer Holzstab an dessen Ende … Angewidert warf ich ihn auf den Boden. Am Ende des Stabes war eine Hühnerkralle befestigt. Was um alles in der Welt hatte mir mein Großvater da geschickt?
Nach und nach kamen noch etliche Fläschchen undefinierbaren Inhalts zum Vorschein, ein Mörser, ein großer Klumpen in Plastikfolie eingewickelte Tonerde, Räucherstäbchen, ein Pendel, weiße Kreide und zu guter Letzt einige dünne Stahlnadeln. Dann war die Kiste leer bis auf ein in schwarzes Leder gebundenes Buch. Es war genau wie der Brief in Französisch, der Landessprache Haitis, aber das verstand ich einigermaßen.
Ich setzte mich aufs Bett und begann zu lesen. Es waren handschriftliche Aufzeichnungen meines Großvaters, die er irgendwann mal gebunden hatte. Ich brauchte eine Weile, bis ich mich an die krakelige Schrift gewöhnt hatte, und mit jeder Seite, die ich las, wuchs meine Überraschung. Denn dieses Buch ließ nur einen Schluss zu: Großvater war nicht, wie ich immer gedacht hatte, der Besitzer einer kleinen Kneipe im Elendsviertel von Port-au-Prince gewesen. Mein Großvater Aristide war ein Voodoopriester!

*

Nachdem ich fast die ganze Nacht hindurch die Aufzeichnungen gelesen hatte, erschien ich am nächsten Morgen mit verquollenen Augen und verstrubbelten Haaren bei der Arbeit. In der Tür zur Küche stand Xaver Ettenhofer und schaute demonstrativ auf seine Armbanduhr. Ich war zwei Minuten zu spät.
„Wir sind hier nicht in Afrika, Aristide", raunzte er mich an. Laut genug, dass es jeder hören konnte. Und fügte dann leise hinzu: „Ihr Neger werdet euch nie an die deutsche Pünktlichkeit gewöhnen, das liegt euch einfach nicht im Blut."

Ich wusste bereits, worauf das hinauslief. Geschirr spülen und Fußboden schrubben waren eh meine bevorzugten Tätigkeiten in diesem Hotel, egal, ob ich pünktlich war oder nicht. Dann sah er die kleine Deutschlandfahne, die ich mir heute Morgen voller Stolz an die Jacke geheftet hat, weil an diesem Tag endlich die Fußball-WM beginnen würde, ein Ereignis, dem ich schon seit Wochen entgegenfieberte. „Und mach das sofort ab", sagte er verächtlich. „Das sieht an dir einfach nur lächerlich aus."

Am späten Nachmittag war ich endlich wieder auf meinem Zimmer. Ich schloss die Tür hinter mir ab, warf mich auf mein Bett und griff mir Großvaters Buch. Was er da niedergeschrieben hatte, war eine Art Voodoo-Lehrbuch, in dem verschiedene Zeremonien bis ins kleinste Detail geschildert wurden. Als ich es gestern Nacht gelesen hatte, war ich hin- und hergerissen zwischen Faszination und Fassungslosigkeit. Wir hatten 1974! Konnte es tatsächlich sein, dass ein halbwegs vernünftiger Mensch so einen Mummenschanz ernst nahm?

Mit diesem Gedanken war ich gestern Nacht um drei eingeschlafen. Doch im Laufe des Tages hatte sich in mir immer mehr die Überzeugung festgesetzt, dass ein Versuch nicht schaden konnte. Das war ich dem Andenken an Großvater schuldig. Und ich wusste auch schon, wie mein erstes Voodoo-Experiment aussehen würde. Denn gerade in diesem Moment, wo ich auf meinem Bett lag, begann in Frankfurt das Eröffnungsspiel zwischen Brasilien und Jugoslawien.

Und bei uns in München würde es in zwei Tagen losgehen. Ausgerechnet mit dem Spiel zwischen dem haushohen Favoriten Italien und Haiti. Wenn das kein Wink des Schicksals war. Und dann waren die Italiener ja auch noch in unserem Hotel abgestiegen. Mein Entschluss stand fest. Ich würde Haiti zum Sieg verhelfen. Durch Voodoo. Meinem Großvater zur Ehre. Natürlich war ich glühender Fan der deutschen Mannschaft, aber die würde frühestens im Endspiel in München spielen. Und bis dahin konnte ich meine Voodookünste erst einmal zugunsten Haitis ausprobieren.

Einiges hatte ich schon verstanden. Voodoo war etwas Persönliches. Ich konnte unmöglich die ganze italienische Mannschaft verhexen. Ich musste einen Spieler auswählen und brauchte einen persönlichen Gegenstand meines Opfers. Nach langem Überlegen entschied ich mich für Dino Zoff. Ich dachte, mit einem schwachen Torhüter ist die gegnerische Mannschaft am verletzlichsten. Als ich diesen Entschluss gefasst hatte, fiel ich in einen tiefen Schlaf.
Am nächsten Morgen hatte unser Oberkellner seinen freien Tag, so dass ich nicht ständig unter Sonderbewachung stand und mich kurz davonschleichen konnte, als die Italiener sich zum Frühstück trafen.
Das Herz schlug mir bis zum Hals, als ich mich in sein Zimmer schlich. Im Badezimmer fand ich eine Bürste voller schwarzer Haare. Ich zupfte einige heraus, verstaute sie in einem mitgebrachten Plastikbeutel, und keine fünf Minuten später war ich wieder bei der Arbeit, ohne dass jemand mein Fehlen bemerkt hätte.
Als endlich Feierabend war, baute ich nach den Anweisungen meines Großvaters mit den Utensilien aus seiner Kiste einen Voodooaltar. Dann legte ich ein Handtuch vor meinen Türspalt und zündete Kerzen und Räucherstäbchen an. Nun begann der eigentliche Teil meines Voodoozaubers.
Aus Ton formte ich eine menschliche Puppe, die ich blau und weiß anmalte und auf deren Kopf ich die Haare von Dino Zoff drapierte. Dann nahm ich ohne Zögern den Holzstab mit dem Hühnerfuß, von dem ich inzwischen wusste, dass es ein Hahnenfußzeiger war, und richtete ihn auf die Puppe.
Leise begann ich die Beschwörungsformeln aus Großvaters Buch zu murmeln: „Chakala, Chakala ... Meine Energie fließt in diesen Zeiger, er wird ein Stück von mir ... Chakala, Chakala." Das wiederholte ich immer und immer wieder, bis ich das Gefühl hatte, dass meine Hand ganz heiß wurde.
Dann richtete ich meinen Blick starr auf die Puppe, stach eine Stahlnadel durch ihre Stirn, bis sie hinten wieder austrat. „Cha-

kala, Chakala … Der Besitzer dieser Haare soll verflucht sein … Chakala, Chakala … Am morgigen Tag wird ihn eine tiefe Müdigkeit befallen … Chakala, Chakala."
Auch das wiederholte ich viele Male, bis ich plötzlich spürte, dass es genug war. Ich ließ die Arme sinken und mir wurde gewahr, dass ich schweißüberströmt war. Minutenlang hockte ich nur da, unfähig aufzustehen. Als ich mich einigermaßen erholt hatte, begann der schwierigste Teil meiner Mission. Denn damit ein Voodoozauber wirken kann, muss sich der verhexte Gegenstand möglichst nah beim Opfer befinden. Aber langsam bekam ich ja Routine beim Einbrechen in fremde Zimmer. Ich lungerte eine Weile im Flur der Italiener herum und immer wenn jemand vorbeikam, tat ich so, als würde ich die Schuhputzmaschine reparieren. Und dann kam endlich Dino Zoff. Ohne mich eines Blickes zu würdigen, ging er an mir vorbei, und sofort huschte ich in sein Zimmer. Ich brauchte keine zwei Minuten, dann war meine Voodoopuppe unter Dino Zoffs Bett befestigt und ich war wieder im Flur. Vor lauter Aufregung machte ich die ganze Nacht kein Auge zu, aber zum Glück hatte ich am nächsten Tag frei. Das Spiel schaute ich mir mit Gästen und anderen Angestellten zusammen auf dem großen neuen Fernseher an, der extra im Speisesaal aufgestellt worden war. Jetzt, so bei Tageslicht besehen, fragte ich mich schon, ob ich mich in den letzten Tagen nicht doch in eine ziemlich alberne Voodoo-Hysterie hineingesteigert hatte.
Es dauerte bis zur ersten Minute der zweiten Halbzeit, dann waren diese Zweifel mit einem Schlag verflogen. In der ersten Halbzeit war nicht viel passiert und so stand es immer noch 0:0. Doch dann schnappte sich Emmanuel Sanon an der Mittellinie den Ball und stürmte ganz allein los. Vorbei an allen italienischen Verteidigern und auch vorbei an Dino Zoff, der in dieser Szene seltsam leblos wirkte. Und Sanon schob den Ball ins leere Tor zum 1:0 für Haiti. In diesem Moment wurde mir klar, dass sich ganz neue Perspektiven für mein Leben auftaten.
Dino Zoff war ja nicht irgendwer, sondern eine lebende Legende.

Mehr als 1.000 Minuten war er im Tor der italienischen Nationalmannschaft ohne Gegentor geblieben. Fast zwei Jahre lang hatte keiner mehr ein Tor gegen ihn geschossen. Weltrekord war das! Bis dann Emmanuel Sanon aus dem kleinen Haiti kam und um ihn herumkurvte, als wäre er eine Parkuhr.

Na ja, am Ende haben die Italiener dann doch noch 3:1 gewonnen. Bei dem Tor hatte jeder sehen können, dass mein Zauber wirkte, aber natürlich wusste nur ich davon. Das Dumme an der Sache war, dass Haiti gar nicht oft genug vor das Tor der Italiener kam, um Zoffs Schwäche an diesem Tag auszunutzen.

Ja, und dann reifte ein anderer Plan in mir: Ich würde Deutschland zum Weltmeistertitel verhelfen. Das war endlich die Gelegenheit zu beweisen, dass ich dazugehörte. Auch wenn mir klar war, dass ich niemandem davon erzählen konnte, würde ich doch immer wissen, was ich für mein Land getan hatte.

In der Hinrunde musste ich mir ja noch keine großen Sorgen um die Deutschen machen. Okay, das 1:0 im ersten Spiel gegen Chile war noch ziemlich holprig. Aber nachdem sie 3:0 gegen Australien gewonnen hatten, war ja der Einzug in die nächste Runde schon vor dem letzten Spiel gegen die DDR perfekt. Zum Glück. Denn als Sparwasser das entscheidende 1:0 für die DDR schoss, da habe wohl nicht nur ich an Zauberei gedacht.

Spätestens nach diesem Spiel wusste ich, dass der Finaleinzug kein Selbstläufer sein würde. Vor allem, wenn man wusste, wie sich die nächsten Gegner in der Vorrunde geschlagen hatten, allen voran die Polen. Mir war klar, dass da etwas passieren musste. Aber was? Die nächsten Spiele fanden ja auch alle nicht in München statt. Also konnte ich nur ohnmächtig abwarten. Aber zum Glück gewannen die Deutschen ihr erstes Spiel gegen Jugoslawien mit 2:0, das beruhigte mich ein wenig. Und dann das tolle Spiel gegen Schweden. 4:2. Einfach sensationell. Mann, das hätte ich gerne live gesehen.

Zu dumm nur, dass auch die Polen ihre beiden Spiele gewonnen hatten. Und so kam es zum Entscheidungsspiel in Frankfurt zwischen Deutschland und Polen um den Finaleinzug. Jetzt gab es für mich kein Halten mehr. Das hätte ich mir nie verziehen, wenn wir gegen Polen verloren hätten, und ich nicht mal versucht hätte, etwas dagegen zu tun.

Ich hielt es nicht länger aus, meldete mich kurzerhand krank und fuhr mitsamt meiner Kiste nach Frankfurt. Dieses Mal brauchte ich nicht lange überlegen, wen ich mir von den Polen aussuchen sollte. Lato natürlich! Allein vier Tore hatte er in der Hinrunde geschossen, zwei davon gegen meine Haitianer. Und in der Zwischenrunde hatte er die spielentscheidenden Tore zum 1:0 gegen Schweden und zum 2:1 gegen Jugoslawien gemacht. Klare Sache! Ohne Lato war Polen nur die Hälfte wert.

Als ich dann in Frankfurt war, habe ich mir ein Zimmer im Hotel der Polen genommen. Und dann bin ich einfach durch deren Flur gelaufen und habe einen Schuh von Lato geklaut, der zum Putzen vor der Tür stand.

Das Spiel verfolgte ich am nächsten Tag bereits wieder in München am Fernseher. Es war eine einzige Regenschlacht. Jeder Flachpass blieb an diesem Tag in einer Pfütze liegen, aber dennoch oder gerade deswegen gab es so viele Chancen auf beiden Seiten. Doch die Polen, allen voran Lato, scheiterten ein ums andere Mal. Der Reporter im Fernsehen meinte, dass Sepp Maier im deutschen Tor einen fantastischen Tag erwischt habe, aber ich wusste natürlich, warum Lato nicht getroffen hatte. Am Ende gewann Deutschland durch ein Tor von Gerd Müller mit 1:0 und stand im Finale.

Und das fand vier Tage später in München gegen die bärenstarken Holländer statt, die bei dieser Weltmeisterschaft einen übermächtigen Eindruck hinterlassen und im letzten Spiel auch den amtierenden Weltmeister aus Brasilien besiegt hatten. Man musste nur die Namen der Holländer hören, da konnte einem schon angst und bange werden. Da war natürlich zunächst mal der große Johan Cruyff. Aber dann gab es auch noch Spieler wie Johan Neeskens, Wim Jansen oder Johnny Rep, der schon vier Tore geschossen hatte.

Und erst die Abwehr der Holländer. Ein einziges Tor hatten sie bislang kassiert, beim 4:1 gegen Bulgarien in der Vorrunde. Und das war auch noch ein Eigentor gewesen. Wenn man die Qualifikation mitrechnete, dann hatten die bis dahin ein Torverhältnis von 38:3. Unglaublich!

Also, für welchen Spieler sollte ich mich entscheiden? Rep im Angriff? Den Mittelfelddirigenten Cruyff oder vielleicht den Torhüter Jongbloed?

Aber dann kam mir die Erleuchtung. In unserem Hotel würden ja der englische Schiedsrichter Taylor und seine beiden Linienrichter absteigen. Natürlich! Das war die Lösung! Sollten die Holländer doch machen, was sie wollten. Ich würde dafür sorgen, dass der Schiedsrichter für die Deutschen pfiff. Brilliante Idee!

Ich stand in der Küche auf meinen Besen gestützt und war vollauf damit beschäftigt, die Weltmeisterschaft zu gewinnen, als plötzlich Ettenhofer hinter mir stand und mir eine Kopfnuss verpasste. „Aufwachen, du fauler Hund", schnauzte er mich an. „Sieh zu, dass du in den vierten Stock kommst. Erst ist man so freundlich und lässt die Neger ins Hotel und schon tanzen sie einem auf der Nase rum. Der feine Herr auf 463 hat keine Handtücher."

Ich fluchte immer noch leise über den Ettenhofer, als ich mit frischen Handtüchern vor der 463 stand und klopfte.

„Herein", rief eine Stimme. „Die Tür ist offen."

„Ich bringe die Handtücher", sagte ich freundlich beim Eintreten. Auf dem Bett saß ein etwa vierzigjähriger Schwarzer mit Glatze und einem eleganten grauen Anzug. „Ich hänge sie Ihnen gleich ins Badezimmer."

Ich öffnete die Tür des Badezimmers, doch bevor ich auch nur einen Schritt machen konnte, war er aufgesprungen und hatte sich mir in den Weg gestellt. „Das ist nicht nötig", sagte er mit einer Stimme, die keinen Widerspruch duldete. Er nahm mir die Handtücher ab, drückte mir fünf Mark in die Hand und schob mich hinaus in den Flur.

Es war beeindruckend, wie schnell er auf den Beinen gewesen

war. Doch nicht schnell genug, dass ich nicht einen Blick ins Badezimmer erhascht hatte. Auf dem Waschbeckenrand hatte eine Voodoopuppe gelegen, da war ich mir absolut sicher.

Bevor ich mich wieder in der Küche blicken ließ, schlenderte ich an der Rezeption vorbei, um einen unauffälligen Blick ins Anmeldebuch zu werfen. Auf 463 wohnte ein Herr Aron aus Surinam. Gehörte das nicht zu den Niederlanden? Das konnte kein Zufall sein.

Ich schaffte es, den Rest des Arbeitstages über die Runden zu bekommen, ohne Ettenhofer einen Grund zu geben, sich eine neue Schikane für mich zu überlegen, und machte mich dann ans Werk. Im Laufe des Nachmittags hatte sich in meinem Kopf ein Plan geformt. Aber wenn der klappen sollte, dann musste ich jetzt sehr schnell sein.

Damit mich keine Kollegen sahen, drückte ich mich draußen vor dem Hotel herum, musste mich aber fast zwei Stunden gedulden, bis ein schwarzer Mercedes vorfuhr, und Taylor und seine beiden Linienrichter ausstiegen. Sofort raste ich auf mein Zimmer und zog meine Dienstkleidung an. Es war ausgerechnet Ettenhofer gewesen, der mich darauf gebracht hatte, wie ich an einen persönlichen Gegenstand des Schiedsrichters kommen konnte. Ich musste nur hoffen, dass er sofort seinen Koffer auspacken würde, wenn er auf seinem Zimmer war.

Ich ließ ihm exakt zwölf Minuten Zeit, dann klopfte ich an seine Zimmertür, und als er öffnete, sagte ich, dass wir vergessen hätten, ihm frische Handtücher zu geben. Ohne jedes Misstrauen ließ er mich in sein Badezimmer. Sofort sah ich, dass er seine Waschutensilien bereits ausgepackte hatte. Und da war das, worauf ich gehofft hatte. Neben dem Waschbecken fand ich seine Bürste. Ich hatte gewonnen.

Keine fünf Minuten später war ich wieder in meinem Zimmer und begann mit meinem Voodoozauber. Eine Tonpuppe hatte ich bereits am Vortag hergestellt und sie schwarz und weiß angemalt. Nun befestigte ich Taylors Haare daran und zündete die Kerzen auf meinem Altar an. Zum dritten Mal in wenigen Tagen begann ich mit dem magischen Ritual, und inzwischen kam mir mein Tun schon völlig selbstverständlich vor.

Ich stach der Puppe eine Nadel in den Kopf und murmelte ein ums andere Mal: „Chakala, Chakala ... der Besitzer dieser Haare soll verflucht sein ... Chakala, Chakala ... von nun an soll er alle Holländer hassen ... Chakala, Chakala."

Ein ums andere Mal wiederholte ich diese Formel, bis ich spürte, wie meine Energie durch den Zeiger in die Puppe floss. Dann entzündete ich eine schwarze Kerze, nahm die Puppe in die linke Hand und behauchte sie drei Mal. Damit war mein Werk vollbracht.

Ich war vom Erfolg meines Zaubers felsenfest überzeugt. Das Einzige, was mir Sorgen bereitete, war die Frage, was Mijnheer Aron wohl vorhatte. Ich fürchtete, genau das Gleiche wie ich. Meine Befürchtung wurde zur Gewissheit, als ich zur Abendessenszeit versuchte, meine Voodoopuppe in Taylors Zimmer zu verstecken.

Ich hatte mich in einem Wäschezimmer in seiner Etage versteckt, dessen Tür ich nur anlehnte. Geduldig wartete ich, bis der Schiedsrichter an mir vorbeiging, dann ließ ich weitere zwei Minuten verstreichen, falls er etwas vergessen hatte. Da hörte ich Schritte. Ich lauschte ... die Schritte kamen näher ... und dann sah ich ihn. Mijnheer Aron. Er blieb vor Taylors Tür stehen, sah sich kurz um, werkelte einen Moment an der Tür herum, und schon öffnete sie sich wie von Zauberhand.

Voller Ungeduld wartete ich, bis Aron wieder aus dem Zimmer kam. Ich war mir sicher, dass er genau wie ich nach einem persönlichen Gegenstand gesucht hatte, und als er in den Flur trat, sah ich, wie er ein Plastiktütchen mit einigen Haaren in seiner Jackentasche verschwinden ließ. Ein Lächeln huschte über mein Gesicht. Ich wusste nur zu gut, was er damit vorhatte. Aber das hatte ich zum Glück alles in meinem Plan bedacht.

Wieder wartete ich, bis seine Schritte verhallt waren, doch noch bevor ich den nächsten Versuch starten konnte, hörte ich schon wieder Schritte. Und dieses Mal war es Taylor selbst, der zu sei-

nem Zimmer zurückkehrte. Damit war mein Plan, die Voodoopuppe unauffällig unter seinem Bett zu deponieren, zunächst mal gescheitert. Frustriert verließ ich meinen Posten und zog mich auf mein Zimmer zurück. Ich wollte versuchen, ein paar Stunden zu schlafen und mich dann nachts in Taylors Zimmer schleichen. Ich stellte den Wecker und schloss die Augen, musste aber schnell feststellen, dass an Schlaf nicht zu denken war. Ich war viel zu aufgeregt.
Um ein Uhr machte ich den nächsten Versuch. Ich schlich durch das schlafende Hotel bis vor Taylors Zimmer, legte behutsam mein Ohr an die Hoteltür und vernahm ein rhythmisches Schnarchen. In Zeitlupe, um nur ja keinen Lärm zu machen, öffnete ich die Tür und stahl mich ins Zimmer. Taylor schnaufte kurz und drehte sich um, als die Tür mit einem leisen Klick wieder ins Schloss fiel. Auf Zehenspitzen schlich ich durch das vom Mondlicht beschienene Zimmer, bis ich das Bett erreicht hatte. Langsam, ganz langsam, sank ich auf die Knie. Und streckte mich dann der Länge nach auf dem Boden aus. Vorsichtig robbte ich unter das Bett, den schnarchenden Schiedsrichter jetzt genau über mir. Ich wollte gerade meine Voodoopuppe am oberen Ende des Lattenrosts befestigen, als ich in der Bewegung erstarrte. Die Tür! Ich hörte keinen Ton, aber plötzlich drang ein breiter Lichtstrahl vom Flur herein und war im nächsten Moment auch schon wieder verschwunden. Und auch wenn ich nur zwei Füße sah, die sich auf mich zubewegten, hatte ich keinen Zweifel, wer sich da gerade in Taylors Zimmer schlich. Aron!
Ich hatte im Stillen gehofft, dass Aron schon vor mir hier gewesen wäre und ich seine Puppe gegen meine austauschen könnte. Auch für den Fall, dass er erst nach mir hier auftauchte, hatte ich einen Plan. Nur damit, dass er im gleichen Moment wie ich hier auftauchen könnte, damit hatte ich nicht gerechnet. Und dann passierte natürlich, was passieren musste.
Plötzlich tauchte der Kopf von Mijnheer Aron unter dem Bett auf. Im Dunkeln konnte ich nur das Leuchten seiner Augen erkennen. Vor Schreck schlugen wir beide gleichzeitig mit dem Kopf

unter das Bett. Es rumste, und mir kam das Geräusch wie eine Explosion vor. Taylor schnaufte zwei Mal und drehte sich wieder auf die andere Seite. Wie von der Tarantel gestochen schossen wir beide auf unserer Seite des Bettes hervor und sprangen auf. Aron hätte nicht verblüffter sein können, wenn er Johan Cruyff unter dem Bett angetroffen hätte, aber für mich war seine Anwesenheit nicht wirklich eine Überraschung. Unsere Blicke trafen sich über dem schnarchenden Schiedsrichter und dann wanderte Arons Blick langsam meinen Arm herunter, bis er an der Voodoopuppe in meiner Hand hängen blieb.
Plötzlich blitzte ein Messer in seiner Hand auf. Ich griff nach Taylors Nachttischlampe und riss sie in die Höhe. Der Stecker flog aus der Steckdose.
Erschrocken hielten wir inne und sahen entsetzt, wie der Stecker Taylors Nase nur um Zentimeter verfehlte. Dann wagte ich einen Angriff. Versuchsweise stieß ich mit der Lampe in Arons Richtung, und der wich einen Schritt zurück. Bei der Pantomime, die wir da aufführten, war uns natürlich beiden klar, dass wir Taylor unter gar keinen Umständen aufwecken durften.
Plötzlich ließ Aron mit einer einzigen fließenden Bewegung das Messer in seiner Tasche verschwinden, drehte sich um seine eigene Achse und schlug mir mit der flachen Hand ins Gesicht. Die Lampe glitt mir aus der Hand, und ich taumelte an die Wand und spürte warmes Blut auf meiner Lippe. Aron machte einen kleinen Hechtsprung um zu verhindern, dass die Lampe zu Boden fiel. Er schaffte es, sie gerade noch zu erwischen, kniete aber nun genau vor mir. Beherzt ließ ich mein Knie nach vorne schnellen und fing nun meinerseits die Lampe auf, die gerade im hohen Bogen auf Taylors Bett zuflog.
Ich erwischte sie gerade noch, bevor sie Taylor auf den Kopf krachte. Aber nun war Aron wieder hinter mir und legte mir seinen Arm um den Hals und drückte mir unerbittlich die Luft ab. Und dann war da plötzlich wieder das Messer.
Silbrig glitzerte die Klinge vor meinen Augen. Mir blieb nur noch eine Möglichkeit. Mit letzter Kraft hob ich die Lampe über

Taylors Kopf. Der Druck um meinen Hals ließ ein wenig nach. Wir hätten so bis zum jüngsten Tag stehen bleiben können, doch plötzlich öffnete Taylor die Augen.

Erschrocken ließ Aron mich los, und sofort zog ich die Lampe weg. Wir wichen erschrocken einen Schritt zurück. So standen wir mitten im Zimmer, unsere Silhouetten zeichneten sich im Mondlicht ab, als Taylor sich aufrichtete. Ich vergaß das Atmen, obwohl ich doch gerade wieder etwas Luft bekam, als er die Beine aus dem Bett schwang und genau in unsere Richtung schaute. Aber dann wankte er an uns vorbei, als wären wir Kleiderständer, und verschwand im Klo. Die Tür schloss sich, und im nächsten Moment waren wir unter dem Bett verschwunden.

Kurz darauf hörten wir die Klospülung, und Taylor tapste wieder zu seinem Bett. Wir wagten es fast zwanzig Minuten nicht, auch nur einen Finger zu rühren, dann wandten wir beide wie auf ein geheimes Kommando den Kopf und sahen uns an. Es dauerte weitere zwanzig Minuten, bis wir es mit Zeichensprache geschafft hatten, uns darauf zu einigen, dass wir dann eben beide unsere Puppen unter dem Bett befestigen würden. Leise verließen wir das Zimmer, machten einen Schritt in den Flur, und ich schloss geräuschlos die Tür hinter uns. Die Schlacht war geschlagen.

„Möge der Bessere gewinnen", sagte Aron mit einem starken Akzent und grinste mich abfällig an. Ich machte mir nicht allzu viele Hoffnungen, dass mein Zauber stärker sein könnte als der eines erfahrenen Voodoopriesters, aber ich hatte ein Ass im Ärmel, von dem Aron nichts wusste.

Und so wollte ich mich auf den Weg zu meinem Zimmer machen, aber Arons Arm hielt mich zurück. „O nein", sagte er leise. „Wir bleiben zusammen."

Und so kam es, dass ich die Nacht neben ihm auf seinem Hotelbett verbrachte. Ohne dass einer ein Wort sprach, starrten wir an die Decke, bis langsam die Dämmerung hereinbrach und das Hotel zum Leben erwachte. Der Tag des Endspiels war gekommen. Um kurz nach sieben erhob sich Aron und sagte: „Du

kannst jetzt gehen."
Wortlos verließ ich sein Zimmer. Ich hatte getan, was ich tun konnte. Und nun blieb mir nur noch zu warten. Ich hatte frei und ich hatte eine Karte für das Spiel und so machte ich mich auf meinem Zimmer nur etwas frisch, trank zwei Tassen Kaffee und machte mich dann auf den Weg ins Stadion.
Es war der perfekte Tag. Blauer Himmel, aber nicht zu warm. Und dann dieses phantastische Stadion mit seinem futuristischen Dach. Ich war als einer der Ersten drin und konnte mich gar nicht sattsehen. Es war das erste Mal, dass ich im Olympiastadion war. Ja, es war sogar das erste Mal, dass ich bei einem größeren Fußballspiel dabei war.
Das Stadion war zum Bersten gefüllt und zwischen den tausenden schwarz-rot-goldenen Fahnen glaubte ich auf der Tribüne mir gegenüber Bundeskanzler Helmut Schmidt zu erkennen. Über den Rasen liefen die Maskottchen Tip und Tap, und aus den Lautsprechern schmetterte ein ums andere Mal das WM-Lied, dass die Nationalmannschaft aufgenommen hatte.
„Fußball ist unser Leben, denn König Fußball regiert die Welt. Wir kämpfen und geben alles, bis dann ein Tor nach dem andern fällt. ...", sang ich ebenso begeistert wie falsch mit.
Und dann kam der Anpfiff. 75.000 Zuschauer feuerten die deutsche Mannschaft an. Doch noch bevor die Deutschen überhaupt das erste Mal den Ball hatten, stand es auch schon 1:0 für die Holländer. Lähmende Stille breitete sich im Stadion aus. Holland hatte Anstoß gehabt. Der Ball kam zu Cruyff. Der ließ Berti Vogts stehen wie einen Schuljungen und drang in den Strafraum ein. Uli Hoeneß kam einen Schritt zu spät und legte Cruyff um. Kurz hinter der Strafraumgrenze. Elfmeter.
John Taylor, mein Schiedsrichter, unser Schiedsrichter, hatte Elfmeter gepfiffen. John Taylor, der die Holländer hasste ... Elfmeter in der ersten Minute. Ich war fassungslos. Meine Zuversicht löste sich in Sekundenbruchteilen in nichts auf.
Sepp Maier entschied sich für die rechte Ecke und Neeskens versenkte den Ball ganz ausgebufft in der Mitte des Tores.

Mannomann, eine Minute gespielt, und ich war mit den Nerven bereits am Ende. Und ich musste noch zwanzig lange Minuten warten, bevor sich meine Zweifel erneut in Siegessicherheit wandelten. Es kam die 23. Minute. Hölzenbein bekam auf der linken Seite den Ball. Ausgerechnet Hölzenbein. Was für ein wunderbarer Name für einen Mann, der den ersten Holländer überlief, einen zweiten umspielte, dann den dritten. Hölzenbein drang in den Strafraum ein und … und fiel um wie ein gefällter Baum. Wieder pfiff John Taylor Elfmeter. Doch dieses Mal war es eine Schwalbe. Als Hölzenbein sah, dass er sich den Ball zu weit vorgelegt hatte, ließ er sich einfach fallen, ohne dass der holländische Verteidiger ihn berührt hatte. John Taylor verzog keine Miene und pfiff Elfmeter. Und Breitner verwandelte eiskalt zum Ausgleich.

Natürlich dauerte das Spiel noch fast siebzig Minuten, aber es war die entscheidende Szene des Tages. Ich glaube, in diesem Moment war ich der glücklichste Mensch im ganzen Stadion. Danach wogte das Spiel hin und her, bis kurz vor der Pause Gerd Müller in seiner unnachahmlichen Art das 2:1 schoss. Dieser Mann war so unglaublich reaktionsschnell. Noch bevor einer der Holländer überhaupt wusste, was Müller tat, hatte der den Ball mit einer seiner geschmeidigen Körperdrehungen schon am verdutzten Jongbloed vorbei ins Tor bugsiert.

Taylor hatte außer beim Pfiff, der zum deutschen Elfmeter führte, nicht einmal zu erkennen gegeben, dass mein Zauber wirkte. Aber dann zeigte er Johan Cruyff auf dem Weg in die Kabine die gelbe Karte, weil der sich bei ihm beschwerte. Wenn noch ein winziger Rest Zweifel bei mir geblieben war, dann verflüchtigte der sich in diesem Moment endgültig.

Dann begann eine der dramatischsten Halbzeiten, die der Fußball je gesehen hatte. Die Holländer setzten zu einem unglaublichen Sturmlauf an. Sie rannten, flankten und schossen aufs Tor. Aber immer war ein Bein von Beckenbauer, Vogts oder Breitner dazwischen. Und wenn die mal zu spät kamen, dann war Sepp Maier zur Stelle und rettete mit einer fantastischen Parade die

Führung der Deutschen. Niemand hätte sich beschweren können, wenn die Holländer in dieser Halbzeit zwei, drei oder sogar vier Tore geschossen hätten. Aber sie taten es nicht. Und so stand es nach 90 Minuten immer noch 2:1 und Deutschland war Weltmeister.
In der zweiten Halbzeit brauchte Taylor gar nicht mehr einzugreifen. Nur ein einziges Mal hatte er gegen die Holländer gepfiffen, aber dieser Pfiff hatte das Spiel entschieden. Und niemand würde jemals den Verdacht haben, dass bei diesem Spiel etwas nicht mit rechten Dingen zugegangen war.

*

Aron sah ich nie wieder. Aber am nächsten Morgen bekam ich die Bestätigung dafür, dass mein Ass gestochen hatte, auch wenn er zweifelsohne der bessere Zauberer war. Ich war pünktlich um sechs zum Dienst erschienen und war mit der Vorbereitung des Frühstücks beschäftigt, als plötzlich lautes Geschrei aus dem Frühstückssaal drang.
Und erst in diesem Moment wusste ich mit letzter Sicherheit, dass das ganze Endspiel kein Zufall gewesen war, sondern dass Taylor den Elfmeter für die Deutschen gepfiffen hatte, weil ich ihn verhext hatte. Mein Zauber war dabei keineswegs stärker als der Arons gewesen, denn auch der hatte seine Wirkung entfaltet. Nur nicht wie beabsichtigt.
Mit den anderen Angestellten drängte ich mich an der Küchentür. Im Saal sahen wir Xaver Ettenhofer mit hochrotem Kopf einen älteren Mann anbrüllen, der verdutzt in seinem Stuhl zusammengesunken war.
„Sakrament", brüllte er. „Ich habe dieses kleinliche Getue sowas von satt. Ihr Ei ist nicht hart genug? Na, dann essen Sie halt heute mal ein weiches Ei. Diese widerliche deutsche Korinthenkackerei halte ich keine Sekunde länger aus. Hier wird jetzt gegessen was auf den Tisch kommt, ist das klar?"
Eingeschüchtert nickte der Gast mit dem Kopf und ich zog mich

wieder in die Küche zurück. Ich hatte genug gesehen. Lange hatte ich darüber nachgedacht, welcher Zauber am wirksamsten wäre, um den Schiedsrichter zu beeinflussen. Und dann hatte ich ihm einen Hass auf die Holländer angehext. Ich war davon ausgegangen, dass Aron zu einem ähnlichen Ergebnis kommen würde. Und so wie es aussah, hatte er seinem Opfer einen Hass auf die Deutschen angehext. Nur mit einem konnte er nicht rechnen: Dass ich nach meinem Besuch in Taylors Badezimmer seine Bürste gründlich gereinigt hatte und dann ein Büschel Haare von Xaver Ettenhofer dort hinterlassen hatte. Nach dem Endspiel hatte ich beide Puppen aus Taylors Zimmer entfernt und die von Aron auf Xaver Ettenhofers Schrank im Umkleidezimmer versteckt.

Und den hatte nun Arons Zauber voll erwischt.

Aus den Hotellautsprechern kam leise Abbas ‚Waterloo'. Ich war Weltmeister. Und am Nachmittag durfte ich miterleben, wie Ettenhofer vom Hoteldirektor persönlich vor die Tür gesetzt wurde, nachdem er den vierten Gast an diesem Tag beleidigt hatte.

Argentinien, 1978
Weltmeister: Argentinien
Endspiel: Argentinien – Holland 3:1 n.V. (1:1, 1:0)
Teilnehmende Mannschaften: 16
Erzielte Tore: 102 in 38 Spielen (2,68 pro Spiel)
Torschützenkönig: Mario Kempes (Argentinien), 6 Tore

Sandra Lüpkes

Buenos Dias Argentina!

Das Buenos Dias Argentina klingt so trocken und zerhackt, als würde ein stumpfes Messer Empanadas Árabes vom Vortag zerteilen. Die Melodie hingegen kommt schwül daher wie ein feuchtheißer Sommertag im Dezember mitten in dieser verfluchten Stadt.
„Schau dir den zweiten von rechts an, schau ihn dir genau an!", befiehlt Esteban.
Nein, den schaut er sich nicht an. Was sind das für alberne Marionetten? Fußballer, die singen, ohne den Ball zu berühren. Und dann dieses gelbe Haar, diese wässrigen Augen. Der Hauptsänger zieht die Mundwinkel nach unten, als ginge es in seinem Lied um etwas sehr Unappetitliches. Mindestens so unappetitlich wie die Suppe, die sie hier tagein, tagaus serviert bekommen, mit Maden als einziger Fleischeinlage.
„Buenos Dias, Argentina …" Danach sinnloses Gebrabbel in einer fremden Sprache und Trompeten.
„Das gibt's doch nicht. Der zweite von rechts. Sag mal, hast du deutsche Vorfahren?"
Die Schwester kommt herein und schaut streng. Augenblicklich lässt Esteban einen Spuckefaden von der Unterlippe tropfen. Er kann das gut, einen Idioten spielen. Es ist seine Idee gewesen, sich hier in der Klinik für Geisteskranke im Zentrum Córdobas zu verstecken. Ohne ihn wären sie vielleicht schon verschwunden, so wie die anderen Kommilitonen, die es gewagt haben, das Junta-Regime zu kritisieren.
„Fernseher aus!", schimpft Schwester Juanita und ihre gezupften Augenbrauen zeigen sich wellenförmig, was nichts Gutes verheißt. Sie ist die schlimmste von allen. Sie liebt es, Stromstöße

zu verordnen. Man darf es bei ihr nicht übertreiben mit dem Verrücktspielen. Sonst wünscht man sich noch in die Folterkammern Videlas, statt in den Klauen Schwester Juanitas um Gnade zu winseln.
Doch dann erhellt sich ihre Miene für einen kurzen Augenblick. „Die Deutschen", haucht sie und zeigt auf den Bildschirm. „So kultivierte Leute. Immer pünktlich und fleißig. In zwei Tagen spielen sie hier in der Stadt." Sie geht näher an das winzige Gerät heran und das Bild beginnt zu flimmern. Sogar die Deutschen im Fernsehen scheinen Angst vor Schwester Juanita zu haben, es sieht aus, als würden sie zittern. „Und sie kommen morgen hierher. Ja ja, die haben ein gutes Herz, die Deutschen. In ihrer Freizeit kommen sie in Irrenanstalten und singen den Patienten was vor."
Selten hat die Schwester so unkonzentriert ausgesehen. Prompt fängt Carlos an zu stöhnen. Er ist ein echter Psychopath, kein Simulant. Wenn er stöhnt, wird es ernst.
Schwester Juanita reagiert prompt. Sie reist sich vom Anblick der deutschen Sportler los, holt eine Spritze, dann injiziert sie das Zeug, von dem man immer so dumpf wird. In ihrer Hektik vergisst sie den Fernsehapparat. Die Deutschen singen ganz fleißig ihr Lied. Erst als Carlos auf seinem Stuhl zusammensinkt, fällt es ihr wieder ein. „Schluss jetzt!", schimpft sie und geht auf die Flimmerkiste zu. Kurz stockt sie, starrt auf das verzitterte Bild, dreht sich um, blickt ihm in die Augen, dann wieder zum Fernsehapparat. Mit dem Druck auf den Knopf rechts unten ist Stille im Raum. Schwester Juanita verlässt den Saal.
„Hast du gesehen? Sogar Juanita die Grausame hat sich erschreckt. Der zweite von rechts. Verdammt noch mal, Matías, der sieht so aus wie du!"

*

Um drei sollen sie eintreffen. Die Patienten haben sich gründlich zu waschen und zu kämmen, wenn die Deutschen zu Besuch

sind, so lautet die klare Ansage von Schwester Juanita, die an diesem Tag zum ersten Mal das Haar offen und rote Farbe auf den schmalen Lippen trägt. Den meisten hier ist es egal, dass ein Fußballheld wie Berti Vogts heute hier auf dem blank gewienerten Resopal stehen und ein Lied singen wird. Die meisten in diesem Haus interessieren sich noch nicht einmal mehr für Fußball. Für Bälle überhaupt. Die meisten hier sind froh, dass sie die Augen auf und zu kriegen.
Doch das Personal ist verrückt nach Fußball, besonders jetzt, wo die WM im Land ist. Normalerweise gibt es keine Fernsehapparate auf der Station. Aber als alle Pfleger und Putzhilfen und Köche und Ärzte gleichzeitig vom 1. bis 25. Juni Urlaub beantragt haben, ist der Klinikleitung nichts anderes übrig geblieben, als zumindest in den Gemeinschaftsräumen ein paar altersschwache Geräte mit wackeligen und wenig zuverlässigen Antennen aufzustellen.
Esteban und er haben ihr Glück kaum fassen können und es fällt ihnen immer ziemlich schwer, unbeteiligt und stumpf auf den Bildschirm zu glotzen, wenn El Matador auf das Spielfeld läuft. In der ersten Runde hat ihre Mannschaft hinter Italien den zweiten Gruppenplatz errungen, in der zweiten gegen Polen gewonnen und die brasilianischen Nachbarn immerhin auf ein torloses Unentschieden gehalten. Und morgen das Spiel gegen Peru – einen eindeutigen Sieg brauchen die Jungs, um Gruppen-Erster zu werden. Und viele glauben fest daran, dass Argentinien sogar am Ende den Pokal holt. Unmöglich? Nein, unmöglich ist das nicht. Das ganze Land befindet sich im Ausnahmezustand, das merkt man sogar hinter verschlossenen Anstaltstüren. In diesen Tagen ist alles möglich.
„Komm her!", raunt Esteban, der sich unter dem Vorwand, duschen zu wollen, in die Waschräume verzogen hat. Er kriegt sich nicht ein seit gestern Abend. Jetzt zerrt er geradezu am Ärmel des weiten Gewandes. „Matías, komm her! Verdammte Scheiße, haben wir ein Glück. Jetzt komm endlich!"
Durch eine Holztür, die zwar verschlossen, aber in jämmerlich

verrottetem Zustand ist, gelangt man von den Duschen aus in die Putzkammer. Der Geruch von Salmiak sticht in die Nase, Esteban hält ihm einen Ärmel seines blauen Pyjamas vor das Gesicht. Weißliche Flecken am Saum, eine Verfärbung, nichts Besonderes. Aber Esteban tut so, als wäre das eine Original-Grafik von León Ferrari. „Wasserstoffperoxid", flüstert er. „Das nehmen die hier zum Desinfizieren. Doch das Zeug kann noch mehr. Du wirst sehen, Matías, damit kriegen wir dich so blond wie diesen Deutschen."
„Welchen Deutschen?"
„Rolf Rüssmann."
„Verdammt, du meinst diesen singenden Fußballspieler, den zweiten von rechts?"
„Er ist dein Zwillingsbruder, Matías. Und er ist deine Chance. Jetzt bück dich, das Zeug muss 'ne Weile einwirken, und Schwester Juanita kommt alle 30 Minuten zur Kontrolle."
Er muss die Luft anhalten, als die Chemikalie seinen Kopf umhüllt. Die Haarwurzeln brennen heiß. Wahrscheinlich ist er gleich ein Glatzkopf. Warum lässt er sich auf eine solche Wahnsinnsidee ein?
„Ich bin doch kein Fußballer", versucht er einen leisen Protest.
Aber Esteban hört nicht auf, den Inhalt der Plastikflasche über seinem Scheitel zu entleeren. „Erzähl mir nichts, Matías, jeder Junge in Argentinien ist Fußballer. Das fließt uns durchs Blut. Wir leben für das runde Ding. Auch wenn du die letzten Monate in dieser stinkenden Klapsmühle verrottet bist, ich wette, du – Matías de la Vega – bist mehr Fußballer als alle elf deutschen Nationalspieler zusammen!"
„Du vergisst, dass sie hier einen WM-Titel verteidigen!"
„Und du vergisst, dass du ein Kämpfer bist. Ein verdammt guter Kämpfer. Wahrscheinlich musst du ohnehin nicht spielen. Wenn du erst mal draußen bist, bist du frei und kannst gehen, wohin du willst."
„Und was soll ich machen?"
Esteban schaut ihn an, fast mitleidig. „Ich glaube manchmal, sie

haben hier meinem besten Freund das Hirn zermatscht. Bevor wir in diese Anstalt gekommen sind, hättest du gewusst, was du zu tun hast. Wo ist der Matías geblieben, der die Demonstrationen angeführt und sich mit Videlas Pack gemessen hat? Mein Freund Matías glaubte immer an ein freies Argentinien!"
Er selbst weiß schon lange nicht mehr, wo dieser Matías geblieben ist. Aber er sagt es nicht. Zum einen, weil er Esteban nicht enttäuschen will. Zum anderen, weil das Bleichmittel ihm die Lungen zerbeißt, sobald er den Mund öffnet.

*

Der Klinikdirektor sitzt kerzengerade auf dem Stuhl mit der hohen Lehne. Schwester Juanita und die anderen Pfleger direkt daneben. Über die Stockflecken auf dem bröckelnden Wandputz hat man kurzerhand eine hellblau-weiße und eine schwarz-rot-goldene Flagge gehängt. Die Patienten, die in der Lage sind, eine halbe Stunde ohne psychotischen Schub durchzuhalten, dürfen an den langen Esstischen Platz nehmen. Esteban sitzt ganz am anderen Ende. Er hat Angst, dass Matías die enge Mütze vom Kopf rutschen könnte und das blonde Haar sichtbar wird. Immer wieder schaut er ermahnend hinüber. Da man ihm eine Schizophrenie angedichtet hat, fallen seine Gebärden nicht weiter auf. Seine Augen rollen hin und her, schauen von seinem Freund zu diesem Fußballer, der nichts ahnend neben der Eingangstür steht und tatsächlich genauso aussieht wie ... wie, ja, wie er, wie Matías de la Vega.
Man merkt den Deutschen an, dass sie die Zwangsjacken beängstigend finden. Alle gucken woanders hin, auf die vergitterten Fenster, auf das Konterfei des Diktators, auch auf Schwester Juanita, nur nicht auf das Publikum.
Der Hauptsänger versucht sich in holperigem Spanisch. Er und die anderen seien froh, hier und heute auftreten zu dürfen. Man wolle etwas für die Gemeinschaft der Nationen tun, für den Weltfrieden auch, das sei den Deutschen ganz besonders wichtig

und davon handle auch der Liedtext.
„Ich übersetze", sagt einer der Spieler in akkuratem Schülerspanisch, tritt ein Stück weit nach vorn und wird rot im Gesicht. „Ich heiße Rainer Bonhof. Ich bin Fußballspieler. Ich spiele ab Sommer bei Valencia CF. Ich lerne diese Sprache, damit ich mich in Spanien unterhalten kann." Er räuspert sich und schwitzt mindestens wie nach der ersten Halbzeit. „Das Lied heißt Buenos Dias, Argentina." Er räuspert sich noch mal:
„Buenos Dias, Argentina!
Guten Tag, du fremdes Land!
Buenos Dias, Argentina!
Komm, wir reichen uns die Hand!

Buenos Dias, Argentina!
So heißt meine Melodie!
Und sie soll uns zwei verbinden
mit dem Band der Harmonie."

Der Spanisch sprechende Fußballspieler tritt wieder in die Reihe zurück und man sieht ihm an, dass der schwerste Job des Tages für ihn erledigt ist. Schwester Juanita hat Tränen in den Augen. Der Klinikdirektor nickt mit ernstem Gesicht. Carlos fängt wieder mal an zu stöhnen, aber niemand kümmert sich darum. Er ist ja festgeschnallt.
Einer der Spieler – ja, es muss der Torwart sein, den kennt man sogar in Argentinien – sagt etwas, und ein paar seiner Kollegen lachen. Er scheint ein Witzbold zu sein, dieser Sepp Maier, und wahrscheinlich geht der Scherz auf Carlos' Kosten. Verstehen kann man ihn ja nicht. Jetzt tritt er neben den Plattenspieler, setzt die Nadel auf das schwarze Vinyl, nach kurzem Knacken erschallen die künstlichen Trompetenklänge, er dreht den Ton lauter, es klingt scheußlich. Der Sänger stellt sich in die Mitte und bewegt seine Lippen synchron zur Musik. Es sieht überhaupt nicht so aus, als würde er singen. Das Ganze ist sehr albern und hat mit Weltfrieden nicht das Geringste zu tun. Für die drei

Minuten, die das Lied dauert, ist nicht wirklich auszumachen, wer hier in diesem Raum eigentlich etwas weich in der Birne ist. Die Zuhörer – oder die deutsche Fußball-Nationalmannschaft. Wie abgesprochen, erhebt Esteban sich in dem Moment, als die letzten Töne verklungen sind und der magere Applaus einsetzt. Nur das Pflegepersonal kann klatschen, den anderen wurden schließlich die Hände fixiert. Die Deutschen treten unruhig von einem Bein auf das andere, sie wollen so schnell wie möglich weg hier, das sieht man ihnen an. Esteban beugt sich zu Carlos hinüber. Er soll ihm irgendetwas Schweinisches sagen, haben sie sich zuvor überlegt. Ein Erotomane wie Carlos reagiert schon bei Wörtern wie Spalte oder Feuchtigkeit heftiger als normal, aber nun bekommt er es eine Stufe deftiger zugeflüstert. Prompt wird das Stöhnen lauter.
Schwester Juanita nimmt ihr Medikamentenköfferchen und stürzt sich auf ihn. Sie ist viel zu sehr damit beschäftigt, den hochgradig erregten Carlos ruhigzuspritzen, als dass sie Estebans Hand sehen könnte, die sich mit einem Trick aus der Fesselung befreit und nun freien Zugang zum abgestellten Chemiearsenal hat. Eine aufgezogene Spritze, randvoll mit dem Zeug, das gerade in Carlos Venen rinnt, verschwindet in den langen Ärmeln der Zwangsjacke. Dabei tropft wieder Speichel aus Estebans Mund. Er kann das wirklich sehr gut.
Die Aufregung um Carlos' Erregungszustand beansprucht die ganze Aufmerksamkeit des geschulten Personals. Die ungelernten Pflegekräfte sind vollauf beschäftigt, die wirklich schweren Fälle in die Betten zu schieben. Esteban und er gehören nicht dazu. Sie sind Patienten, die man auch mal kurz aus den Augen lassen kann. Es ist ein Leichtes, vom Flur in die Waschräume zu schlüpfen. Hier riecht es noch immer nach dem Entfärbezeug. Er reißt sich die Mütze vom Kopf. Spiegel gibt es keine hier, aber Esteban hat bestätigt, nein, nun gäbe es keinen Unterschied mehr zwischen Rolf Rüssmann und Matías de la Vega. Er kann einige Haarsträhnen vor die Pupille ziehen. Strohgelb, und sie stinken erbärmlich. Aber wenn Esteban sagt, es geht, dann wird es wohl stimmen.

Die Deutschen laufen murmelnd durch den Flur. Bestimmt haben sie die Tür nach draußen schon fest im Blick, erleichtert, dass die Sache hier beendet scheint.
„Jetzt musst du es allein schaffen, mein Freund!", sagt Esteban dramatisch und reicht ihm die Spritze. „Versprich mir, du musst den Kampf wieder aufnehmen und unserem Land die Freiheit zurückgeben! Und grüße die Anderen von mir." Dann, nach kurzer Pause: „Zumindest die, die noch zu finden sind …"
„Das verspreche ich!" Sie nehmen sich kurz in den Arm. So viel haben sie gemeinsam durchgemacht. Dann öffnet Esteban die Tür, rennt auf den Flur und schreit wie am Spieß. Er kann einem wirklich Angst machen, wenn er will.
Rolf Rüssmann hat sich wohl auch ziemlich erschreckt, doch dass er plötzlich von rechts geschnappt und durch eine Tür gezogen wird, bekommt er wahrscheinlich kaum noch mit. Das Zeug aus Schwester Juanitas Köfferchen wirkt schnell.

*

Vor der Klinik stehen Sicherheitsleute Spalier. Wahrscheinlich ist es ohnehin noch zu früh zum Fliehen. Er steigt mit den anderen in den Mannschaftsbus. Die anschließende Stadtrundfahrt quer durch Córdoba lässt ihm Zeit zum Durchatmen. Der Blick aus dem Fenster verrät, dass die Stadt sich für das Sportfest herausgeputzt hat. Eine junge Frau steht neben dem Fahrer und erklärt durch ein Mikrofon die Sehenswürdigkeiten, und tatsächlich treibt es ihm die Tränen in die Augen, als er nach fast einem Jahr zum ersten Mal das majestätische Portal der Iglesia Catedral wiedersieht, die feinen Zinnen der Sagrado Corazòn und die unbeschreiblich grünen Anlagen und friedlichen Teiche des Parque Sarmiento. Er hat ganz vergessen, wie schön seine Heimat ist, nein, viel mehr! In der Klinik hat er vergessen, wie schön das Leben ist! Esteban hatte Recht, es lohnt sich, weiterzukämpfen. Er wischt sich eine Träne aus dem Auge. Ein Deutscher, der neben ihm sitzt, sieht ihn irritiert an, fragt was, fasst kurz an seine Schulter. Als er merkt, dass er keine Antwort bekommt, zuckt er die Achseln, dreht sich zur Seite und schläft ein.

Einmal steigen sie aus und besichtigen das Stadion. Ihm fällt auf, dass ihr Weg schon wieder deutlich abgesteckt ist und von irgendwelchen Wärtern im Auge behalten wird. Erst jetzt wird er sich klar darüber, dass das Regime ja auch seinen Teil dafür tun muss, den prominenten Gästen ein friedliches Land zu präsentieren. So einfach wird es nicht sein, sich von der Gruppe zu verabschieden. Nur wenige Meter von hier entfernt gibt es Slums und Gefängnisse und andere unschöne Orte. Da sollen die Deutschen lieber nicht spazieren gehen.

Die Mannschaft nimmt pflichtbewusst die Spielstätte des morgigen Tages in Augenschein und sieht eher gelassen aus. Das Weiterkommen ist relativ unwahrscheinlich, bestenfalls geht es um die Ehre, aber Österreich ist kein ernstzunehmender Gegner.

Wenig später kommen sie am Hotel an. Wie weich ein Bett sein kann, hat er bis dahin nicht gewusst. Sein Magen muss sich erst einmal an feste Nahrung gewöhnen. Er fühlt sich wie im Paradies und beschließt, die Flucht auf morgen zu verschieben. Morgen ist noch früh genug, um für die Freiheit zu kämpfen. Diesen Tag hat er sich verdient.

*

Verdammte Scheiße! Er hat verschlafen, kein Wunder, die erste Nacht seit Ewigkeiten, in der er nicht von Carlos' Gestöhne oder ähnlichem Chaos geweckt worden ist. Dann der Hunger und das unglaubliche Frühstück. Die besorgten Blicke der anderen hat er auf sich gerichtet gespürt. Es ist nicht unbemerkt geblieben, dass Rolf Rüssmann heute irgendwie ein anderer ist als sonst. Nach dem Essen wollte er verschwinden, aber dann hat man ihn zum Arzt geschickt, der alle möglichen Tests gemacht hat, mehr als zwei Stunden lang.

Und seine Kondition muss doch nicht so jämmerlich gewesen sein, denn jetzt steht er als spieltauglich erachtet in der Kabine,

hört draußen die Fans auf den Rängen, schnürt sich die Fußballschuhe zu. Er ist nicht aus der Sache herausgekommen, er muss auf den Platz. Verdammte Scheiße!
Kurz hat er gehofft, dass der echte Rolf Rüssmann für Aufklärung sorgt und rechtzeitig hier antanzt. Aber dass sich in einer Klapsmühle jemand auf einmal für einen deutschen Fußballer hält, gehört schon fast zum Alltag. Und mit dem geschwärzten Haar – Esteban hatte irgendwo einen Stift aufgetrieben, der sonst zum wasserfesten Beschreiben von Plastikflaschen genutzt wurde – hat der betäubte Kerl tatsächlich ausgesehen wie Matías de la Vega, der vermeintlich manisch-depressive Student aus Córdoba. Nein, so schnell würde der hier nicht auf der Matte stehen.
Der Trainer, ein alter Mann mit komischer Mütze, hält im Umkleideraum eine Rede. Immer wieder schaut er besorgt den Spieler an, den er für Rolf Rüssmann hält. Wahrscheinlich denken sie alle, dass der Besuch in der Psychiatrie eine besondere Betroffenheit bei ihrem Mitspieler ausgelöst hat. Aber das ist sicher auch nichts Besonderes, die Deutschen sind doch immer so furchtbar schnell betroffen, diese Grübler. Klar, er könnte jetzt was sagen. Könnte die Sache beenden.
Aber der Weg, den er dann gehen müsste, hätte mit Freiheit nichts zu tun. Er würde dahin verschwinden, wohin all die anderen verschwunden sind. Auf Nimmerwiedersehen. Dann lieber Fußball, beschließt er.
Es kommt Leben in die Mannschaft. Sie klopfen sich auf die Schultern, sie grinsen sich an, sagen sich irgendwelche Dinge. Er macht mit, soweit es geht. Wiederholt die Phrasen, macht eine kraftvolle Faust, zeigt mit den Fingern ein „Victory". Er ist einer von ihnen.
Es geht raus.
Wahnsinn! Diese Menschen, das Jubeln, der Rasen ist so grün und es riecht nach einem großen Moment. Sie laufen in Zweierreihen, werden bejubelt, jubeln zurück – Wahnsinn!
Dann stehen sie in einer Reihe, eine Kamera läuft an ihnen entlang,

während die Nationalhymne gespielt wird. Millionen von Menschen glauben jetzt, Rolf Rüssmann zu sehen, der natürlich nicht mitsingt, aber das tut von den anderen Spielern auch keiner; die kauen alle Kaugummi.

Da überkommt ihn so eine Laune. Er glaubt, es irgendwie zu schaffen. „Wenn wir nicht gewinnen, dann treten wir ihnen wenigstens den Rasen kaputt", sagt er mehr zu sich selbst. Rainer Bonhof steht neben ihm, schaut ihn entgeistert an und benutzt wieder sein 1-A-Spanisch-Lehrbuchvokabular: „Ich wusste nicht, dass du auch Spanisch sprichst." Er lacht laut. „Wenn wir nicht gewinnen, dann treten wir ihnen wenigstens den Rasen kaputt ... Ich muss mir diesen Satz merken!"

„Tu das!", sagt Matías de la Vega.

Und dann ertönt der Anpfiff. Er rennt los. Geht doch.

Alles halb so wild. Es geht bestenfalls um die Ehre, und Österreich ist kein wirklich ernstzunehmender Gegner.

Spanien, 1982
Weltmeister: Italien
Endspiel: Italien – Deutschland 3:1 (0:0)
Teilnehmende Mannschaften: 24
Erzielte Tore: 146 in 52 Spielen (2,8 pro Spiel)
Torschützenkönig: Paolo Rossi (Italien), 6 Tore

Arnold Küsters

Die Schande von Gijón

Die Hitze flimmerte in der Senke. Die Staubfahne sank langsam auf den Asphalt zurück. Ein Wagen in einer halben Stunde. Er legte sein Fernglas in das harte Gras. Alle Achtung. Eine Hügelkette, gesichtslos, leer, kaum Verkehr: Ideal.
Hinter der Stier-Silhouette brannte die tief stehende Sonne blutrot. Er hob erneut das Glas. Drei Schattenrisse, die Osborne-Reklame, der Chinese und der Argentinier.
Er hatte genug gesehen und schob sich das kurze Stück den Hang hinunter. Ihm blieben kaum mehr drei Tage.
Lothar Beckers setzte sich auf einen der Geröllbrocken und suchte in seinen Manteltaschen die Packung Ducados und Streichhölzer.
Automatisch barg er die glimmende Zigarette in seiner hohlen Hand. Er musste nachdenken. Keine zwei Schritte von ihm entfernt stand der weiße Honda mit offenen Türen. Die Fahrt zurück ins Hotel war lang, und er würde sie in einem Glutofen verbringen.

*

Er hatte Li sofort wiedererkannt. An ihm dran zu bleiben war in Gijón kein Problem, anders als noch vor vier Tagen in Hongkong. Dort wäre ihm der Chinese im lauten Gewirr der schmalen Gassen zwischen Garküchen und Souvenirläden fast entwischt.
Lothar Beckers wartete schon eine halbe Stunde in Lis Hotelzimmer. Er hatte gefunden, was er suchte, nun fehlte nur noch der Chinese.
Er kannte den Sohn einer alten Familie von Hongkong-Chinesen

schon lange. Beckers wusste, wie die Familie ihre Geschäfte machte: Tee aus Ceylon, T-Shirts aus Indien, Spielzeug aus Taiwan, argentinisches Erdöl. Er wusste, dass Li Schach über alles liebte, russische Impressionisten sammelte, Harvard mit Auszeichnung bestanden hatte, dass er seine europäischen Manieren perfekt kultivierte. Beckers kannte die Gerüchte über seine engen Verbindungen zum Kartell, wusste, dass der Chinese ein Freund frühpersischer Hinrichtungskultur war und seine Gegner mit Vorliebe tagelang in Asche stehen ließ, während die grauen Flocken langsam ihre Bronchien verklebten.
Und Lothar Beckers wusste, dass Li nichts mehr hasste, als zu verlieren.
Die Zimmertür wurde so geräuschlos und langsam geöffnet, wie er es von Li erwartet hatte. Der Chinese war ein Profi. Aber dieses eine Mal hatte Li keine Chance. Noch bevor der ganz in Schwarz gekleidete Chinese in den Raum treten und Licht machen konnte, war Lothar Beckers mit zwei Schritten bei ihm und schlug ihm seine Waffe auf den Kopf.
Während Li stöhnend zur Seite sackte, schob Beckers ihm seine Hände unter die Achseln und zog ihn auf das schmale Bett. Beckers atmete heftig. Li war schwerer als er dachte.
Er wollte keine Zeit verlieren und zog das rote Trikot der Spanier aus der Manteltasche. Er legte es Li über den Kopf, bevor er dem Chinesen mit drei Kugeln das Gesicht wegschoss. Hastig zog er Li den rechten Schuh und den Socken aus. Er wollte sichergehen. Beckers nickte, dem Chinesen fehlte der kleine Zeh. In seinem Jackett fand er drei verschiedene Pässe und Lis FIFA-Akkreditierung als offizieller Beobachter Südkoreas.
Auf dem Weg zur Tür blieb Beckers am Fenster vor dem dünnbeinigen Tisch stehen, auf dem ein Schachspiel mit chinesischen Figuren aufgebaut war. Weiß war am Zug. Mit der Mündung des Schalldämpfers kippte er den Läufer um. „Hasta luego."
Bevor er die Tür zum Hotelflur öffnete, schraubte er die Waffe auseinander und steckte die Einzelteile zurück in seine Manteltaschen.

Als er auf die Straße trat, hielt vor ihm ein grüner Golf Cabrio. Es war das neue '82er Modell, wie sein Bruder es fuhr. Gemeinsam hatten sie den Sicherheitsleuten bei VW an einem Prototypen ihre Auffassung von Terrorabwehr demonstriert. Lichtjahre schien das her zu sein.
Der Fahrer hatte das Verdeck zurückgeklappt und ließ den Motor aufheulen. 112 PS, 1,8 Liter, dachte Beckers anerkennend und beobachtete den jungen Spanier hinter dem Lenkrad. Von dem Macho drohte keine Gefahr.
Aus den Boxen dröhnte *The lion sleeps tonight* bis über das Zimmer des Toten hinaus. Beckers mochte den Sommerhit nicht. Er hielt es eher mit Bob Dylan: *Blowin' in the wind*.
Lothar Beckers wollte nur noch schlafen.

*

„Veterano, lange nicht gesehen." Marta war aus dem Halbdunkel des Cafés auf den Bürgersteig getreten und stellte ungefragt das Glas mit Brandy auf das winzige Tischchen, an dem Beckers schon eine ganze Weile saß.
Er wollte ihr nicht in die fast schwarzen Augen sehen. Stattdessen folgte sein Blick einem Boot, das langsam durch das Hafenbecken schaukelte. Vor der dunklen Kulisse des Fischerviertels und des Santa Catalina, wirkte es nicht viel größer als eine Nussschale. „Vier Jahre."
Der blau gestrichene Kahn hatte fast das Ende der Mole erreicht.
„Eine lange Zeit. Hast du Hunger?"
Beckers schüttelte kaum merklich den Kopf. „Er wird anrufen."
„Ich weiß." Marta Huerta Alonso sah dem Fischerboot nach, als würde sie es in diesem Augenblick zum ersten Mal sehen. „Es wird Sturm geben. Pass auf dich auf."
„Wann?" Nun sah er sie doch an. Ihr dichtes schwarzes Haar glänzte in der Sonne. Ihr rauer Akzent und die braune Haut ihrer Arme lösten Bilder in ihm aus, an die er sich nicht erinnern wollte.

„Eduardo", antwortete sie nur und ging zurück in das kühle Halbdunkel ihres Cafés.

Lothar Beckers lehnte sich in dem unbequem harten Metallstuhl zurück, schloss die Augen und atmete tief ein. Der Hafen von Gijón roch vertraut wie alle Häfen, nach Teer, Diesel, Algen, Fisch und Salz.

Von irgendwoher dröhnten die dumpfen, gleichförmigen Schläge einer Dampframme. In der Nähe schlug die Bordwand eines Kleintransporters gegen ihre Halterung. Ein Motor wurde gestartet.

Er dachte an seinen Auftrag. Die aufgeregten Schreie der Möwen würden sich schon bald mit dem Johlen und den Gesängen der Fußballfans mischen.

Das satte Schnarren war bis aufs Trottoir hinaus zu hören. Er öffnete die Augen. Das alterschwache Telefon. Mit einem Blick auf seine Armbanduhr wusste er, dass das Gespräch für ihn war. Als er Eduardo in seiner Küche zunickte, zerteilte der Wirt gerade ein abgezogenes Kaninchen mit einem Fleischerbeil. Dazu plärrte Fado aus dem Kofferradio, Martas Lieblingsmusik. „Sie singen von uns", hatte sie einmal in der Nacht gesagt. Ihm gefielen die Melodien, aber er verstand kein Portugiesisch.

So wie Eduardo Beckers musterte, hatte er ihn nicht vergessen. Sicher nicht für eine Minute.

Das alte Telefon aus schwarzem Bakelit hing immer noch in der Nische, nahe dem Durchgang zum Hof. Marta hielt ihm wortlos den schweren Hörer hin und verschwand anschließend in Richtung Schankraum.

„Gute Arbeit, Lothar. Ich wusste, dass ich mich auf dich verlassen kann. Ganz so wie damals. Weißt du noch? Wir beide, A-Jugend, 1. FC Mönchengladbach." Gerlachs vertraute Stimme klang dünn. Die Verbindung war schlecht.

„Lass das. Sie werden nach mir suchen." Beckers tastete in seiner Manteltasche nach Zigaretten.

„Sie haben keine Ahnung, wer du bist."

„Gib dir keine Mühe, Hans. Sie werden es erfahren. Nein, sie

wissen es längst." Beckers fand nur eine leere Packung.
„Wir haben alles im Griff. Wir liegen im Zeitplan."
Das hast du beim ersten Gespräch schon gesagt, dachte Beckers. Und dass er, der „Veterano", Gerlach noch einen „kleinen letzten Gefallen" schuldig sei. Beckers musste husten und verzog das Gesicht. Er hatte nur 48 Stunden gehabt bis sein Flugzeug ging und nicht einmal gewusst, woher Gerlach seine Telefonnummer hatte. Er hatte gehofft, dass man ihn vergessen hätte, aber Gerlach vergaß nie.
„Hör auf damit, hab ich gesagt."
„Es geht um viel Geld."
„Wie viel?" Beckers betrachtete die Telefonnummern, die ohne erkennbare Ordnung und in verschiedenen Größen und Handschriften auf die Wand gekritzelt waren. Er konnte sie im Halbdunkel nicht alle entziffern. Die Tapete roch undefinierbar nach Essen, Alkohol und Teer.
„30 Millionen Mark, umgerechnet. Mindestens 30 Millionen für ein Spiel! Verteilt auf dutzende legale und illegale Wettbüros."
Wirklich beeindruckend, dachte Beckers. Er hatte Li und das Kartell unterschätzt.
„Viel Geld. Der Argentinier wird morgen Abend die Leute von der FIFA treffen."
„Überlass die FIFA und den Schiedsrichter uns. Kümmre du dich um den Argentinier."
„Und wenn es schiefgeht?"
„Es wird nicht schiefgehen. Denk dran, du bist immer noch Teil des Teams."
Trotz der Entfernung konnte Beckers die Schärfe in Gerlachs Stimme hören.
„Steht das Ergebnis schon fest?" Er konzentrierte sich wieder auf die Telefonnummern.
„Es kann nur ein Ergebnis geben." Gerlach lachte sein trockenes Lachen, das Beckers noch nie gemocht hatte. „Hast du die Tabelle nicht im Kopf?"
Lothar Beckers hatte anderes im Sinn. Aus den Augenwinkeln

bemerkte er Marta, die ihn offenbar schon eine ganze Weile beobachtete.
„Wie?"
„1:0"
„Für Deutschland?"
„Damit kommen beide Mannschaften weiter. Das ist die Bedingung der Verbände. Ich finde das nur fair."
1:0! Gut. Das Ergebnis würde seine Lebensversicherung sein. Beckers zerknüllte zufrieden die leere Zigarettenpackung und warf sie auf den Boden.
„Und du bist dir sicher?"
„Verlass dich drauf, Lothar."
Gerlach klang tatsächlich fröhlich.
„Es sei denn, die Chinesen haben ihre Absicht geändert." Gerlachs Stimme war scharf und kalt.
Beckers schüttelte den Kopf, obwohl Gerlach ihn nicht sehen konnte. „Li hatte die Papiere dabei. Sie setzen auf einen 3:1-Sieg der Deutschen. Martinez hat unterschrieben. Außerdem sind sie sicher, dass sich die Trikots massenweise verkaufen. Ich habe sie gesehen, die Fälschungen sind wirklich brillant."
„Wir haben ihnen schon in die Suppe gespuckt. Du musst den Argentinier aus dem Verkehr ziehen, unter allen Umständen. Hörst du, Lothar?"
„Lass das! Ich weiß, was ich zu tun habe." Er wollte jetzt eine Zigarette und einen Carajillo. Beckers sah für einen Augenblick zu Marta hinüber.
„Schaffst du das? Du weißt, was auf dem Spiel steht." Gerlach klang ernsthaft besorgt.
„Spinnst du?"
Gerlach räusperte sich und zögerte mit der Antwort. „Denk an Fürstenfeldbruck. Denk an Andrea", sagte er schließlich.
Die Verbindung war mit einem Mal störungsfrei.
„Fürstenfeldbruck ist zehn Jahre her. Eine völlig andere Geschichte. Du weißt, dass es die anderen waren, die versagt haben."
„Haben sie das, Lothar? Haben sie das wirklich?"

Beckers warf den Hörer auf die Gabel. Er hatte München all die Jahre ausklammern können. Mehr oder weniger. Am besten mit Hilfe eines Brandys. Warum musste Gerlach in alten Wunden stochern? Oder hatte er nur ausgesprochen, was seit 1972, seit München und Olympia, sein Leben bestimmte: Die Angst, wieder im entscheidenden Augenblick zu versagen? Er hatte versagt. Andrea saß seither im Rollstuhl.
„Carajillo?"
Ihre kühle Hand ruhte leicht auf seinem Unterarm.
„Einen doppelten." Ohne weiter auf Eduardo zu achten, ging Beckers zurück hinaus in die Sonne.
Deutschland schlägt also Österreich mit 1:0. Die Wette der Chinesen würde platzen. Und damit auch das nette und weltweite „kleine" Zusatzgeschäft mit den Trikots.
Beckers nippte von dem Carajillo, den Marta ihm hinterher getragen hatte. Andrea würde sich freuen. Sie kannten einen zuverlässigen Buchmacher in „ihrem" Stow-on-the-Wold. Fühlt sich Glück so an? Lothar Beckers hatte für einen Moment das Gefühl, schwerelos zu sein. Er war näher dran, als er noch vor drei Wochen zu hoffen gewagt hatte.
„Tapas? Eduardo macht heute Abend auch Paella und Bohneneintopf. Oder Fischsuppe? Oder lieber ein Boccadillo mit Chorizo?" Sie lächelte verhalten, als könne Eduardo von seinem Hackblock aus ihre Augen sehen.
Beckers schüttelte den Kopf. „Bring mir lieber noch einen Carajillo und Zigaretten."
Drinnen läutete wieder das Telefon.
Im Weggehen streifte ihr dichtes Haar fast seinen Kopf. „Du riechst wie ein Esel, Guiri."
Da wusste er, dass sie in der Nacht kommen würde.

*

Die Carajillos hatten ihn nur noch müder gemacht. Außerdem steckte ihm der viel zu kurze Abschied von Andrea in den

Knochen, dazu die langen Flüge der vergangenen Tage, das flüchtige Telefongespräch mit Zuhause am Morgen, der Gedanke an Li, das rote Trikot und den weißen Läufer. Allein zu wissen, dass der Argentinier irgendwo in der Stadt sein musste, hielt ihn wach. Und natürlich der Gedanke an die Nacht mit Marta.
Irgendwann hatte er die zerlesene Ausgabe der Marca auf dem Tischchen zurückgelassen und war in den langsam heraufdämmernden Abend hinausgegangen. Lothar Beckers ließ sich durch die schmalen Straßen der Cimadevilla treiben, querte hier einen kleinen Platz und bog dort in eine Gasse ab, betrachtete im Vorübergehen flüchtig die alten Häuser eines längst vergangenen Gijón. Er ging dabei nicht langsam und nicht schnell. Seine unscheinbare Gestalt, das schmale Gesicht mit den traurigen Augen, der offene Mantel, fielen nicht weiter auf. Eine perfekte Tarnung, die ihm schon oft geholfen hatte. Irgendwer auf dem Weg irgendwohin.
Auf seinem zufällig gewählten Weg durch die Calle de Atocha, Calle Rosario oder Calle de Marta Bandujo sog er die Gerüche ein, lauschte den vielstimmigen Gesprächen, der Musik und den anderen Geräuschen, die das Leben in und vor den kleinen Cafés, Restaurants und Bodegas begleiteten. Er sah Fischer, arbeitslose Eisen- und Stahlarbeiter und Kumpel ohne Bergwerk einträchtig beieinander sitzen und den gleichzeitigen Niedergang der Wirtschaft und den unaufhaltsamen Zerfall ihrer Träume beklagen. Oder lachende Studenten, die sich bei Wein und Tapas von ihrem Glück erzählten.
Vom Meer her kam Wind auf und verfing sich zwischen den alten Fassaden, legte sich auf die Dächer und strich über die zahllosen Lichter.
Beckers spürte Wehmut, denn er wusste, dass schon bald viel zu viele deutsche und österreichische Schlachtenbummler dieses friedliche Bild mit ihren Trikots, ihren Fahnen und mit ihrem lärmenden Gehabe stören würden.
Du bist ein Dummkopf, Lothar Beckers, hätte Andrea jetzt gesagt und ihm dabei zärtlich übers Haar gestrichen.

Nicht, dass er die Begeisterung der Schlachtenbummler nicht verstand, aber ihre bedingungslose Begeisterung für diesen Sport war ihm suspekt. Kollektiver Jubel löste bei ihm das Gefühl von Misstrauen gegenüber der steuerbaren Masse Mensch aus.

Er musste den Argentinier finden. Er war die wichtigste Verbindung der Chinesen zur Weltmeisterschaft. Gerlachs Abteilung glaubte herausgefunden zu haben, dass sie schon seit '66 versuchten, Europa auszuhebeln und vor allem mit manipulierten Wetten aus Weltmeisterschaften Profit zu schlagen. Sie hatten außerdem den Handel mit gefälschten Textilien bis zur Perfektion entwickelt und waren dabei, den Markt mit Plagiaten zu überschwemmen.

Gerlachs Statistiker hatten errechnet, dass der Schaden allein für die Volkswirtschaften Europas immens war. Beckers wusste, dass die Begegnung Deutschland gegen Österreich nicht die einzige Partie war, aus der asiatische Kartelle Kapital zu schlagen versuchten.

Gerlach hatte ihm am Rande seines Briefings erklärt, dass die Chinesen sich auf Spanien besonders vorbereitet hatten. Zunächst hätten sie Hugo Martinez aktiviert, der ihnen aus ihren Öl-Geschäften verpflichtet war. Er hatte nicht nur die Verträge mit den Chinesen gemacht, er hatte auch über seine Kontakte zum Fußballverband die nötigen Verbindungen hergestellt.

Martinez musste ausgeschaltet werden, bevor er grünes Licht für die Aktion geben konnte, die den Chinesen Millionen auf ihre illegalen Konten spülen würde.

Beckers hatte inzwischen den Campo de las Monjas erreicht. Weiter den Hügel hinauf wollte er nicht. Das Gelände war ihm zu offen. Den Argentinier hatte er nirgends entdeckt und er konnte nicht ausschließen, dass die Chinesen ihm längst auf der Spur waren. Langsam ging er in die Richtung seines Hotels zurück, das nicht weit vom Estadio Municipal El Molinón lag. Er sah auf die Uhr. Marta würde bald kommen. Er wollte vorher noch duschen.

„Guiri, mein Guiri." Marta fuhr mit ihrem Zeigefinger die muskulösen Linien seines nackten Rückens nach.
Er hatte dieses raue Flüstern schon fast vergessen gehabt. Jetzt spürte er ihr schweres Haar an seiner Schulter.
„Warum bist du immer noch bei ihm?" Das eiserne Bettgestell jammerte, als er seine Position veränderte.
„Warum bist du immer noch bei ihr?" Marta ließ ihn ihre Fingernägel spüren.
Lothar Beckers streckte sich.
„Du wirst ihn töten?"
„Eduardo?"
„Nein. Den Argentinier."
„Sicher."
„Und dann?"
„Ist mein Auftrag beendet."
„Du gehst zurück?"
Er antwortete nicht.
„Du bist ein Hurensohn." Sie biss ihm zärtlich in die Schulter.
„Eduardo will mich töten."
„Eduardo ist ein Kind. Er tötet niemanden."
„Er weiß, dass du hier bist. Er denkt, du bist eine Puta."
„Er ist ein Kind. Und was denkst du?"
„Er wird dich töten. Du bringst ihm Schande."
Marta Huerta Alonso stemmte eine Hand gegen die Matratze und richtete sich auf. „Sag das nie wieder! Nie wieder! Hörst du?"
Er drehte sich zu ihr. „Du bist unglaublich, Marta. Weißt du das?" Beckers zog sie an sich. „Unglaublich."
Marta Huerta Alonso, Kellnerin im kleinen Café am Hafen von Gijón, und „schlafendes" Mitglied der europäischen Schutztruppe gegen das organisierte Verbrechen, SDI, beugte sich zu Beckers. „Und du bist eine Ratte, Beckers. Eine erbärmliche Ratte. Du hast mich vier Jahre warten lassen. Sei froh, dass du noch lebst. Ich sollte dir die Eier abschneiden und sie in den Piles werfen."

Lothar Beckers griff in ihr Haar. „Versuch's doch."
Marta Huerta Alonso beugte sich über ihn und setzte sich auf seine Schenkel. „Warum habe ich dich nur getroffen, Guiri? Sag es mir."
„Find's raus, Marta."
Durch die Lamellen der hölzernen Fensterläden zog schon der klare Geruch des kühlen Morgens, als Marta das kleine Hotel verließ.
Beckers lag noch lange wach und dachte an Andrea. Er musste sie anrufen. Wegen des Buchmachers.

*

„Wo steckt Martinez?"
Gerlach ließ sich mit der Antwort Zeit. „Er ist in der Nähe der, warte, Plaza Mayor abgestiegen. Das Hotel ist nicht zu verfehlen. Er trifft sich am Abend mit den beiden FIFA-Leuten."
Beckers hörte das entfernte Rascheln von Papier.
„Auf dem Hügel. Wie heißt er noch? Ich kann mir diesen spanischen Scheiß einfach nicht merken. Irgendwas mit Katalan."
„Catalina." Lothar Beckers zog an seiner Zigarette.
„Sag ich doch."
„Santa Catalina. Wann?"
„22 Uhr. Wenn er pünktlich ist."
„Ist er allein?"
Es dauerte erneut, bis Gerlach antwortete. Beckers hatte das Gefühl, Hans hätte die Hand über die Sprechmuschel gelegt und würde mit jemand anderem sprechen.
„Ist er allein?" Beckers wiederholte seine Frage und trat dabei seine Zigarettenkippe aus.
„Lothar? Bist du noch da? Soweit wir wissen, kommt Martinez allein. Du musst ihn abfangen, bevor er auf die Typen von der FIFA trifft. Die werden nicht pünktlich sein. Du hast also Zeit."
„Was macht ihr mit denen?"
„Darum kümmert sich die FIFA. Die haben ihre eigenen Me-

thoden. Du musst dich nur um Martinez kümmern. Die meisten Wetten sind schon platziert. Das werden wir nicht mehr ändern können. Aber du musst Martinez stoppen, bevor er noch mehr Unheil anrichtet." Gerlachs Worte klangen eindringlich.

„Also nur einer?"

„Nur der Argentinier." Gerlach machte eine Pause. „Wie geht's Marta?"

Lothar Beckers legte auf. Er musste unbedingt Andrea anrufen. Sie wartete sicher schon.

„Carajillo?"

Beckers sah Marta an. „Andrea wartet auf meinen Anruf."

„Carajillo?" Sie ließ nicht locker.

„Und eine Marca."

„Viele Deutsche sind schon da. Mit ihren Bierbäuchen und ihren Socken." Marta Huerta Alonso schickte Beckers ein glucksendes Lachen hinterher, als er durch das Café nach draußen ging.

Eduardo war nicht da. Keine schmuddelige Schürze vor dickem Bauch, keine behaarten Unterarme, die Küche war leer. Beckers konnte sich nicht daran erinnern, dass Eduardo einmal nicht da gewesen war, in der kleinen Küche, an seinem Hackklotz. Auch das Radio war stumm. Es roch nach kaltem Fett.

„Wo ist er?", fragte Beckers, als Marta ihm einen Carajillo und ein Boccadillo brachte.

„Keine Ahnung." Die Frage schien ihr nichts auszumachen.

„Denk nach. Wo kann er sein?" Beckers wollte vorbereitet sein.

„Auf dem Markt?" Marta setzte sich zu ihm an den Tisch.

„Er wird dich töten. Und er wird mich töten." Beckers schlug die Zeitung auf. Sie war voller fetter Schlagzeilen, Bilder von entscheidenden Spielszenen, von deutschen Schlachtenbummlern, die Bier tranken und Fahnen schwenkten, dazwischen Spielerportraits.

„Er tut niemandem was." Sie deutete auf die Fotos. „Die Stadt füllt sich langsam."

„Sie sind wie die Heuschrecken." Beckers faltete die Marca zusammen.

„Wann triffst du den Argentinier?" Marta musterte Lothar Beckers. In ihrem Blick lagen Zärtlichkeit, Sorge und auch eine Spur wilder Entschlossenheit.
„Ich gehe zu Andrea zurück."
„Lass mich nicht alleine, Guiri. Nicht schon wieder."
„Es gibt keinen anderen Weg. Und du weißt das."
Marta Huerta Alonso stand wortlos auf und räumte den Tisch ab.

*

Die restliche Zeit bis zu seiner „Verabredung" verbrachte Beckers in seinem Hotelzimmer. Er hielt die Fensterläden geschlossen und versuchte zu schlafen. Aber er fiel bloß in einen unruhigen Halbschlaf, meinte Marta und Andrea neben seinem Bett stehen zu sehen, das Zucken von Lis Leib unter seinen Schüssen zu spüren. Und er sah das Beil von Eduardo, das im Licht der Küche aufblitzte.
Schließlich stand Beckers auf und trat ans Fenster. Durch die Lamellen beobachtete er eine Zeit lang die Straße. Er wollte keine Überraschung erleben. Als er endlich sicher war, dass niemand sein Hotel beobachtete, zog er sich um.
Er ließ sich Zeit und schlenderte an den Resten der römischen Stadtmauern und Thermen vorbei, suchte auch den Valdéz-Palast und den Revillagigedo-Palast auf, um dann endlich am Ende der Avenida de La Salle zu stehen.
Die Farben der Innenstadt wurden von österreichischen und deutschen Fahnen dominiert, dazwischen ein paar algerische. Es waren schon deutlich mehr Fußballtouristen in der Stadt als noch am Vortag.
Lothar Beckers hasste Körperkontakt mit Fremden, aber er musste sich auf der Plaza Mayor seinen Weg durch die Menge fußballverrückter Fans, die sich wie auf ein geheimes Kommando vor dem Rathaus versammelt hatten, regelrecht erkämpfen. Einige boten ihm ihre halb geleerten Biergläser an, die er ablehnte,

worauf die Männer mit gleichgültigem Schulterzucken reagierten.

Die Schlachtenbummler hatten die meisten Straßencafés und Bodegas besetzt, saßen auf Plätzen oder lungerten einfach an Straßenecken herum. Die Trennung zwischen den Blöcken war längst aufgehoben. Österreicher tranken mit Deutschen und tauschten vorübergehend ihre Trikots, Deutsche skandierten deutsche Schlachtrufe und schwenkten dabei österreichische Fahnen. Algerische Fußballfans schüttelten breit grinsend deutsche und österreichische Hände.

Es dauerte eine Weile, bis er ganz oben auf dem Hügel stand. Aber er hatte kaum einen Blick für das Kantabrische Meer, die Costa Verde oder die lockenden Lichter der Cimadevilla.

Beckers musste Deckung suchen, ein Versteck, um Martinez überraschen zu können. Er ging bis nah an die Abbruchkante der Klippen. Unter ihm rollte die Brandung gegen das Ufer. Das Geräusch drang bis zu ihm herauf. Scheinbar schwerelose Möwen beobachteten ihn neugierig.

Der Wind blies durch seinen dünnen Mantel. Beckers hob den Blick. Irgendwo da draußen lag England, seine Zukunft. Dort wartete Andrea. Sie hatte ihre Wette platziert.

Er würde seine Pflicht tun. Und er würde nicht versagen. Er zog den Mantel enger um sich. Hier oben war es deutlich kühler. Die Walther wog schwer in der Manteltasche.

Beckers wandte sich ab. Bald würde es vorbei sein. Gerlach hatte es ihm zugesagt: nur noch ein letzter kleiner Gefallen.

Er fand Deckung im Schatten eines einzelnen, lang gestreckten Gebäudes auf dem nordöstlichen Teil des Hügels. Von diesem Platz aus hatte er die Zugangswege im Blick. Er musste nur noch den Schalldämpfer aufschrauben. Das Schussfeld war frei, bis auf ein paar Büsche war die Hügelspitze eine flache Grünfläche.

Lothar Beckers sah auf die Uhr: noch eine halbe Stunde. Er würde ohne Zigarette auskommen müssen, denn der aufglühende Tabak sollte ihn nicht verraten.

Er versuchte sich auf das zu konzentrieren, was er über Hugo Martinez wusste. Das war nicht viel. Sie waren in etwa gleich alt. Ein Emporkömmling aus den Favelas von Buenos Aires. Dank eines Stipendiums der Kirche hatte er studieren können und war dann bei dieser Ölfirma gelandet. Über seine Arbeit als Ingenieur hatte er aber seine alten Kontakte nicht vergessen. Er hatte seinen Freunden geholfen und sie ihm. Daraus war im Verlauf der Jahre eine fest gefügte Allianz aus sozialem Status und illegalem Geld geworden, die für alle ungesund war, die Hugo Martinez' Geschäften zu nahe kamen.
„Gringo."
Lothar Beckers erstarrte unter dem kalten Metall eines Pistolenlaufs, der sich hart in seinen Nacken drückte.
„Nimm die Hände hoch. Langsam."
Beckers' Gedanken rasten, während er die Worte hörte, die ein deutlich spanischer Akzent färbte. Martinez konnte keinen der beiden Wege genommen haben! Die hatte er im Blick gehabt. Aber woher war der Argentinier dann aufgetaucht? Lothar Beckers hob die Hände über den Kopf. Er konnte Martinez nicht sehen, aber er spürte, dass der ihm seine Pistole aus der Manteltasche zog. Dann hörte er, wie seine Waffe ein paar Meter seitwärts ins Gras fiel.
„Du bist ein folgsamer Schüler, Beckers. Komm, wir machen einen kleinen Spaziergang." Der Druck der Pistole wurde stärker. Woher kannte Martinez seinen Namen? Gerlach hatte ihn betrogen. Es musste einen Maulwurf in der Organisation geben! Wenn nicht in Deutschland, dann anderswo.
Die Waffe in seinem Nacken wies ihm den Weg. Beckers wurde über die Rasenfläche in Richtung Abbruchkante geschoben. Martinez sprach kein weiteres Wort.
Mit jedem Schritt in Richtung Klippe wurde Beckers klarer, dass Hugo Martinez vom Meer her den Hügel hinaufgekommen sein musste.
„Halt. Das reicht. Hände hinter den Kopf."
Sie waren jetzt bis an den Rand der Felsen getreten.

„Knie dich hin."
Lothar Beckers Gehirn weigerte sich, den Befehl auszuführen.
„Knie dich hin, habe ich gesagt. Hörst du nicht, Gringo?"
Widerwillig ließ sich Beckers auf die Knie sinken.
„So ist es gut. Sieh hinunter. Gefällt dir die Aussicht?"
Beckers schaute hinunter und sein Körper begann zu zittern. Unter ihm waren nur Felsen und das Meer. In einiger Entfernung meinte er ein Segelboot vor Anker liegen zu sehen.
„Gleich wirst du die Fische mit deinen Eingeweiden füttern, Lothar Beckers."
„Woher?"
„Du redest nicht, kapiert?"
Woher kannte ihn der Argentinier? Wer hatte ihn verraten? Gerlach? Marta? Eduardo? Wo war die Schwachstelle?
„Du wirst es nie erfahren." Martinez' Lachen klang höhnisch. „Ihr werdet uns nicht aufhalten. Keiner von euch. Uns gehört die Zukunft! Hast du vom Spiel Chile gegen Algerien gehört? Und wenn es nicht Fußball ist, dann sind es eben andere Dinge. Wir haben viele Möglichkeiten. Aber Schluss jetzt. Ich habe noch zu tun. Mein Besuch ist gleich da."
Martinez trat hinter ihn.
Beckers hörte, wie er den Hahn seiner Pistole spannte. „Einen schönen Gruß von Li."
Lothar Beckers hatte keine Wahl. Mit aller Kraft warf er sich zurück und traf mit seinem ganzen Gewicht Martinez' Unterschenkel. Der Schuss, den der völlig überraschte Argentinier abgab, verfehlte Beckers nur knapp. Er bekam die Beine seines Gegners zu fassen und warf ihn um. Dabei verlor Martinez seine Pistole.
Der Argentinier war stärker, als Beckers erwartet hatte. Keuchend hatte er sich aus dem Griff des SDI-Agenten befreit und versuchte nun, seine Hände an Beckers' Hals zu bringen, der auf dem Rücken lag. Nur noch wenige Zentimeter, und Beckers' Kopf würde frei über dem Abgrund schweben.
Mit letzter Kraft gelang es ihm, Martinez auf Distanz zu halten.

Der Argentinier packte Beckers' Mantelkragen und wollte ihn daran zu sich ziehen. Aber der Stoff riss und Martinez hielt nur Fetzen in den Händen.
Verblüfft hielt der Argentinier für einen Augenblick inne. Die Zeitspanne reichte Lothar Beckers aus. Es gelang ihm, Martinez an sich zu ziehen und dabei gleichzeitig seine Beine vor dessen Körper zu bringen. Mit einer letzten Kraftreserve drückte Beckers seine Beine durch und katapultierte den Argentinier über den Rand der Klippe. Martinez verschwand lautlos in der Dunkelheit.
Lothar Beckers blieb laut keuchend auf dem Rasen liegen.
„Ist Ihnen nicht gut?"
Beckers sah auf. Wie aus dem Boden gewachsen standen vor ihm Arm in Arm ein Mann in Deutschlandtrikot und eine junge Frau in den Farben der Österreicher. Beide hielten eine Rotweinflasche in der Hand.
„Ist die Aussicht nicht herrlich? Und die Luft!" Die Frau breitete die Arme aus und zeigte mit ihrer Flasche aufs Meer.
„Wir werden morgen gewinnen! Ich heiße Bernd." Der Mann hielt Beckers seine Flasche hin. „Du siehst irgendwie Scheiße aus, Mann. Komm, ein Schluck Wein wird dich wieder auf die Beine bringen."

*

„Bring mir das Radio." Lothar Beckers reichte ihr seine leere Tasse und nahm den frischen Carajillo entgegen. In den Zeitungen stand nichts über Martinez. Dazu war es noch zu früh.
„Was willst du damit?" Marta wischte mit einem Lappen über die abgenutzte Resopal-Platte.
„Sport hören."
Sie verharrte in ihrer Bewegung. „Seit wann interessierst du dich für Fußball, Guiri?"
„Seit gestern Abend."
„Das Spiel ist doch schon fast zu Ende." Marta Huerta Alonso

ging kopfschüttelnd in Richtung Küche.

Beckers hatte noch fast eine Stunde auf dem Hügel von Gijón verbracht und war dann hinunter zum Hafen gegangen, in der Hoffnung, dass Marta dort auf ihn wartete.

Sie hatte tatsächlich an einem der Tische gesessen. Als er kurz vor Mitternacht in das schon dunkle Café trat, hatte er ihren fragenden Blick mit einem kurzen Nicken beantwortet. Daraufhin war sie aufgestanden und hatte ihm ein Wasserglas mit Brandy gefüllt.

Schweigend hatten sie sich gegenüber gesessen. Nach dem dritten Glas war Beckers aufgestanden und in sein Hotel zurückgekehrt. In den meisten Bodegas und Cafés hatten immer noch Schlachtenbummler gesessen, gefeiert und gesungen.

In der Nacht hatte er geschlafen wie ein Stein.

„Die Batterien sind schwach." Marta stellte den kleinen Weltempfänger auf den Tisch und drehte an der Antenne.

„Schon gut, ich mach das." Lothar Beckers wollte keine Fürsorge.

Bevor sie etwas sagen konnte, schnarrte drinnen das Telefon.

Ohne weiter auf Marta zu achten, drehte Beckers an dem Rädchen für die Sendersuche. Er musste den schmalen Apparat mehrfach auf dem Tischchen hin und her rücken, bis er einen einigermaßen klaren Empfang hatte.

Gleich würde er wissen, ob sein Einsatz erfolgreich gewesen war. Angespannt verfolgte er die Stimme des Kommentators, die ab und an von Rauschen überlagert wurde.

„Wenn dieses Match nicht geschoben ist, dann kenn ich mich im Fußball nicht mehr aus. Das darf nicht wahr sein. Jetzt Obermayer, Querpass, natürlich. Im Prinzip müsste man die Übertragung beenden, denn das Match geht sicher 1:0 aus. Hui, jetzt wieder Tumulte, Schlägereien im Zuschauerraum. Die Polizei hat alle Hände voll zu tun. Da spielt sich einiges ab. Kein Mensch im Stadion schaut mehr auf das Spielfeld. Jetzt gellen die Pfiffe durch das Stadion. Schiebung, Schiebung. Naja. Es schaut kein Mensch mehr auf das Spiel. Nur noch, wo gerade die größte Turbulenz,

wo die größte Rauferei im Gange ist."
Das musste der österreichische Kommentator Manfred Payrhuber sein. Beckers drehte weiter an dem Rädchen. Es knackte und rauschte. Dann erkannte er die Stimme von Armin Hauffe.
„Meine Damen und Herren, wenn Jules Rimet, jener Mann, der die Fußballweltmeisterschaft 1930 ins Leben gerufen hat, dieses Spiel sehen könnte, ich glaube, er würde die Welt nicht mehr verstehen. Und ich bin schon der Meinung, dass der Deutsche Fußballbund nach diesem Spiel, insbesondere der ausländischen Öffentlichkeit, aber auch uns allen in der Bundesrepublik, eine Erklärung schuldig sein wird. Denn der Schaden, der dem deutschen Fußball hier von seinen Akteuren, über die Österreicher wollen wir gar nicht mehr reden, das ist im Augenblick deren eigenes Problem, zugefügt wurde, der ist beträchtlich. Ganz ohne Frage. Und ich verstehe den Bundestrainer Jupp Derwall nicht. Der sitzt da unten, der schaut sich das Ganze an, gibt keine Anweisungen, doch endlich mal aus diesem entsetzlichen Konzept herauszukommen. Das Ganze geht einfach weiter. Die Spieler wirken wie Fremdkörper in einem Stadion, das ein einziger Hexenkessel des Unwillens, der Wut, der Enttäuschung ist. Und immer wieder sieht man Algerier, die hier betrogen werden."
Lothar Beckers schaltete zufrieden das Radio aus und trank den letzten Schluck.
Er hatte gehört, was er hören wollte. Mit diesem Ergebnis waren beide Mannschaften eine Runde weiter. Die Algerier taten ihm leid. Und die Zuschauer, nicht nur im Stadion, sondern überall auf der Welt. Aber das war der Preis, den die FIFA für eine saubere WM hatte zahlen müssen.
Die Chinesen hatten ihr Spiel verloren. Und das allein zählte. Und der Tipp, den Andrea in Stow-on-the-Wold abgegeben hatte. Die Quote würde ihnen 1,5 Millionen Pfund einbringen. Sie würden endlich ihr Cottage in Stanton kaufen können. Spätestens in zwei Tagen würde er in London sein. Von dort waren es keine drei Stunden bis Stow.
Lothar Beckers überlegte, ob er noch einen Brandy bestellen sollte.

Besser nicht, denn die frustrierten und wütenden Schlachtenbummler würden nicht lange auf sich warten lassen. Ach was, dachte er, ein schneller Brandy war immer drin.

Er wollte gerade nach Marta rufen, als er sie kommen sah.

Angesichts der „Abwehrkette" aus vier Chinesen hatte er keine andere Wahl. Er musste durch Martas Café über den Hof verschwinden. Er wusste ungefähr, welchen Weg er von dort aus nehmen musste, um zurück zu seinem Hotel zu kommen.

Er versuchte gar nicht erst, nach seiner Waffe zu greifen, die in seinem Schulterholster steckte. Er wollte nicht zu erkennen geben, dass er sie gesehen hatte. Er hatte noch eine Chance.

Als er sah, dass sich einer der Angreifer löste und direkt auf ihn zu gelaufen kam, sprang er auf und stieß dabei seinen Stuhl um. Er versuchte ins Halbdunkel des Cafés zu entkommen, ohne seine Gegner aus dem Blick zu lassen.

Aber er kam nur bis zum Telefon. Das letzte, was er hörte, waren Martas Schreie und ein Kommando in chinesischer Sprache. Während er von vier Kugeln in Bauch und Brust getroffen wurde, torkelte er rückwärts gegen die Kante der Telefon-Nische.

Er verblutete in Martas Armen.

Er sah nicht mehr, dass Eduardo plötzlich mit hängenden Schultern neben ihr stand.

Als das Wandtelefon klingelte, hob Marta ab und ließ den Hörer sofort wieder auf die Gabel fallen.

Das war das verabredete Zeichen.

Mexiko, 1986
Weltmeister: Argentinien
Endspiel: Argentinien – Deutschland 3:2 (1:0)
Teilnehmende Mannschaften: 24
Erzielte Tore: 132 in 52 Spielen (2,54 pro Spiel)
Torschützenkönig: Gary Lineker (England), 6 Tore

Bernhard Jaumann

Die Hand Gottes

Es war eine jener Pulquerías, in denen man sich fragt, ob man gerade den Gastraum oder das Pissoir betreten hat, bis man merkt, dass beides gar nicht voneinander getrennt ist. Immerhin gab es Schnaps und hoch im Eck einen klapprigen Schwarzweiß-Fernseher. Die Kneipe lag in Huipulco, nur zwei Steinwürfe vom Aztekenstadion entfernt. Vor dessen Haupteingang hatte ich die letzten paar Stunden verbracht, um auf dem Schwarzmarkt doch noch eine Karte fürs Finale einzuhandeln. Das Bündel Pesos, mit dem ich umhergewedelt hatte, entsprach dem durchschnittlichen Monatseinkommen eines gut situierten Mexikaners, und zur Not hätte ich auch mein Rückflugticket nach Deutschland draufgelegt, aber es war nichts zu machen gewesen. Um halb zwölf hatte ich aufgegeben. Ich wollte wenigstens vor dem Fernseher miterleben, wie sich unsere Jungs um Rummenigge, Matthäus und Magath gegen die Argentinier schlugen.
„Alemán?", fragte jemand neben mir an der Theke.
Ich nickte. Der Fernsehsprecher von Televisa meinte, dass Argentinien klarer Favorit sei. Damit hatte er recht, doch im Fußball war eben alles möglich. Sogar, dass unsere Gurkentruppe die Argentinier vom Platz grätschte.
„Ihr habt keine Chance", sagte der schmächtige Mexikaner neben mir. „Die Argentinier haben Maradona!"
„Der ist auch nur ein Mensch", sagte ich. Wäre ich der deutsche Teamchef gewesen, hätte ich genau in dieser Minute Briegel aufgetragen, nach dem Anpfiff auf Maradona loszustürmen und ihm die Kniescheibe zu zertrümmern. Stichwort deutsche Tugenden. Maradona würde auf der Bahre hinausgetragen und die Lusche von Briegel mit Rot in die Kabine geschickt werden. So,

zweifach gestärkt, hätten wir vielleicht eine Chance.
„Maradona ist ein Fußballgott", sagte das Männchen.
„Nicht ganz. Nur die Hand Gottes", sagte ich. Die Argentinier wären vielleicht längst ausgeschieden, wenn Maradona im Viertelfinale gegen England nicht ein irreguläres Tor erzielt hätte. Angeblich mit dem Kopf, wie er auch nach dem Spiel noch behauptet hatte, bis die Fernsehbilder unzweifelhaft nachwiesen, dass er den Ball mit der Hand ins Tor geschmettert hatte. Die Hand Gottes sei es gewesen, hatte er dann verkündet. Auf dass ihm Briegel die Kniescheibe zermalmte!
„La mano de Dios?" Das Männchen lächelte. „Nein, die Hand Gottes, das bin ich."
„So?", sagte ich und bestellte eine Flasche Mezcal. Die würde ich brauchen, wenn nicht ein Wunder geschähe und Briegel …
„Zwei Gläser!", sagte das Männchen neben mir. „Und jetzt erzähle ich dir, wie das wirklich lief bei Argentinien gegen England."

Eigentlich hieß er Pepe Gonzales Montez. Von der Gonzales-Linie hatte er die religiöse Überzeugung geerbt, von den Montez, die seit Generationen bestrebt waren, das Gewerbe des Taschendiebs zu vervollkommnen, die berufliche Orientierung. Seinen Beinamen „Mano de Dios" hatte er erhalten, weil er den zehnten Teil seiner Beute der Kirche spendete. Regelmäßig fuhr er hinaus zur Basilica nach Tepeyac, kniete nieder, dankte der Jungfrau von Guadalupe für seine flinken Hände, die ohne ihren Beistand nichts wert wären, und deponierte die entsprechende Summe in einem der Opferstöcke.
Dass die Weltmeisterschaft 1986 überhaupt in Mexico stattfand und nicht, wie ursprünglich geplant, in Kolumbien, war ohne Zweifel ebenfalls der Gottesmutter zu verdanken, die sich ihres treuesten Verehrers erbarmte. Denn für einen Taschendieb war eine solche Großveranstaltung das reine Paradies. Betuchte Fans, desorientierte Ausländer, Chaos, Gedränge. Man wusste gar nicht, wo man zuerst zugreifen sollte. Die Vorrunde lief jedenfalls perfekt. Italien – Bulgarien: neunzigtausend Pesos,

hundertfünfzigtausend Lire und zwei hochwertige Fotoapparate. Mexico – Belgien: dreihunderttausend Pesos, eine Rolex-Uhr und zwei goldene Eheringe. Mexico – Irak: dreihundert US-Dollar, zweihundertfünfzigtausend Pesos und – wie um zu signalisieren, dass das Turnier für Pepe erst richtig begänne – eine Eintrittskarte fürs Viertelfinale.

Dass dabei Argentinien und England aufeinandertrafen, war insofern günstig, weil sich bei ausverkauftem Stadion leichter arbeiten ließ. Und bei dieser Partie war eine Menge Trubel garantiert. Nicht nur zwei Fußballgroßmächte standen sich gegenüber, sondern zwei Nationen, die sich keine vier Jahre zuvor im Falklandkrieg blutig bekämpft hatten. Im damals unterlegenen Argentinien schlugen die Emotionen hoch. Man hätte das Spiel am liebsten boykottiert, wenn damit nicht die verhassten Engländer weitergekommen wären. Aber weil das so war, traten am 22. Juni nicht nur die Spieler um Maradona, sondern auch Pepe zur Arbeit an.

Er stieg vor dem Aztekenstadion aus dem Microbus, schickte ein Stoßgebet zur Muttergottes hinauf und machte mit den gewohnten Übungen seine Finger geschmeidig. Dann ging er auf die Tore zu. Der erste Zugriff klappte wunderbar. Eingekeilt in die Besuchermassen vor der Eingangssperre erleichterte er einen schnaufenden Dicken um ein pralles Lederportemonnaie. Drinnen wandte er sich seitwärts zu den Andenken-Ständen, wo die Ausländerdichte am größten war. Zwei junge besoffene Engländer lagen sich grölend in den Armen. Uninteressant. Dann schon eher die Argentinier mit den blau-weiß-blauen Tüchern über den Schultern. Eigentlich waren sie zu alt für eine solche Verkleidung. Mittelständische Unternehmer, schätzte Pepe. Jedenfalls gesetzte Herren um die fünfzig Jahre, denen man zutrauen konnte, dass sie es zu gewissem Wohlstand gebracht hatten. Pepe schob sich näher heran, um besser studieren zu können, wie der Gegner aufgestellt war, und dementsprechende taktische Maßnahmen einzuleiten. Die Argentinier ließen die beiden Engländer nicht aus den Augen.

„Verbrecherbande", sagte einer.
„Gott strafe sie!", zischte der zweite.
„Und ihre ganze Nation!", fügte der dritte hinzu. Er zog die Fahne über der Brust zusammen.
„Heute sind sie dran", sagte der zweite.
„Vamonos! Gehen wir!", sagte der dritte, und als er sich umdrehte, stieß Pepe mit einem genial berechneten Vorstoß in die Nahtstelle der gegnerischen Verteidigung, rammte wie unbeabsichtigt den Ellenbogen in den Solarplexus des Argentiniers, spürte etwas Hartes, als dessen Oberkörper nach vorne sackte, und während das Flaggentuch von der Schulter rutschte, fischte Pepes rechte Hand nach der Geldbörse, oder war es gar nicht seine Hand, sondern die Hand Gottes? Denn wie von selbst glitt das gute Stück zu Pepe herüber, ruhte längst in seiner Umhängetasche – muchas gracias, Virgen de Guadalupe! –, während der Argentinier kurzatmig zu fluchen begann und sich mühsam wieder gerade richtete. Das blau-weiß-blaue Tuch lag zu seinen Füßen auf dem Asphalt.
„Entschuldigen Sie vielmals", murmelte Pepe.
„Du Idiot!", zischte der Argentinier.
Idiot? Hatte sich Pepe nicht höflichst entschuldigt? Und nur weil sie beide kurzfristig in Geschäftsbeziehungen eingetreten waren, bestand noch lange kein Grund für den feinen Herrn, ihn einfach zu duzen. Pepe hatte etwas Rundes, Hartes durch den Stoff der Anzugjacke gespürt. Eine Taschenuhr vielleicht. Aus Gold vielleicht.
Eine der eisernen Regeln des Gewerbes lautete: Versuche niemals, irgendjemanden zweimal auszunehmen, egal, ob es das erste Mal geklappt hat oder nicht! Das gibt Ärger, das kann nur Ärger geben! Aber hatte nicht jede Regel ihre Ausnahme? Und er war ja nicht irgendein Taschendieb, geschweige denn ein Idiot. Er war „La Mano de Dios". In Gedanken versprach er, den Anteil der heiligen Jungfrau auf zwanzig Prozent aufzustocken, falls alles glatt liefe. Dann bückte er sich und hob die argentinische Flagge auf. Umständlich klopfte er den Staub ab.

„Gib schon her!", knurrte der Argentinier.
Pepe griff das Tuch an beiden Enden, schwang es über den Kopf des Mannes und begann, den Stoff vor dessen Brust ordentlich zu drapieren.
„Das reicht jetzt!", sagte der Argentinier.
„Der Faltenwurf stimmt noch nicht ganz." Pepe zupfte und bauschte, schlug um und glättete, strich am Innenfutter der Jacke entlang, ertastete das harte Ding, das er vorher erahnt hatte, und da war noch eins, es waren mindestens zwei, eiförmig, nicht rund, er hatte seine Hand daran, er brauchte nur noch …
„Flossen weg!", bellte der Argentinier, und Pepes Hände schossen zurück, öffneten sich, spreizten die Finger, zeigten die leeren Handflächen zum Zeichen, dass er nichts genommen hatte und alles bedauerte und keineswegs wissen wollte, was ihn nichts anging.
„Der Faltenwurf!", sagte der zweite Argentinier und tippte sich gegen die Stirn.
Der dritte schüttelte den Kopf. „Vamonos!"
Dann verschwanden sie, tauchten in der Menge unter, während Pepe immer noch mit erhobenen Händen da stand, als würde ihn ein Gangster mit einer Pistole bedrohen. Aber es war keine Pistole, es waren Handgranaten gewesen, zwei Stück, mindestens, und vielleicht hatten in der anderen Seite der Jacke noch mehr gesteckt. Das Fahnentuch diente natürlich dazu, die Ausbuchtungen zu verbergen. Dass die anderen beiden Argentinier ebenfalls eines umgelegt hatten, war gar kein gutes Zeichen. Niemand trug aus Spaß Handgranaten zu einem Fußballspiel. Drei schwer bewaffnete Terroristen in einem bis zum letzten Platz gefüllten Stadion, das roch nach einer Katastrophe. Nach einem Blutbad!
Heilige Muttergottes, Virgen de Guadalupe, Pepe musste etwas tun! Er sah sich um, lief auf einen Trupp Soldaten in Kampfanzügen zu, stotterte dem Anführer etwas von argentinischen Terroristen vor, die er zufällig entdeckt habe, merkte selbst, dass das alles andere als glaubwürdig klang, sprach dennoch weiter,

ritt sich tiefer in den Schlamassel, indem er die Terroristen als distinguierte Herren um die Fünfzig beschrieb, die …
„Wo sollen die denn sein?", unterbrach der Soldat.
Wo die waren? Das wusste Pepe doch nicht. Irgendwo in der Menge, irgendwo im Stadion. Er sagte: „Sie müssen räumen. Alles evakuieren!"
„In zehn Minuten beginnt das Spiel", sagte der Soldat. „Ein WM-Viertelfinale. Hundertundzehntausend Leute würden das gern ansehen. Argentinier, Engländer, Mexikaner. Wieso nicht auch Sie? Könnte es nicht sein, dass Sie sich getäuscht haben? Vielleicht haben Sie keine Handgranate gesehen, sondern …"
„Sondern?", fragte Pepe.
„Eine Taschenuhr?", fragte der Soldat. „Und jetzt gehen Sie bitte weiter! Wir haben zu tun."
Eine Taschenuhr? Schwachsinn! Pepe schüttelte den Kopf und zog ab. Die Sicherheitsleute glaubten ihm nicht. Sie würden allenfalls aktiv werden, wenn er die Terroristen ausfindig machte. Pepe öffnete den Geldbeutel, den er dem Argentinier abgenommen hatte. Eine Eintrittskarte, auf der Block, Reihe und Sitz angegeben waren, fand er nicht. Nur eine Menge Peso-Scheine, einen argentinischen Reisepass auf den Namen José Aguilar und eine aus einer Zeitung ausgeschnittene Todesanzeige: *Ernesto Aguilar, geb. 12.4.1960, gest. 12.4.1982. Im Blut unserer Helden wird der Feind ertrinken. Ernesto, wir sind stolz auf dich. Deine Eltern.*
Pepe begriff. An seinem zweiundzwanzigsten Geburtstag war Ernesto Aguilar im Kampf gegen die Engländer gefallen. Die Malwinen-Inseln waren für Argentinien trotzdem verloren gegangen. Sein Opfer war genauso umsonst gewesen wie das von hunderten anderen. Hunderte, die Familien hatten, Frauen, Mütter, Väter. Und drei dieser Väter wollten sich nicht mit dem sinnlosen Tod ihrer Söhne abfinden. Sie hatten sich gesucht, gefunden, hatten sich gegenseitig immer stärker in die Verbitterung getrieben, hatten nur auf die Gelegenheit gewartet, bis sie ihre Söhne rächen konnten. Eine spektakuläre Aktion musste es sein, eine, die das Ausmaß ihres Verlustes widerspiegelte, die von der

Weltöffentlichkeit zur Kenntnis genommen würde, die wie eine Bombe einschlüge. Und dann ließ die Auslosung England und Argentinien im Viertelfinale der WM aufeinandertreffen.
Pepe stellte sich vor, wie die drei Männer alles zu Geld machten, was sie besaßen. Wie sie Flugtickets und Eintrittskarten besorgten, mochten sie kosten, was sie wollten. Wie sie hier in den finstersten Winkeln von La Lagunilla Handgranaten kauften. Wie sie planten, sich so um den englischen Fanblock zu postieren, dass sie möglichst viele …
Pepe steuerte auf den Eingang zu, der am nächsten lag, und wurde von zwei Ordnern aufgehalten. Er müsse zu C13, dort hinten. Nur noch vereinzelt hasteten verspätete Besucher über den Vorplatz. Pepe lief, hörte aus dem Stadion ganz leise Melodiefetzen. Die Nationalhymnen! Pepe keuchte die Betontreppen hoch, kam knapp unter dem überstehenden Stadiondach heraus, prallte gegen eine plötzliche Welle aus Beifall und Pfiffen. Vom Rasen tief unten marschierte gerade die Militärkapelle ab, und darüber stiegen steil die Ränge an. Sie waren gefüllt bis zum letzten Platz. Ein Brodeln lag nun in der Luft, wallte durchs Oval, schien sich überall zu vervielfachen. Ein Vulkan, dachte Pepe, ein Vulkan kurz vor dem Ausbruch.
Die englischen Fahnen wehten in der gegenüberliegenden Kurve. Keine Chance, dorthin zu gelangen, keine Chance, dort ein Gesicht zu erkennen. Auf der Gegentribüne wurde La Ola gestartet, und unten pfiff der Schiedsrichter an. Die Spieler sahen winzig aus, wie bunt gekleidete Spielzeugmännchen. Aber es waren Menschen, hoch bezahlte Profis, die besten Fußballer ihres Landes, es waren …
Natürlich, die drei Argentinier hatten es keineswegs auf irgendwelche Fans abgesehen. Die Ersatzspieler, der Trainer, die gesamte Mannschaft Englands sollten ausgelöscht werden, denn sie vertraten ihre Nation, und die ganze Nation sollte ins Mark getroffen werden. Unterhalb der Haupttribüne würden die Granaten explodieren, hinter den Ersatzbänken, dort, wo der Gang in die Katakomben des Aztekenstadions führte.

Pepe starrte aufs Spielfeld hinab. Im Mittelkreis wurde Maradona angespielt, umdribbelte einen Engländer, fädelte beim zweiten ein, fiel theatralisch auf den Rasen, stand langsam auf, als der Pfiff des Schiedsrichters ausblieb, und trottete lustlos Richtung eigenen Strafraum zurück. Immerhin würde während der ersten Halbzeit wahrscheinlich nichts passieren. Erst wenn die Spieler zur Pause in die Kabinen gingen, hätten die Terroristen Gelegenheit zuzuschlagen. Pepe blieben knappe vierzig Minuten Zeit, sie zu finden. Er lief das verlassene Treppenhaus hinab. Es dauerte eine Ewigkeit, bis er das Stadion halb umrundet und bei den Aufgängen zur Haupttribüne erläutert hatte, worum es ging. Die Ordner lachten herzhaft. Auf diese Tour habe noch keiner versucht, unberechtigterweise auf die teuren Plätze zu gelangen. Noch zwölf Minuten bis zum Halbzeitpfiff. Gnädige Muttergottes, Virgencita de México, hilf!

Und die Virgencita half. Sie führte Pepe an einem Zaun entlang in die hinteren Bereiche des Stadiongeländes, ließ ihn einen unbewachten Durchgang finden, leitete ihn zu einem Parkplatz und schnurstracks auf den Mannschaftsbus des argentinischen Nationalteams zu. Der Fahrer stand neben der offenen Tür und rauchte. Pepe fragte: „Du fährst sie, und sie lassen dich das Spiel nicht ansehen, muchacho?"

Der Fahrer zuckte die Achseln. „Ich mache mir nichts aus Fußball."

Um seinen Hals hing ein Band und daran ein plastifizierter Ausweis. Ausgestellt vom Organisationskomitee, beglaubigt von der FIFA. Pepe plapperte darauf los, wie unsinnig es sei, dass erwachsene Männer einer Lederkugel nachliefen, um sie mit den Füßen zu stoßen oder gar mit dem Kopf, statt sich der Hände zu bedienen, wie es jeder halbwegs normale Mensch tun würde.

„Kindisch!" Der Fahrer nickte. Wie Pepe trug er einen Schnurrbart, sah ihm aber sonst leider nicht besonders ähnlich. Das Foto auf dem Ausweis war jedoch klein und nicht sehr scharf. Es würde schon gehen.

„Fußball! Als ob es nicht genug wirklich wichtige Dinge im Leben gäbe!", schnaubte Pepe verächtlich.
„Stierkampf zum Beispiel", sagte der Fahrer.
„Genau!" Pepe gab sich begeistert, einen Gesinnungsgenossen gefunden zu haben. Ja, er war geradezu überwältigt, klopfte dem Fahrer auf die Schulter, fiel ihm um den Hals, umarmte ihn, drückte ihn, rief: „Der Kampf Mann gegen Bestie."
„Um Leben und Tod!", sagte der Fahrer.
„Blut und Eleganz!", sagte Pepe. Das Band mit dem Ausweis glitt in seine Umhängetasche.
„Der Moment der großen Stille", sagte der Fahrer, „wenn der Torero die Waffe hebt, um genau zum richtigen Zeitpunkt an genau der richtigen Stelle ..."
„Ich muss jetzt los", sagte Pepe und rannte auf den Spielereingang zu. Den Ordnern erläuterte er, dass es technische Probleme mit dem Bus gebe. Aber er habe eine Idee, wie die Mannschaft nach dem Spiel sicher wegkommen könne, nur müsse er dafür das Einverständnis der Teamleitung einholen. Die Wachleute machten keine Schwierigkeiten und erklärten Pepe den Weg. Im Gang vor den Umkleidekabinen herrschte Hochbetrieb. Mannschaftsbetreuer, Masseure, Offizielle. Da gerade die Spieler von der anderen Seite angetrottet kamen, achtete keiner auf Pepe. Er erkannte Burruchaga, Valdano, und dazwischen die Engländer mit Torwart Shilton, mit Butcher und Lineker. Verschwitzt, mit Grasflecken auf Trikots und Hosen, aber völlig unversehrt. Es war nichts geschehen, keine Handgranate explodiert. Vielleicht hatte Pepe doch Gespenster gesehen, vielleicht bestand überhaupt keine Gefahr.
Missmutig verschwanden die Spieler in den Kabinen. Aus ein paar Wortfetzen, die er aufschnappte, entnahm Pepe, dass es 0:0 stand. Noch war alles offen, doch am Ende musste es eine Entscheidung geben, und sei es nach Verlängerung und Elfmeterschießen. Die Verlierer würden mit hängenden Köpfen vom Platz schleichen, einzeln, einsam, während die Sieger sich in den Armen lägen, zu ihrer Fankurve liefen und sich dort feiern

ließen. Sie würden das Stadion erst verlassen, wenn ihre geschlagenen Konkurrenten schon unter der Dusche stünden, sie würden sich um ihre Torschützen scharen oder um den Torwart, der den entscheidenden Elfmeter pariert hätte. Der Trainer würde sich dazu gesellen, die Ersatzspieler, und gemeinsam würden sie auf den Abgang zu den Kabinen zugehen, auf den dunklen Schlund, der in den Untergrund des Stadions führte und über dem die Haupttribüne lag.

Deswegen war nach dem Halbzeitpfiff nichts passiert! Da waren Engländer und Argentinier bunt gemischt vom Platz gegangen. Erst am Ende des Spiels konnten die Attentäter ihre Handgranaten werfen, ohne Opfer bei der eigenen Mannschaft befürchten zu müssen. Und auch das würde nur zum gewünschten Ziel führen, wenn ...

Die Tür der argentinischen Kabine öffnete sich. Von drinnen war Trainer Bilardos erregte Stimme zu hören.

... wenn die Engländer siegten! Nur dann war es möglich, die gesamte Mannschaft zu treffen, noch dazu in den Minuten ihres sportlichen Triumphes, den kein Argentinier leicht verkraften würde, und schon gar nicht argentinische Väter, deren Söhne im Kampf gegen England gefallen waren.

„He, muchacho", sagte jemand. Pepe schrak aus seinen Gedanken. Vor ihm stand Diego Armando Maradona. Der beste Fußballer seines Landes, ja, der ganzen Welt und vielleicht sogar der beste aller Zeiten. Maradona fragte: „Ist hier irgendwo eine Toilette?"

Pepe nickte, obwohl er keine Ahnung hatte. Er setzte sich in Bewegung, ging den Gang entlang, bog nach links, hörte das Klacken von Maradonas Stollen dicht hinter sich, fand endlich, was er suchte. Er hielt Maradona die Tür auf, folgte ihm und sagte: „Bei der Virgencita von Guadalupe und ihrem treuen Diener, deinem Namenspatron Juan Diego, dem sie wunderbarerweise im Jahr 1531 erschienen ist, um uns Mexikanern und allen Menschen der Welt Hoffnung zu bringen, hör mich an, Diego Maradona, denn es geht um Leben und Tod!"

Maradona strich sich durch die Locken, nestelte an dem Goldkettchen, das er um den Hals trug, und fragte: „Bei der Heiligen Jungfrau?"
Pepe nickte und legte los. Er stellte sich als „Mano de Dios" vor, verschwieg nicht, dass er Taschendieb sei und die Handgranaten bei einem Beutezug erfühlt habe. Er zeigte Maradona die Todesanzeige, erläuterte seine Schlussfolgerungen und warum er das Blutbad erst nach dem Ende des Spiels erwarte.
„Es sei denn", schloss er, „ihr schlagt die Engländer! Ihr schlagt sie so, dass auch drei verbitterten Vätern der Wunsch nach Rache vergeht. Ihr siegt auf eine Weise, dass diese Väter überzeugt sind, das Schicksal habe gesprochen und Gott selbst habe in die Hand genommen, was sie geplant hatten, nämlich England zu strafen."
Maradona hatte schweigend zugehört. Nun streifte er das Goldkettchen über den Kopf, öffnete das daran befindliche Amulett und streute in zwei Linien ein weißes Pulver auf den Porzellanrand des Waschbeckens. Aus dem Stutzen an der rechten Wade zupfte er ein Stück festen Papiers, das er zu einer dünnen Röhre rollte.
„Für Gott und Vaterland!", sagte Maradona. Er beugte sich hinab, legte das Röhrchen an und schniefte das weiße Pulver in beide Nasenlöcher. Dann atmete er tief durch, umarmte Pepe und marschierte zurück zu seinem Team.
Auch Pepe eilte zu seinem Platz im Stadion, wo er gerade anlangte, als die zweite Halbzeit angepfiffen wurde. Maradona spielte plötzlich auf, als gehe es um viel mehr als um den Einzug ins Halbfinale. Fast so, als sei er sich des himmlischen Beistands sicher. Und vielleicht hatte Gott in der einundfünfzigsten Minute wirklich seine Hand im Spiel, als die Rückgabe von Hodge zu Torwart Shilton etwas verunglückte. Der Ball kam hoch, war viel zu lange unterwegs, und Maradona sprintete, und Shilton eilte aus dem Tor und sprang, und auch Maradona stieg hoch, er flog dem Ball entgegen, stand mit erhobenen Armen in der Luft, mit wehenden Locken, die seine linke Hand vor den Blicken des

Schiedrichters abschirmten, während Shiltons Torwartfaust ins Leere boxte, und dann zappelte der Ball im Netz. 1:0 für Argentinien.
Ein paar Minuten später schnappte sich Maradona den Ball in der eigenen Hälfte, brach durch bis in den gegnerischen Strafraum, umkurvte dabei acht Engländer, ließ sie stehen, als wären sie keine Profifußballer, sondern körperlose Schatten, flüchtige Halluzinationen eines Drogenrausches. Zwei zu null, das Spiel war entschieden, die Engländer trotz eines späten Ehrentores geschlagen. Die argentinischen Zuschauer feierten bis spät in die Nacht. Größere Zwischenfälle ereigneten sich nicht.
Pepe fuhr zur Basilica hinaus und dankte der Jungfrau. Am nächsten Tag hörte er im Fernsehen, wie Maradona seinen ersten Treffer der „Hand Gottes", also ihm, zusprach. In dem Moment – das wollte Pepe gar nicht verhehlen – war er schon ein wenig stolz auf sich gewesen.

„So war das", sagte Pepe. Er schenkte sich ein weiteres Glas Mezcal ein und sah mich erwartungsvoll an.
„Das ist doch alles erstunken und erlogen", sagte ich. „Schon allein, dass ein Sportler wie Maradona sich mit Kokain zudröhnt, ist absoluter Unsinn."
Pepe zuckte die Achseln, stieß mich an und wies auf den Bildschirm. Die Kamera schwenkte über ein Meer von Fähnchen mit Friedenstauben. Die nächste Einstellung zeigte Schiedsrichter Arppi, wie er auf seine Uhr blickte und die Pfeife zwischen die Lippen steckte.
Vor allem in der zweiten Halbzeit wurde das Finale spannender, als man erhoffen durfte. Unsere Jungs brachten die Argentinier ernsthaft in Schwierigkeiten, auch weil Maradona kaum etwas gelang. Irgendwie wirkte er ausgebrannt. Als Völler in der zweiundachtzigsten Minute zum 2:2 ausglich, wandte ich mich triumphierend um, doch Pepe war schon verschwunden. Dass meine Armbanduhr sowie die Brieftasche mit Geld und Rückflugticket auch weg waren, merkte ich erst, als ich nach dem

Spiel die Flasche Mezcal bezahlen wollte.
Ach ja, das Finale verloren wir doch. Burruchaga machte in der fünfundachtzigsten Minute das dritte Tor für Argentinien. Ganz normal, mit dem Fuß.

Italien, 1990
Weltmeister: Deutschland
Endspiel: Deutschland – Argentinien 1:0 (0:0)
Teilnehmende Mannschaften: 24
Erzielte Tore: 115 in 52 Spielen (2,21 pro Spiel –
    WM-Minusrekord)
Torschützenkönig: Salvatore „Toto" Schillaci (Italien), 6 Tore

Thomas Askan Vierich

Meisterspieler

Die größte Enttäuschung meines Lebens ist Oliver Bierhoff. Der Mann hat mich rund 100 Millionen Schilling gekostet. Und alles nur, weil ich mal Miteigentümer einer Trattoria an der Piazza Navona war ... Aber lassen Sie mich von Anfang an erzählen.
Alles begann im Juli 1990. Das heißt, eigentlich schon vorher. Aber in Rom ging der Ärger richtig los. Wir hatten uns zum Halbfinale bei Enzo verabredet. Italien gegen Argentinien. Toto Schillaci gegen Diego Armando Maradona. Auf der Piazza Navona sangen sich die Tifosi in Stimmung, die keine Karte für das Spiel in Neapel bekommen hatten. Ich irrte durch die Altstadtgassen von Rom. In einer Seitengasse der Piazza Richtung Campo de' Fiori fand ich endlich Enzos Trattoria. War ja noch nie da gewesen. Keine schlechte Lage, dachte ich. Kein Wunder, dass die Mafia ein Auge auf seinen Laden geworfen hatte. Unseren Laden, um genau zu sein.
„Servus, Poldi!", rief mir Steve entgegen, der an einem der Tische vor der Trattoria saß und sein halbvolles Krügerl schwenkte. Seine Glatze glühte wie ein Kernkraftwerk kurz vor dem GAU.
„Sonnencreme vergessen?", fragte ich.
„Sonnencreme ist was für Schwule", erwiderte er. Er schien wie immer nicht mehr ganz nüchtern zu sein. Über seinem Bauch wölbte sich stolz das Shirt der Three Lions. Obwohl sich die Engländer nur mühsam mit einer mehr als lauen Vorstellung gegen Belgien und zwei umstrittenen Elfern gegen die Kameruner ins Halbfinale gerettet hatten.
„Trinkst du dir Mut an vor dem Halbfinale morgen gegen die Piefke?", fragte ich ihn.
„So weit das geht mit dieser italienischen Plörre", brummte Steve.

„Ein anständiges Ale wäre mir lieber."
„Du meinst dieses abgestandene, warme Zeug, das ihr Briten Bier nennt?"
„Ihr Österreicher habt doch keine Ahnung von Bier."
„Deiner schlechten Laune entnehme ich, dass du Schiss vor den deutschen Panzern hast. Oder etwa gar vor der Mafia?"
„Immerhin haben wir Spitzenkarten von Enzo bekommen. Stadio delle Alpi, Haupttribüne, mittig. Seine Kontakte scheinen noch immer zu flutschen. Selbst in Turin."
„Leopoldo! Caro!" Die Spitzen seines prächtigen schwarzen Schnurrbarts zwirbelnd, baute sich der kleine Enzo vor mir auf. „Una birra grande für meinen Wiener Freund?"
„Naturalmente", sagte ich.
Wenigstens der Padrone schien beste Laune zu haben.
„Dein Toni Polster hat ja nicht viel gerissen", maulte Steve weiter.
„Nicht jeder hat das Glück, der Manager eines Genies wie Gazza Gascoigne zu sein."
Da grinste Steve endlich. „Stimmt. Seine zweite Saison bei den Spurs lief schon viel besser. Und seine Konter gegen Kamerun waren unvergleichlich. Morgen wird er wieder groß aufspielen. Und Matthäus sehr alt aussehen lassen. Das wird seinen Marktwert in unbekannte Höhen schnellen lassen." Steve rieb sich die Hände.
„Hoffen wir's. Gegen Gazza in Bestform wirkt sogar mein Toni wie ein Kaffeehauskellner kurz vor der Sperrstunde", musste ich zugeben. „Immerhin, dem Geschäft mit dem FC Sevilla konnte sein fader WM-Auftritt nicht mehr schaden."
„Spanien lohnt sich, oder?"
Ich lächelte: „Oh ja, besonders für uns Spielervermittler. In Spanien solltest du auch bald einsteigen, Steve. Außerdem habe ich ein neues Pferd im Stall ..."
„Wen?"
„Diesen Bierhoff."
„Oliver Bierhoff? Das Milchgesicht? Der kann doch nichts!", sagte

Steve.

„Na, immerhin hat er die Matura."

Steve musste lachen: „Ein Abitur macht noch keinen guten Spieler. Eher im Gegenteil!"

„Siehe Gazza", sagte ich.

„Siehe Gazza. Oder Gerd Müller. Oder ... Da kommt Lars." Steve wies auf einen groß gewachsenen, schlaksigen Mann, der eine eingerollte deutsche Flagge unter dem Arm, kurze Hosen, Sandalen mit Fußbett und das Trikot von Lothar Matthäus trug.

„Na, musst du schon Werbung für deinen Schützling machen?", begrüßte ich Lars. „Geht's euch so schlecht nach dem mühsamen 1:0 gegen die Tschechoslowaken? Der Kaiser schien nach Spielschluss wenig amüsiert gewesen zu sein."

„Der hat sich schon wieder beruhigt", sagte Lars. „Wir haben das an der Hotelbar geklärt. Wir überlassen das Schönspielen den anderen. Und gewinnen lieber."

„Gegen England sowieso", lachte Enzo, ein Tablett mit zapffrischen Bieren balancierend.

„Außer in Wembley 66", brummte Steve.

„Oder in Cordoba", rief ich.

„Puuh, immer die gleichen ollen Kamellen", sagte Lars. „Ich kann's echt nicht mehr hören."

Enzo setzte sich zu uns an den Tisch.

„Gleich geht das Spiel los." Er wies auf einen großen Fernseher, den er neben dem Eingang zu seinem Lokal aufgestellt hatte und auf der der Vorbericht der RAI lief, noch ohne Ton.

„Oh, Public Viewing, so ne Scheiße! Wie in den Fünfzigern. Das wird sich hoffentlich nie durchsetzen", sagte Steve.

„Auch wenn es kein schönes Spiel wird: Betonfußball gegen Angsthasenfußball", sagte Lars.

„Mamma mia! Ihr Fantasten!", jaulte Enzo. „Das ist eben moderner Fußball. Ergebnisfußball. Was nutzt es, mit Hurra wie die Kameruner auszuscheiden? Mir ist es lieber, die Squadra azzura mauert sich bis ins Finale."

Mein Team war als einziges nicht mehr dabei. Und begeisternden

Hurrafußball hatten wir auch nicht gespielt. Toni war stinksauer gewesen. Im letzten Spiel gegen die Amis wurde er sogar ausgewechselt. Danach schossen sie zwei Tore und gewannen mit 2:1. Aber es nutzte nichts mehr. Kein einziges Tor gegen Italien und die Tschechoslowakei war einfach zu wenig gewesen. Ich musste Toni mit einer guten Flasche Blaufränkisch aus dem Mittelburgenland trösten. Am Ende haben wir zusammen ein paar Lieder gesungen. Der kann ganz gut singen, der Toni. Daraus lässt sich später vielleicht mal was machen.

Enzo stand auf, um Vitello tonnato für alle zu holen. Dann drehte er den Ton laut und wir schauten uns die erste Halbzeit des ersten Halbfinales von „Italia 90" an. Die Zuschauer in Neapel wussten erst nicht, zu wem sie halten sollten: Zu „ihrem" Maradona, der mit „ihrem" SSC zweimal Meister geworden war – oder doch zur Squadra azzura. Sie veranstalteten auf jeden Fall einen ohrenbetäubenden Lärm. Als in der 17. Minute Toto Schillacci zum 1:0 traf, sprang Enzo auf und holte Spumante.

Das hätte er lieber lassen sollen. Denn Trainer Vicini beorderte seine Elf zurück, um das 1:0 zu halten, und ließ den genialen Regisseur Roberto Baggio auf der Bank schmoren.

„Angsthasenfußball", stöhnte Steve und wir stimmten ihm zu. Nicht nur Enzo raufte sich die Haare.

In der Halbzeit war seine gute Laune weiter gesunken. Was auch daran lag, dass sich drei schwarz gekleidete Herren am letzten freien Tisch niedergelassen hatten. Sie blickten die ganze Zeit auffällig unauffällig zu uns herüber.

„Wollen die Streit?", fragte Steve und wollte sich schon erheben.

Enzo legte ihm die Hand auf den Arm. „Lass, gut sein, Steve, das sind unsere Freunde von der Camorra."

„Wegen denen wir hier sind", flüsterte Lars.

Es war rund ein Jahr her. Damals arbeitete Enzo noch für Berlusconis Medienkonzern Fininvest. Sein Job war es, der RAI die Übertragungsrechte für die Seria A abzuluchsen. Was leider nicht funktionierte. Deshalb fürchtete Enzo, Berlusconi würde ihn rausschmeißen. Also arrangierte er ein fingiertes Pokerspiel mit einem engen Freund Berlusconis, um ihn anschließend erpressen zu können. Dazu lud er uns ein. Wir waren nicht nur gewiefte Spielervermittler, sondern auch ausgezeichnete Pokerspieler. Besonders, wenn uns Enzo mit gezinkten Karten versorgte. Mit am Tisch saß noch ein Spezi des Berlusconi-Spezis. Uns war es recht, dann war es weniger auffällig.

Wir trafen uns in einer ziemlich finsteren Spelunke in Trastevere. Die hatte der Berlusconi-Freund selbst ausgesucht. Aber es hätte ihm auch nicht geholfen, wenn wir auf den Stufen der spanischen Treppe gezockt hätten. Wir wickelten ihn klassisch ein. Erst gewannen wir – das heißt, Enzo. Dann ließen wir den Berlusconi-Mann aufholen. Um ihn in einem furiosen Finale ins offene Messer rennen zu lassen. Er bekam von Enzo ein Full House zugespielt. Ein hohes Full House mit Assen und Königen. Das hat ihn so begeistert, dass er größenwahnsinnig wurde. Die anderen waren längst ausgestiegen. Nur ich war noch übrig geblieben und der Spezi von diesem Berlusconi-Vertrauten. Ich hatte die ganze Zeit nur unwesentliche Partien gewonnen. War also für den Berlusconi-Mann kein echter Gegner. Ich wand mich effektvoll, wenn er erhöhte, rang mit mir beim Setzen, als ich mit ihm gleichzog. Und die ganze Zeit lief mir der Schweiß überzeugend über die Stirn. Er sah mich höhnisch an: „Ich stell dir auch einen Schuldschein aus, wenn du nicht zahlen kannst. Dafür, dass du später zahlst, sorgt Carlo. Gell, Carlo?" Damit schlug er seinem Kumpel, der neben ihm saß, auf die Schultern. Carlo grinste dümmlich und schob ein paar Scheine in die Mitte des Tisches. Enzo warf mir beruhigende Blicke zu, die sagten: „Vergiss ihn, der hat nix auf der Hand." Umso besser, dachte ich. Also trieben sich die beiden Berlusconi-Männer gegenseitig hoch und füllten unseren Topf. Als wir zum Sehen kamen, deckte der Berlusconi-Freund sein Full House auf, sein Spezi hatte eine erbärmliche Straße. Ich konnte, dank Enzos genialer Kartengeberfähigkeiten, der just zu diesem Zeitpunkt des großen Finales

natürlich mit Geben dran war, einen Damenvierer vorweisen.
Der Berlusconi-Mann lief hochrot an, sprang auf und verließ wortlos das Lokal. Carlo immer an seiner Seite. Wir hatten einen Berlusconi-Vertrauten aufs Kreuz gelegt. Und leider auch einen Mafioso.
Damit hatte Enzo geglaubt, einen Trumpf bei Berlusconi in der Hand zu halten. Dem Berlusconi-Spezi versprach er, niemandem etwas über dessen blamable Vorstellung zu sagen, wenn der ein gutes Wort beim Cavalliere einlegen würde. Was der leider nicht tat. Wenig später war Enzo entlassen. Immerhin hatten wir so viel Geld gewonnen, dass wir ihm damit die Trattoria an der Piazza Navona finanzieren konnten. Bis Carlo vor einer Woche auftauchte. Mit seinen Freunden von der Camorra. Er war doch nachtragend und wollte sein Geld zurück. Das böse Wort „Schutzgeld" musste er gar nicht in den Mund nehmen. Er würde am Tag des ersten Halbfinales wiederkommen, hatte er Enzo angekündigt.
Und da drüben saßen sie jetzt, Carlo und zwei seiner Schläger. Sie sahen nicht freundlich aus. Und das lag nicht nur am defensiven Auftreten der Squadra azzura.

In der zweiten Halbzeit wurde alles noch schlimmer. Die Argentinier zeigten plötzlich, dass sie nicht nur mauern, sondern ziemlich gut nach vorne spielen konnten. Sie setzten die Italiener mächtig unter Druck. Die Laune von Enzo sank weiter – und die der Mafiosi leider auch. Als Caniggia der Ausgleich gelang, wurden uns die Spaghetti kalt. Als im Elfmeterschießen Donadoni und Serena patzten, stand Argentinien im Finale. Und die drei Herren in den dunklen Anzügen an unserem Tisch.
„Buona sera", sagte Carlo. „Schlechter Tag für ein Wiedersehen. Aber was soll man machen? Che cosa fa."
Einer seiner beiden Adlati, dem eine Narbe das rechte Auge entstellte, grinste und setzte sich unaufgefordert. Enzo wollte in die Küche entweichen, doch Carlo hielt ihn zurück.

„Verlass uns noch nicht, Enzo. Schön, dass du deine ausländischen Freunde dazu geladen hast. Mir zwar schleierhaft, warum, aber was soll's."
Da platzte leider Steve der Kragen: „Das kann ich dir sagen, du schmieriger Spaghettifresser. Weil wir nicht nur Enzos Freunde sind, sondern auch Miteigentümer dieses Lokals."
Enzos warnender Blick hatte ihn nicht mehr aufhalten können. Carlo zog die Augenbrauen hoch. „Verstehe", murmelte er. „Ihr habt damals zusammengearbeitet und ihr tut das noch immer. Molto interessante. Dann könnt ihr jetzt auch gemeinsam zahlen." Carlo blickte sich um. „Wie ich sehe, läuft der Laden nicht schlecht. Da dürfte sich meine Investition ja gelohnt haben. Also werdet ihr mir sicherlich das Doppelte von dem, was ihr mir damals abgenommen habt, zurückerstatten können."
„Keine einzige Lira bekommst du!", rief Enzo. Er war aufgesprungen. Lars ebenfalls. Er wirkte trotz seiner beachtlichen Körpergröße in seinen Sandalen und seiner kurzen Hose leider nicht sehr furchteinflößend. Die Mafiosi standen ebenfalls auf. Je einer griff Enzo von rechts und links unter den Arm.
„Lass uns mal in die Küche gehen", sagte Carlo. „Wir müssen das ja nicht in aller Öffentlichkeit besprechen."
„Da gibt es nichts zu besprechen", mischte ich mich jetzt ins Gespräch ein.
„Ah, unser Meisterspieler", zischte Carlo.
„Wir haben keine Kohle, die wir euch geben könnten. Selbst wenn wir wollten. Steckt alles in diesem Lokal. Der Einrichtung. Und der schon erwähnten Küche."
„Dann lasst uns mal dieses Wunderwerk der Technik inspizieren", sagte Carlo. Seine beiden Handlanger schleppten Enzo quer durchs Lokal bis in die Küche. Wir trotteten etwas hilflos hinterher. Was sollten wir machen?
Sie stellten Enzo vor die großen Kochtöpfe, in denen die Spaghetti brodelten. Das Küchenpersonal war angesichts der Anzugmänner schnell verschwunden.
„Wir haben ein gemeinsames Problem, amici", sagte Carlo, wäh-

rend seine beiden Schläger Enzo festhielten. „Bargeld. Ich bräuchte dringend eine Geldspitze. Und die erwarte ich von euch. So wie ich euch damals eine gegeben habe. Ich kann leider nicht warten. Ich brauche das Geld jetzt. Sofort. Irgendwelche Ideen?"
Wir sahen uns ratlos an.
„Wenn ich recht informiert bin, seid ihr doch alle, wie sagt man, Spielerberater. Paul Gascoigne, Lothar Matthäus und Toni Polster sind ja keine Niemande. Da bleibt doch sicher jede Menge hängen. Bares."
„Alles fest angelegt", murmelte Lars.
„Keine wesentliche Summen, alles in allem", log ich.
„Wie schade", sagte Carlo. „Und unser Freund Enzo hat auch nichts auf der hohen Kante? Keine Schwarzkonten?"
Enzo schüttelte den Kopf. „Steckt alles in diesem Laden. Induktionsherde kosten viel Geld." Enzo grinste leicht.
Das hätte er nicht tun sollen. So ein Sizilianer oder Neapolitaner, oder wo immer die Herren das grelle Licht der italienischen Sonne erblickt hatten, verfügt über viel heißes Blut. Wenn er sich verscheißert vorkommt, reagiert er etwas heftig. Das tat jetzt Carlo. Er stürzte auf Enzo zu, entriss ihn seinen beiden Mitmafiosi und tauchte seinen Kopf tief in den brodelnden Spaghettitopf. Das Schreien Enzos erstarb nach ein paar schrecklichen Sekunden. Kann auch sein, dass wir sein Schreien nicht mehr bis zum Ende anhörten. Denn wir ergriffen die Flucht. Mit diesen Leuten war ja nicht zu reden.
Wir sprangen in ein Taxi, das ganz in der Nähe der Trattoria wartete.
„Mi scusa, ich bin vorbestellt", jammerte der Fahrer.
„Jetzt nicht mehr", sagte Steve, der vorne saß. Er legte dem Fahrer einen großen Lireschein auf das Armaturenbrett. „Und avanti, per favore", setzte er hinzu. Er wirkte überraschend nüchtern. Ich blickte mich um. Die Mafiosi kamen aus der Trattoria gestürmt. Endlich gab unser Fahrer Gas. Die Herren standen fäusteschüttelnd vor unserem Lokal. Wir grinsten uns an. Leider hatten wir uns zu früh gefreut.

Am nächsten Tag fanden sie den armen Steve. Er hing kopfüber an einem Seil, von einer abgelegenen Brücke über dem Tiber. Sein Kopf war ins schmutzigtrübe Wasser des Flusses getaucht. Carlo und seine Freunde mussten ihn in der Nacht aus seinem Hotel geholt haben. Und dann hatten sie ihn in den Tiber getaucht. Wahrscheinlich hatte Steve es eine Zeitlang geschafft, seinen Kopf aus dem Wasser zu halten. Aber seine schlaffe Bauchmuskulatur hatte bald versagt. Und dann war es aus gewesen. Er konnte der Camorra offensichtlich kein Angebot mehr machen, das sie besänftigt hätte, der Trottel. Jetzt standen wir am frühen Morgen auf dieser Brücke irgendwo in Rom, wo ich noch nie gewesen war, und identifizierten seinen tropfenden Leichnam. Danach eilten wir zur Statione Termini. Wir nahmen den nächsten Zug nach Turin. In der leichtfertigen Hoffnung, dass Carlos Verbindungen nicht bis an den Alpenrand reichen würden. Schließlich hatten wir Tickets für Deutschland gegen England. Ein Klassiker. Auch wenn es ohne Steve nur noch halb so lustig werden würde.

In Livorno setzten sich zwei dunkel gekleidete Gestalten zu uns ins Abteil. Aber keiner der beiden hatte eine Narbe am rechten Auge. Kurz vor Genua stand Lars auf, um uns Biere aus dem Speisewagen zu holen. Einer der beiden Männer folgte ihm. Der zweite blieb mir gegenüber sitzen. Und seine Körpersprache sagte eindeutig, dass ich Lars besser nicht folgen sollte. Was ich dann auch bleiben ließ. Der Zug hielt in Genua. Und Lars schien im Speisewagen kein Bier bekommen zu haben. Denn er kam einfach nicht wieder. Der Mafioso auch nicht. Ich blickte meinen Begleiter an. Der sah gleichgültig aus dem Fenster.

Dann folgten die Tunnel durch den Appenin. Die Zugbeleuchtung reichte nur für ein schummriges Dämmerlicht. Jedes Mal fürchtete ich, dass ich das Ende des Tunnels nicht mehr erleben würde. Aber mein Begleiter blieb stumm und regungslos sitzen. Worauf wartete er?

Hinter den Bergen stand der Mafioso auf, zog sein backsteingroßes Mobiltelefon aus der Tasche und trat auf den Gang. Wo er länger telefonierte. Immer wieder streifte sein Blick mich. Wollte wohl aufpassen, dass ich nicht abhaute.

Als er zurückkam ins Abteil, wurde er plötzlich gesprächig und verwickelte mich in eine Diskussion über Oliver Bierhoff. Wie kam der ausgerechnet auf Bierhoff? Dass man den überhaupt kannte in Italien.

„Superspieler", sagte der Mafioso.

Ich zuckte mit den Achseln. Ich hielt nicht so viel von dem Milchgesicht Mir fiel Steves abschätzige Bemerkung über Bierhoffs übertriebene Schulbildung ein.

„Ist jetzt nach Salzburg gewechselt", sagte der Mafioso und blickte aus dem Fenster. Der schien sich tatsächlich im Fußball auszukennen. Und nicht nur im italienischen.

„Hast du da deine Finger im Spiel gehabt?", fragte er und blickte mich diesmal an.

Ich zuckte erneut mit den Achseln. Natürlich hatte ich meine Finger im Spiel gehabt. Aber das wollte ich ihm nicht auf die Nase binden. Dann dachte der noch, ich würde im Geld schwimmen. In Wahrheit hatte ich ziemliche Spielschulden. Und der Bierhoff-Deal, sein Wechsel von Mönchengladbach zu Austria Salzburg, konnte leider nur einen Teil davon tilgen. Ohne Enzo hatte mich das Glück verlassen. Auch schon bevor er sein trauriges Ende im Pastatopf fand.

„Wär auch was für Inter. Oder einen anderen Klub der Seria A", sagte der Mafioso.

„Wer?", fragte ich.

Der Mafioso blickte mich an. In seinem Blick lag Ärger. Wie bei einem Lehrer, der einen unaufmerksamen Schüler tadelt.

„Bierhoff", sagte er.

„Glaube ich nicht", sagte ich. „Bierhoff geht nie nach Italien. Der mag Italien nicht."

„Mag Italien nicht? Eh? Warum das denn?"

„Zu viel Sonne. Zu viel Spaghetti. Zu viele Männer in dunklen Anzügen."

Der Mafioso blickte mich an. Dann lachte er.

„Du willst mich, wie sagt man, auf den Schenkel nehmen, was?"
„Ja, genau, Schenkel", sagte ich und lachte auch.
Es stellte sich heraus, dass Fabio bei der Camorra für das Fußballgeschäft zuständig war. Spielertransfers, Schiedsrichterbestechung, Wettgeschäfte. Vor allem Spielertransfers. Deshalb hatten sie ihn zu mir in den Zug nach Turin gesetzt. Mein Ruf als Talentscout war mir sozusagen vorausgeeilt. Sie hatten einsehen müssen, dass aus uns kein Bargeld herauszuholen war. Lars hatte sich wohl im Speisewagen wie immer ein bisschen patschert angestellt. Was soll's, geschah dem depperten Piefke nur Recht.
In Turin habe ich Fabio das Ticket von Lars gegeben. Für das von Steve fand sich eine Turiner Freundin Fabios. Hübsche Person. Carlotta. Ein Jahr später kaufte Inter Mailand Oliver Bierhoff. Bierhoff hatte bei Salzburg mit 23 Treffern einen Vereinsrekord aufgestellt. Die Salzburger wollten ihn nicht gehen lassen. Doch ich machte ihnen ein Angebot, das sie nicht ablehnen konnten. Meine Provision trat ich der Camorra ab. Inter lieh Bierhoff dann nach Ascoli Calcio aus. Die Leihgebühr kassierte die Camorra. Vier Jahre später wechselte er zu Udinese, wo er doch noch mal groß herauskam. Wollen Sie raten, wer die Provision kassierte? Anschließend krallte sich ihn Silvio Berlusconi für seinen AC Mailand. Der Scheißkerl liebte Italien, konnte gar nicht genug davon bekommen. Wir hätten überall hingehen können. Spanien ist doch auch schön. Vor allem schön weit weg von der Camorra. Aber nein: Italien. Immer nur Italien. Und die ganze Zeit habe ich keine einzige Lira gesehen.
Oliver Bierhoff hat mich sehr enttäuscht.

USA, 1994
Weltmeister: Brasilien
Endspiel: Brasilien – Italien 0:0 n.V., 3:2 n.E.
Teilnehmende Mannschaften: 24
Erzielte Tore: 141 in 52 Spielen (2,71 pro Spiel)
Torschützenkönige: Oleg Salenko (Russland) und
Hristo Stoitchkov (Bulgarien), 6 Tore

Ralf Kramp

Stinkefinger

27. Juni 1994, Dallas.
Stinkefinger türmte Zwiebeln auf die Wurst. Mehr als üblich.
„Noch mehr?"
„Noch mehr. Viel mehr." Also noch mehr Zwiebeln. Widerlich. Wie konnte man das nur essen? Der nächste wollte den Cadillac. Cadillac wurde selten genommen. Cadillac war mit Preiselbeeren. Bernd hatte dreizehn verschiedene Hotdogs im Angebot: „Cadillac" mit Preiselbeeren, „Mercedes" mit frischen Zwiebeln, „Rover" mit Röstzwiebeln, „Fiat" mit Balsamico-Essig, „VW" mit Sauerkraut, „Ford" mit gehacktem Ei, „Opel" mit Curryketchup, „Toyota" mit Sojakeimlingen, „Porsche" mit Paprikapulver, „Volvo" mit Käsesoße, „Datsun" mit süßsaurer Soße, „BMW" mit geriebenem Käse, „Peugeot" mit Knoblauch und „Trabbi" mit Senf und geschnippelten Spreewaldgurken. Trabbi war der Renner, besonders bei den Touris aus Deutschland. Die Spreewaldgurken kamen zwar aus Milwaukee, aber das schmeckte sowieso keiner.
Nur noch heute und morgen, dachte Finger. Nur noch anderthalb Tage, und das alles würde endlich wieder vorbei sein.
Stinkefinger hieß eigentlich Bernd Finger und kam aus Zwickau. Vor vier Jahren hatte er hier rübergemacht. Wenn schon rübermachen, so hatte er sich gesagt, dann ganz rüber, auf die andere Seite der Erde. Nun ja, eine wirkliche Wahl hatte er damals eigentlich nicht gehabt. Die Kohle, mit der er in den Staaten gelandet war, war so heiß gewesen, dass er geglaubt hatte, die Steppjacke, in die er sie eingenäht hatte, müsse Feuer fangen. Seit einem Dreivierteljahr stand er jetzt täglich mit diesem kleinen Hotdog-Stand vor der Cotton Bowl in Dallas. Seit die Kohle

weg war. Autos, Weiber, Schnaps, ein paar Spielchen ... Finger hatte immer gewusst, wie er an Geld kommen konnte, aber er hatte noch nicht richtig raus, wie man es auch behielt.

Morgen würde hier die Hölle los sein. Bullenhitze, runde fünfzig Grad. Deutschland gegen Südkorea. Schon heute reisten die Fans busseweise an. Schlitzaugen und Deutsche. Sie kriegten auf ihrer Stadtrundfahrt das Stadion gezeigt, in dem morgen das Match stattfinden sollte. Trotz der Hitze futterten sie Hotdogs. Ein krisensicheres Geschäft. Die Stimmung war gut, die Südkoreaner waren neu in der WM. Kaum ernst zu nehmen, die Kerlchen. Finger hörte dauernd: „Olé, Oléoléolé, wir sind die Champions, Olé!"
Nur noch zwei Tage, und diese trübe Episode mit Zwiebeln und Gürkchen würde wieder vorbei sein. Übermorgen würde er wieder im Geld schwimmen. Endlich. Er hatte einen perfekten Deal eingefädelt. 150.000 Dollar hatte er bereits bekommen. Die zweite Hälfte der Summe würde er übermorgen kriegen. Am Morgen nach dem Spiel stand die Übergabe an. Eine herrlich glatte Sache ohne Haken und Ösen. Jemand investierte in einen Vergnügungspark an der Ostküste, den es nicht gab und nie geben würde.
„Six Trabbis pliehs, for mei frändz änd mieh."
Finger hätte sich fast mit dem Messer geschnitten, mit dem er die Brötchen einritzte. Die Stimme. Das kindliche Kieksen bei den Is. Er traute sich kaum, aufzusehen.
„Stinkefinger?"
„Ingo?"
Ingo Peinemann war der einzige Sohn von Burkhard Peinemann, dem Maschinenfabrikanten vom Niederrhein, der damals, beim großen Einkauf im Osten gleich drei marode Ostfabriken auf einmal eingesackt hatte. Die Peinemanns waren so reich, die kackten Geld, wenn sie auf den Pott gingen. Ingo, Mitte dreißig, fett, picklig und rothaarig, war leider der Totalausfall im Hause Peinemann. Lange Jahre hatte man ihn in einem Nobelinternat

in Süddeutschland erfolgreich aus dem Verkehr gezogen, aber irgendwann hatte man die Lehrer mit Geld so zugeschmiert, dass Ingo das Abitur unerwarteterweise doch noch geschafft hatte, und als einzigen Spross der Familie musste man ihn trotz allem an die Firmengeschäfte heranführen. So ein Blindgänger. Eigentlich hätten bei allem, was er anpackte, gleich die Werkssirenen losheulen müssen. Eigentlich hätte man ihn keinen einzigen Zettel unterschreiben, ihm keinen Schlüssel überantworten, ihm nicht einmal ein eigenes Büro, eine eigene Telefondurchwahl geben dürfen. Man hätte die Kaffeekasse vor ihm wegsperren müssen. Ingo Peinemann war nicht kriminell, das nicht, aber er war doof. So doof, dass es quietschte, wenn er versuchte, zu denken. Er war doof genug gewesen, Bernd Finger, den er auf einer Karnevalsfete kennen gelernt hatte, blind zu vertrauen. Und er war später von Peinemann senior durch sämtliche Flure der Firmenzentrale in Duisburg geprügelt worden, als sich herausstellte, dass sich „Stinkefinger" Bernd mit der knappen halben Million, die er eigentlich heimlich für Ingo hatte verdoppeln sollen, über den großen Teich davongemacht hatte.
Finger hatte schon immer ein großes Talent gehabt, die Doofen in den richtigen Positionen zu finden. In der DDR hatte er blendende Geschäfte mit denen von der SED gemacht, und als die Mauer fiel, hatte ihm auch endlich der Westen offen gestanden. Und er hatte satte Kohle eingefahren. Mit dem fettesten Brocken hatte er sich schließlich aus dem Staub gemacht: mit knapp 500.000 Mark, die angeblich in einen Ferienpark an der Ostsee fließen sollten, den sich Bernd, der schon immer mit großer Fantasie gesegnet gewesen war, von vorne bis hinten ausgedacht hatte. Diesem System war Finger bis heute treu geblieben.
Und jetzt hatte der Doofe ihn gefunden.
„Ich werde verrückt. Stinkefinger!" Ingo glotzte ihn an, als stünde der leibhaftige Yeti vor ihm. „Ich werd bekloppt, ich werd bekloppt."
Du bist bekloppt, dachte Finger, sagte aber: „Ingo, Mensch, so 'ne Überraschung!"

In Ingos dämlichem Gesichtsausdruck wurden die ersten Zornesfalten sichtbar. „Du verdammte Drecksau", murmelte er schließlich und steckte das Portemonnaie wieder weg, mit dem er die Runde Hotdogs hatte bezahlen wollen. „Das glaubt mir keiner", murmelte er weiter und schickte sich an, sich zu seinen Freunden umzudrehen, die ein paar Schritte weiter entfernt standen. Alles sportliche Typen, lachend, gut gelaunt, mit Sonnenbrillen und Netzshirts. Finger ahnte, dass sie sich an Ingo, den reichen Geldsack, nur rangehängt hatten, um zur WM nach Dallas zu kommen. „Hier hast du dich also verkrochen, du Ratte", sagte Ingo, und seine Stimme wurde vor Aufregung immer kieksiger. Und dann, lauter: „Jungens!"
Fingers Hand schoss nach vorne. „Warte!"
„Warte, was?"
„Warte, Ingo. Lass uns das unter uns ausmachen."
„Von wegen. Ich hole jetzt meine Freunde, du kleines Stinktier, dann brechen die dir deine Stinkefinger. Und dann gehe ich rüber zu den beiden Bullen da hinten am Tor, und dann wirst du eingebuchtet. In irgendeinen amerikanischen Drecksknast, in dem du verfaulst."
„Warte!", zischte Finger und versuchte, Ingos Kumpels, die bereits skeptische Blicke herüberwarfen, nicht aus den Augenwinkeln zu verlieren. „Warte, Ingo. Ich weiß, dass du unheimlich sauer auf mich bist. Ist ja klar. Verstehe ich völlig. Wäre ich auch. Aber du kriegst dein Geld zurück. Auf Heller und Pfennig."
Ingo guckte ihn dämlich an. Seine Unterlippe hing nach vorne wie die Tülle einer Kaffeekanne. „Wann?"
„Morgen." Und dann hob Bernd Finger die linke Augenbraue in die Höhe und senkte die Lider. Das wirkte immer. „Morgen Abend, Ingo. Ich habe da was am Laufen."
„Morgen Abend?"
„Morgen Abend. Versprochen."

Die Luft in „King's Bar" war zum Schneiden dick. Bernd hatte das Gefühl, er bewege sich in warmer Sülze. Träge rührten

die drei altersschwachen Ventilatoren das Gemisch aus Hitze, Schweiß und Zigarettenmief um, ohne Kühlung zu bringen. Ramon links neben ihm hatte eine fürchterliche Laune. Seine Landsleute spielten gegen die dreckigen Schweizer, und er kochte vor Wut. Andres Escobar, diese Flasche, hatte ein Eigentor geschossen. Dieser Idiot schoss ins falsche Tor! Für Kolumbien war die WM gelaufen, und Ramon kippte einen Bourbon nach dem anderen.
Finger lehnte neben ihm an der Theke und schüttelte fortwährend den Kopf. „Du glaubst, du hättest Sorgen, Ramon? Ich habe Sorgen. Ich bin im Arsch, wenn mir nicht was einfällt. Er weiß, wo ich wohne, und er hat meinen Pass. Verflucht!" Finger trank Tequila.
Die beiden standen in der Bar von Abraham „King" Chikowskys in der Cedar Springs Road. Der kleine, dreckige Laden war im Erdgeschoss des hässlichen Backsteinbaus untergebracht, in dem Fingers Wohnung im dritten Stock lag. Rechts über ihren Köpfen flimmerte das Spiel aus San Francisco über den Bildschirm.
Ingo war ein echtes Problem. Finger saß regelrecht in der Falle. Womöglich konnte es ihm gelingen, zu fliehen, aber das hieß, neu anzufangen und alles zurückzulassen. Vor allem auf die für übermorgen früh ausstehende Asche würde er nur ungern verzichten.
„Tonto! Imbécil! Cara frita!", rief Ramon und knallte sein leeres Glas auf die Theke. „Man müsste ihn erschießen wie einen Schrottplatzköter! Erschießen!"
In diesem Moment wurde Finger klar, dass dies wahrscheinlich die einzige Möglichkeit war. Ja, es führte kein Weg daran vorbei: Ingo musste verschwinden, sonst würde sein Deal platzen, und er würde nicht mal die erste Hälfte der Kohle ausgeben können, weil er nämlich im Knast schmoren würde. Man würde ihn nach Deutschland ausliefern, und das war eigentlich das Schlimmste an der Sache. Nach Deutschland wollte er auf keinen Fall zurück! In Dallas kannte man sich doch nun wirklich aus mit Liquidationen.

„King, hör mal", sagte er gedehnt. Der dicke, alte Wirt beugte sich über den Tresen zu ihm herüber. Er legte sein stoppeliges Kinn auf seine behaarten Arme und schenkte ihm einen geduldigen Dackelblick. Er war ein guter Zuhörer und er kannte das Leben in all seinen schmutziggrauen Schattierungen. „Was denn, Jüngelchen?" King konnte nichts aus der Ruhe bringen.

„Wenn man eine Kakerlake hat. Eine richtig fette, die einem das Leben unerträglich macht. Was muss man tun? Wie wird man die los? Für immer …" Finger hob vielsagend die linke Augenbraue.

King seufzte und kratzte sich hinterm linken Ohr. „So ein richtig ekliges Ding?"

„Ein richtig fieses Monstrum. Eigentlich sind es sechs. Aber eins ist darunter, das unbedingt weg muss."

„Sechs? Hm. Sechs sind viele. Wir fragen Mamie." Er schob den Vorhang hinter der Theke eine Handbreit zur Seite. „Mamie!"

Wenige Minuten später kam Mamie aus der Küche. Aus ihrem Damenbart tropfte Schweiß. Sie pulte sich Reste von Teig unter den Fingernägeln raus und legte das Doppelkinn auf die riesige Brust.

„Tja, Jungs, ich habe da einen Schwager in Mesquite, der kennt sich aus mit Schädlingsbekämpfung. Ist'n harter Job. Kostet was."

Finger setzte in freudiger Erwartung ein breites Grinsen auf. „Ich habe Geld!"

„Nicht genug, Knäbchen!"

„Doch, doch, sicher. Genug Kohle. Was kostet es?" Er trommelte nervös mit den Fingern auf der schmierigen Theke herum. Diese Investition würde sich lohnen. Neben ihm kippte Ramon seinen elften Whisky und fluchte wieder leise in seiner Heimatsprache.

Mamie und King sahen sich einen Moment lang an, dann bedeutete Mamie Finger, zu ihr in die Küche zu kommen.

Es roch nach frisch Gebackenem. Mamie war eine dreckige alte Schlampe, aber was sie kochte und buk, war nicht übel. Sie ließ

ihren massigen Körper auf einen klapprigen Küchenstuhl sinken und trank an einem Bier. „Wer ist es?"
„Sie sind zu sechst und sie kommen aus Deutschland. Aber es ist nur einer, der mir wirklich gefährlich werden kann. Der Typ, der vorhin auf der anderen Straßenseite gestanden hat, als ich reingekommen bin. Er hat mich hierher begleitet, und er hat mich bei den Eiern, Mamie."
Mamie lachte kollernd. „Du kleines, deutsches Würstchen. Ganz schön lustig, dich in der Klemme zu sehen." Dann zupfte sie ihr zerschlissenes Dekolleté zurecht und fragte ernst. „Sechs?"
„Wie gesagt, eigentlich nur einer."
„Und du hast die Kohle?"
Finger nickte eifrig. „Habe ich. Ich habe gerade ein fettes Ding geritzt. Es ist gut versteckt, oben in meiner Wohnung. Wenn du also jemanden weißt …"
Sie kratzte sich am Kinn, erhob sich ächzend und ging zu einem Telefon, das an der Wand hing. Aus dem Gedächtnis tippte sie eine elend lange Nummer und presste dann den Hörer ans rechte Ohr. Auch hier in der Küche flimmerte ein Fernseher. Er stand auf dem Kühlschrank, und die Bilder der ausländischen Fußballspieler waren unscharf und stumm. Mamies Blick ging ins Leere, bis die Verbindung zustande kam.
„Hallo Bren, hier ist Mamie. Ist Hitch da, Schätzchen? … Okay, ich warte." Mamie verstummte erneut, bevor ihr Gesicht mit einem Mal sehr sanft wurde. „Hitch, mein kleiner Augenstern. Kannst du mal auf ein Bier rüberkommen? Ich möchte dir gerne jemanden vorstellen."

Hitch war ein Punk mit weißblonder Igelfrisur, der sich nach jedem dritten Wort die Nase hochzog. Wahrscheinlich hatte er sich die Scheidewand weggekokst. „Mamie sagt" … Schnief … „sechs?" Finger glaubte, ihn mal am Hotdog-Stand bedient zu haben. Vermutlich „Ford". Hitch war so ein „Gehacktes Ei"-Typ. Finger wedelte abwehrend mit den Händen. „Nein, nein. Es ist einer, der weg muss. Wenn der verschwunden ist, können mir die anderen nicht mehr gefährlich werden."

„Sechs" … Schnief … „Mamie sagt, sechs." Hitch lehnte sich auf dem Fensterbrett in Fingers Wohnung auf. Er schob vorsichtig die Gardine ein wenig zur Seite und blickte in die Nacht. „Seh nix" … Schnief … „Wo sind die?"

„Keine Ahnung. Ich glaube …" Finger starrte nach draußen. „… ja, da vorne sind zwei von seinen Kumpels. Da läuft grad die Wachablösung." Er sah, wie zwei von Ingos Freunden auf der anderen Straßenseite ein paar Worte wechselten und rauchten.

„Und die Kohle?"

Finger verschwand im Badezimmer und bückte sich zur Badewanne hinunter. Ein paar Kacheln waren lose, wie überhaupt in dieser Bude alles irgendwie lose und wacklig war, aber nur hinter einer der blassgelben Kacheln steckte das Geld. Er fischte ein paar Scheine aus der raschelnden Tüte und ging zurück in das Zimmer, in dem Hitch immer noch am Fenster stand. Die Straße vor dem Haus war hell erleuchtet, im Zimmer brannte nur eine kleine Lampe auf der Kleiderkommode.

„Fünfzehn Riesen. Reicht das?"

Hitch blätterte lässig die Scheine durch. „Lotterie?"

„So ähnlich", sagte Finger, mittlerweile sehr angespannt. Er guckte wieder aus dem Fenster. Die beiden Männer schüttelten einander gerade die Hand.

Hitch schniefte, holte sein Handy hervor und tippte eine Nummer.

„Wen rufst du an?"

Keine Antwort. Die Verbindung wurde hergestellt. „Alles okay", sagte Hitch ohne Emotion. „Kann losgehen", knurrte er. „Zwei Mann vor dem Waschsalon. Einer mit 'nem bunten Hawaiihemd und einer mit Vollglatze."

Die Sache lief im Zeitraffer ab. Bevor Finger begriff, was geschah, schoss von Norden her eine verbeulte gelbe Karre heran und kam vor den beiden Deutschen mit quietschenden Reifen zum Stehen. Vier Mann mit Baseballschlägern sprangen heraus und auf die beiden zu. Ein Tumult entstand. Passanten blieben stehen, wagten es aber nicht, einzugreifen, als die beiden Männer in das Auto gezerrt wurden. Mit erneut quietschenden Reifen schoss der Wagen wieder davon.

Finger riss die Arme in die Höhe. „Scheiße, Hitch, das ist doch gar nicht der, den ich meine. Verflucht, das sind zwei seiner Aufpasser. Die können mir gar nichts. Lass sie laufen, Mann, lass sie laufen!"

Hitch runzelte die Stirn, schniefte, tippte auf seinem Handy herum und wechselte ein paar genuschelte Worte mit jemandem am anderen Ende. Wenige Augenblicke später sagte er knapp: „Zu spät."

„Zu spät? Zu spät? Was heißt zu spät?"

„Nicht mehr früh genug" … Schnief …"Schon erledigt."

„Hör mal, Hitch, das war großer Mist …"

Hitch schloss die Augen, um angestrengt nachzudenken. „Okay, für die zwei berechne ich nur einen Preis."

„Und Ingo Peineberg? Der, der weg muss?"

„Ist so gut wie weg. Für noch mal fünfzehn."

Entnervt verschwand Finger erneut im Badezimmer und blätterte wenige Momente später die abgezählten Scheine in Hitchs ausgestreckte Hand.

Zweieinhalb Stunden später klingelte Fingers Handy. Er war gerade erst eingeschlafen und schreckte schweißgebadet hoch. Die Nummer, die angezeigt wurde, sagte ihm nichts. „Schnief", hörte er am anderen Ende, während seine Hand nach dem Lichtschalter tastete. „Gute Neuigkeiten, Finger."

„Habt ihr ihn?"

„Der Typ, den du beschrieben hast, ist vorhin noch mal aufgetaucht. Sucht wahrscheinlich seine Jungs. Wir sind ihm gefolgt. Pennt in 'nem Hotel in" … Schnief … „Cockrell Hill. Ich bring dir sein Ohr."

„Du brauchst mir nicht …"

„Ich bring dir morgen früh sein … Schnief … Ohr. Du sollst

sehen, wofür du bezahlt hast."
Finger war zu erschöpft, um sich zu wehren. „Meinetwegen, Hitch, meinetwegen."

Als Bernd Finger am nächsten Morgen im Hinterhof seinen Hotdog-Wagen bestückte, stellte er fest, dass die Sojakeimlinge alle waren, und er strich den Toyota von der Speisekarte.
Mamie grüßte ihn durch das Fliegengitter des Küchenfensters hindurch. „Ist Hitch nicht ein echter Zuckerjunge?"
Er brummte etwas Unverständliches und wandte ihr den Rücken zu.
Danach bezog er seinen Standplatz vor dem Stadion. Als Hitch auftauchte, stand die Sonne bereits hoch am Himmel.
„Mach mir'n Ford", sagte Hitch grienend und kramte eine Plastiktüte aus seiner Jackentasche.
Ford. Finger registrierte beiläufig, dass er mit dem gehackten Ei richtig gelegen hatte.
Während er den Hotdog fabrizierte, packte Hitch umständlich ein menschliches Ohr aus dem Kunststoff. „Ist das linke." ... Schnief.
Finger glaubte nicht, was er sah. „Da ist ja'n Ohrring dran."
„Kannste" ... Schnief ... „behalten."
„Ingo trägt keinen Ohrring, Mann!" Finger bemühte sich, nicht loszubrüllen.
„Wer sagt das?"
„Ich sage das! Ich! Ich! Der Typ, der mich bedroht, trägt keinen Ohrring ..." Und in diesem Moment erkannte er in der Ferne Ingo Peinemanns unförmige Gestalt. „...und er hat auch noch beide Ohren."
Ingo Peinemann trank an einer Colaflasche. Die beiden noch verbliebenen Kumpels gesellten sich in diesem Moment zu ihm, und zu dritt steuerten sie die Hotdog-Bude an.
„Verzieh dich", zischte Finger.
„Pass auf, Finger. Noch mal fünfzehn, und ich ..."
„Ich hab dir schon ein Ohr bezahlt, das ich gar nicht ..."

„Fünfzehn Riesen, und du bist ihn" ... Schnief ... "endgültig los, Junge!"
Finger malmte mit den Kiefern. „Meinetwegen. Noch ein Versuch, Hitch. Noch ein elender Versuch!"
„Wir sind noch im Geschäft, Junge", raunte Hitch verschwörerisch.
„Verzieh dich!" Im letzten Moment ließ Finger das Ohr in den Papierkorb verschwinden.
Ingo Peinemann und seine Kumpane erreichten die Bude. „Zwei Volvo und ein Datsun", sagte Ingo tonlos. Er schien angespannt. „Heute Abend, Stinkefinger, heute Abend."

Hitch rief um kurz vor acht an, gerade, als Finger damit begonnen hatte, endgültig seine Klamotten zu packen. „Komm runter und bring die Kohle mit. Schnell!"
Finger stürzte ans Fenster. Hitch stand dort unten in der beginnenden Dämmerung auf dem Bürgersteig und wedelte mit den Armen. Seine weißblonden Haare leuchteten geradezu.
Finger zögerte einen kurzen Augenblick. War dies die letzte Gelegenheit? Das gesamte Geld aus dem Badezimmerversteck hatte er bereits in einer Umhängetasche verstaut. Die Übergabe der restlichen Summe aus dem großen Deal hatte er längst abgeschrieben. Wenn er Ingo heute Abend nicht seine gesamte Kohle wiedergeben würde, würde der mit den Bullen anrücken, keine Frage. Und eine halbe Million hatte er nun mal nicht mehr.
Hitch würde kaum noch etwas ausrichten können. Oder doch?
Finger betrachtete skeptisch sein Bild im Spiegel der Kommode. Schließlich gab er sich einen Ruck und lief die Treppen hinunter.
Im Erdgeschoss wäre er fast gegen King gerannt, der damit beschäftigt war, Pakete auszupacken. „Läufts rund, Finger?", fragte er heiser.
„Kann ich dir noch nicht sagen, King", rief er und rannte aus dem Haus.
Hitch empfing ihn mit ungewöhnlich hektischen Gesten und

erläuterte unter nervösem Geschniefe die Situation, während sie in Hitchs Karre, einen alten, rostfleckigen Mustang, einstiegen. Ingo Peinemann und seine beiden Freunde warteten offenbar in einem Leihwagen an einem kleinen Teich am Stadtrand von Irving. Dies war der Treffpunkt, den Finger seinem alten deutschen Geschäftspartner auf Hitchs Anraten hin vorgeschlagen hatte.
Sie näherten sich dem Treffpunkt von Norden über den Walton Walker Boulevard. Der kleine Teich lag am Rande einer alten Kiesgrube, und in der Ferne konnte man die Häuser der ersten Siedlung von Irving erkennen.
Ingos Leihwagen war ein silberner Hyundai. Sie konnten die Schemen der Deutschen erkennen, als sie vorsichtig über die staubige Straße heranrollten und in fünfhundert Metern Entfernung im Schatten der Sträucher stehen blieben. Sie stiegen aus, und Hitch legte den Finger auf die Lippen. Die Geräusche des Boulevards waren in der Ferne zu hören. Grillen raspelten unermüdlich. Sonst war es ungewöhnlich still.
Im nächsten Augenblick schniefte Hitch ganz leise, zückte wieder sein Handy, drückte die Wahlwiederholungstaste und flüsterte: „Los geht's."
Drei Männer sprangen aus den Büschen und liefen mit gezogenen Waffen auf den Leihwagen zu. Wieder lief alles blitzschnell ab. Es war kaum etwas zu hören, als sie die Türen aufrissen und ohne Zögern in den Wagen schossen. Sie benutzten Schalldämpfer. Dann beugte sich einer von ihnen in den Innenraum, und die beiden anderen nahmen hinter dem Auto Aufstellung. Und schließlich schoben sie den Wagen zu dritt scheinbar mühelos ins Wasser des Teichs. Ein paar aufsteigende Luftblasen verursachten beinahe die einzigen Geräusche.
Finger starrte wie gebannt auf die Szenerie. Er konnte sein Glück kaum fassen. Hitch grinste ihn triumphierend an, als die drei Männer atemlos bei ihnen am Auto ankamen. Ein Schwarzer, ein Rothaariger und ein Südamerikaner mit schwarzem Bart. „Na, wie haben wir das" ... Schnief ... „gemacht?" Hitch rieb

sich die weißen Hände.
In diesem Augenblick erkannten sie in der Ferne den dicken Ingo Peinemann, der vom Pinkeln zurückkam, sich den Reißverschluss der Hose zuzurrte und wenige Momente später ratlos nach dem Auto und seinen Freunden Ausschau hielt.
Finger, der schon die Hand in die Umhängetasche gesteckt hatte, um die vereinbarten Scheine hervorzufischen, senkte wütend die Augenbrauen. „Du verdammter Versager", knurrte er, und seine Stimme schwoll langsam drohend an. „Du bekifftes, durchgeknalltes Stück Scheiße ..." Hitchs Hand legte sich auf seinen Mund. Er wurde in den Wagen gestoßen.
„Eine letzte Chance ... Schnief ... gib uns eine letzte Chance!"
„Einen Scheißdreck werd ich tun!"
„Gib uns die vereinbarte Kohle, und dann ... Schnief ... berechnen wir beim nächsten Mal nur zwei Drittel."
„Du hast schon Dreißigtausend! Für nichts und wieder nichts. Fahr mich nach Hause!"
„Das Geld! Wir hatten noch mal fünfzehn vereinbart."
„Es gibt kein Geld. Fahr mich nach ..."
In diesem Moment quollen inmitten des Handgemenges die ersten Scheine aus der Umhängetasche und ließen erkennen, dass dort drinnen noch mehr schlummerte. Die Männer warfen einander hektische Blicke zu. Dann wurde ein Messer aufgeklappt.
Finger wollte das Fenster aufreißen und schreien, aber Hitch nahm ihn in den Schwitzkasten, damit der Schwarze besser zustechen konnte. Sie schlitzten ihn auf wie ein Hotdog-Brötchen.

Ingo Peineberg flog zwei Wochen später mutterseelenallein von New York nach Hause. Seine angeblichen Kumpels aus Deutschland hatten ihn ganz schön im Stich gelassen. So was passierte ihm nicht zum ersten Mal. Auch Bertis Buben hatten ihn beim Kampf gegen die Bulgaren enttäuscht. Matthäus hatte zwar einen Elfmeter verwandelt, aber Völlers Tor war nicht anerkannt worden, und Strunz hatte total versagt.

Ingo verließ die USA außerdem ohne sein Geld und ohne Finger noch einmal wieder gesehen zu haben. Bernd Finger war unauffindbar. Einfach abgetaucht. Ingo sagte sich, dass er gleich zur Polizei hätte gehen sollen, und nicht erst nach dem Spiel in Dallas. Die Bullen waren sowieso total genervt wegen der WM und machten in seinem Fall nur das Nötigste. Zusammen mit zwei Polizisten war er in die Wohnung des kleinen Scheißkerls eingedrungen und hatte leere Schränke und eine leere Plastiktüte im Badezimmer vorgefunden. Stinkefinger war einfach von der Bildfläche verschwunden.

Der einzige Stinkefinger, den Ingo noch zu sehen bekommen hatte, war der ausgestreckte Mittelfinger von Stefan Effenberg gewesen, als dieser in Dallas nach 75 Minuten ausgewechselt worden war.
Der Kolumbianer Andres Escobar wurde nach seiner Heimkehr für sein Eigentor bestraft, indem man ihn aus einem Hinterhalt erschoss.

Frankreich, 1998
Weltmeister: Frankreich
Endspiel: Frankreich – Brasilien 3:0 (2:0)
Teilnehmende Mannschaften: 32
Erzielte Tore: 171 in 64 Spielen
Torschützenkönig: Davor Suker (Kroatien), 6 Tore

Judith Merchant

Finale à trois

„So – als Hochzeitstag –", wundert sich die Concierge und schüttelt den Kopf. Dann hebt sie die Schlüssel mit den Nummern 17 und 18 in die Luft, nur um dann doch selbst aufzuschließen.
„Paris, die Stadt der Liebe", souffliert Franka und pufft mich in die Seite.
„Stadt der Liebe, soso." Die Concierge betrachtet irritiert unser Gepäck, das aus drei schmuddeligen Rucksäcken besteht, noch irritierter aber betrachtet sie den schweigsamen Mann, der hinter den Rucksäcken steht und versonnen die löchrige Brokattapete betrachtet. Er wirkt sonst nicht so mysteriös, mein Bruder, nur hier, wo er so schweigsam ist, aber das ist er nur, weil er kein Französisch versteht.
„Mein Bruder. Er war der Trauzeuge", erkläre ich.
Die Concierge geht endlich und lässt uns alleine in den zwei Zimmerchen, drei Leute, die zusammen Hochzeitstag feiern.
„Warum hast du ihr überhaupt von unserem Hochzeitstag erzählt?", fragt Franka. Sie hat ihre zusammengerollten Klamotten aus dem Rucksack gezogen und betrachtet jetzt stirnrunzelnd das schimmelige Innenleben des Schranks.
„Ich würd da ja nix reinhängen", warne ich sie.
„WAS hat er ihr erzählt?", ruft Bruno vom Nebenzimmer durch die offene Verbindungstür. Eigentlich hatte der Schrank davor gestanden, klar, die meisten Gäste hatten wahrscheinlich wenig Lust auf Besuch aus dem Nachbarzimmer. Wir dagegen haben ihn sofort beiseite geräumt, damit wir uns jederzeit unterhalten können, ganz wie früher. Früher, zu Interrail-Zeiten, hatten wir sogar zu dritt in einem Zelt geschlafen, mein Bruder, meine Freundin und ich. Jetzt ist sie meine Frau.

„Vom Hochzeitstag! Er hat ihr erzählt, dass wir unseren Hochzeitstag feiern", ruft Franka zurück, und dann knufft sie mich wieder, und ich grinse glücklich.
„Wenns doch stimmt", sage ich.
Es stimmt. Übermorgen sind wir genau ein Jahr verheiratet, und das feiern wir so, wie es sich gehört: Im Stadion. Mit Bruno. Mit wem sonst?
„Er wollte nur vor dir mit seinem Französisch angeben", ruft Bruno Franka zu.
Ich muss lachen. Er kennt mich, Er kennt mich einfach zu gut. Er weiß alles von mir, genau wie Franka. Nur eins wissen beide nicht.
Was es mit diesem Hochzeitstag auf sich hat.
Das ist mein Geheimnis.

Die Stadt ist ein Farbenmeer, Menschen aller Couleur schieben sich durch die Straßen, leuchtend orange die Holländer, hellblau die Argentinier und manche mehrfarbig wie wir.
„Ist das schön! Wir drei sind dabei!", ruft Bruno und breitet die Arme aus.
„Alle wollen silberne Schuhe", sagt Franka, die mit zusammengekniffenen Augen die Füße der Leute mustert. Das tut sie immer. „Nur wegen Ronaldo."
„Vielleicht finden sie Silber schön?"
„Das kann kein Mensch schön finden, außer vielleicht Brasilianern, die mögen alles, was glitzert."
„Das Spiel beginnt erst in fünf Stunden", sagt Bruno und zeigt auf seine Armbanduhr, als wären wir taub. „Wir könnten also noch was angucken."
„Den Louvre zum Beispiel."
„Wer spielt denn heute im Louvre?", fragt Bruno, und beide prusten los. Ich falle mit einigen Sekunden Verzögerung ein und auch nur, damit ich nicht auffalle. Ich hatte zu unserem trockenen Frühstückscroissant nicht ganz so viel Bier wie die beiden, denn ich muss noch etwas erledigen, was meine ganze

Konzentration erfordern wird.

„Schafft ihr es allein in den Louvre?", frage ich.

„Hä?" Verständnislos gucken mich vier Augen an, Brunos so braun wie meine, stachelbeergrün die von Franka.

„Ich muss noch mal in unsere Pension. Hab meinen Schal vergessen."

„Es spielt Kroatien gegen die Holländer, da brauchst du den Schal nicht. Oder hast du Schals, von denen wir nichts wissen?" Wieder kichern sie gemeinsam.

„Ich hab nur den einen."

„Dann komm."

„Ich will aber."

„Okay." Franka gibt mir einen schnellen Abschiedskuss, umständlich verabreden wir noch Treffpunkte und Uhrzeiten für die verschiedenen Eventualitäten, keiner von uns merkt sie sich, weil wir ohnehin noch einmal telefonieren müssen, aber so haben wir es immer gemacht, wir drei, wenn einer von uns sich mal für eine kurze Zeit entfernt hat, und damals hatten wir noch kein Handy.

Ich sehe den beiden nach, wie sie freudig loslaufen und schließlich zwischen den anderen Touristen in bunten Trikots verschwinden, ihr Bier in der Hand. Ein paar Tage Urlaub, zu dritt, darauf hatten wir uns so gefreut, und weil Bruno über den Sender Freikarten bekommen hat, Wahnsinnskarten, sogar für das Finale, stand sofort fest, wo es hingehen sollte.

Und ich gehe wirklich zurück zur Pension.

Ich schließe die Tür zum Zimmer 17 auf, gehe schnurstracks durch die Verbindungstür ins Nachbarzimmer, klappe Brunos Laptop auf, rufe meine Seiten auf und gebe rasch die Tipps ein. Zwei zu Null für Kroatien, ob es so kommt, weiß ich nicht, mir fehlt dieses Gefühl, dass ich manchmal habe, ein sicheres „Ja!" zu einem bestimmten Ergebnis oder eine Tendenz. Es ist auch nicht so wichtig, was ich heute tippe, denn erst morgen kommt das Spiel, auf das es ankommt.

Mein Hochzeitstag.

Mein Glückstag.
Finale.
Und da habe ich ein ganz, ganz sicheres Gefühl, eines, das kaum einer glauben wird, der Ronaldo gegen Holland gesehen hat, kaum vorstellbar, dass er es gegen die Franzosen nicht bringen wird, das ist mir rein logisch klar, aber alle andere denken ebenso, außer vielleicht den Franzosen, die natürlich hoffen, und die Unwahrscheinlichkeit meiner Wette bedeutet: Meine Chancen auf einen hohen Tippsieg sind besser denn je! Vielleicht fällt Ronaldo aus, weil er das französische Essen nicht verträgt, hatte ich gestern schon spekuliert, aber Bruno hat mich sofort darauf hingewiesen, dass jedes Team seinen eigenen Koch dabei hat. Damit hatte er auch meine vage Überlegung zunichte gemacht, ob man Ronaldo nicht etwas in die Suppe …
Ist ja auch egal.
So ist das beim Tippen, manchmal schwebt ein Ergebnis beinahe greifbar vor einem, und dann muss man eben alles setzen. Darum bin ich hier. Weil ich alles setzen werde an meinem Hochzeitstag. Natürlich dürfen die beiden das nicht wissen, sie verstehen nichts vom Spielen, nur vom Fußball.
Als ich das Zimmer verlasse, fällt mir noch der Schal ein. Den hätte ich fast vergessen. Kein Mensch weiß, wie egal mir der Schal ist. Nicht einmal die beiden, die mir am nächsten sind, ahnen mein schmutziges Geheimnis: Fußball ist mir scheißegal. Das dürfen sie nicht wissen, niemals, auf keinen Fall.
Ich habe Franka damals im Stadion kennen gelernt, wo ich nur war, weil mein großer Bruder da war. Dank der Kenntnisse, die man als Bruder eines angehenden Sportjournalisten mit Schwerpunkt Fußball zwangsläufig erwirbt, habe ich ihre Aufmerksamkeit errungen. Am Anfang dachte ich manchmal, dass es großes Glück war, dass sie uns nicht in umgekehrter Reihenfolge kennen gelernt hat, denn Bruno und ich sehen fast gleich aus, und eigentlich hätte sie zu ihm fast noch besser gepasst.
Egal. Jetzt sind wir schon ewig zusammen, längst erwachsen, und Franka entwirft Schuhe für den Ausstatter der deutschen

Nationalelf, jettet um die Welt und guckt den Leuten auf die Füße, und Bruno berichtet via Print und Hörfunk bundesweit über Zweitligafußball, manchmal sogar Bundesliga, je nach Verein.

Ist ja wohl klar, dass ich jetzt nicht mehr damit rausrücken kann: Ich bin kein Fußballfan, ich bin Spieler. Allerdings kein Fußballspieler.

Wenn ich alles richtig kalkuliert habe, bin ich ab morgen ein sehr reicher Spieler. Erst hab ich geschluckt, als der Personalchef mir die Kündigung überreicht hat, es gab da so einige Unregelmäßigkeiten, ich bin aber sehr geschickt vorgegangen, man hat mir nichts nachweisen können, darum haben sie auch den Prozess gescheut. Immerhin ist mein großer Bruder Journalist, damit kann man immer schön drohen. Darum hab ich auch eine feine Abfindung bekommen, und die wird der Grundstein meines neuen Vermögens! Noch mal soviel hab ich mir zusammengeschnorrt. Seit meinem sprichwörtlichen Tippglück leiht mir jeder Geld, der halbwegs was von Fußballwetten versteht. Man kennt einander in der Szene.

Mein Tippglück ... Es jährt sich zum ersten Mal. Mein persönlicher und finanzieller Aufstieg begann am ersten Tag unseres Ehelebens. Als ich gesehen habe, dass der Final-Tag mein erster Hochzeitstag ist, wusste ich: Das ist ein Wink des Schicksals! Das ist meine Chance! An diesem Tag schloss ich die Augen und, ich schwöre, ich sah die Zahlen vor mir, eine Drei, eine Null.

Das Gejubel auf der Straße ist angeschwollen. Ich hänge mir den Schal um, der arglosen Augen vortäuscht, ich sei ein Fußballfan, einer der anderen, und mache mich auf die Suche nach meinem Bruder und meiner Frau.

Pariser Nächte werden allgemein überschätzt, denke ich, als ich spät in der Nacht aufwache. Die Anzeige meines Digitalweckers zeigt lauter Achten und verschweigt mir die Uhrzeit. Verkehrslärm dringt durch die einfach verglasten Fenster und trübes Licht sickert durch die Lamellen, ob es von der Morgensonne ist oder von den Straßenlaternen, kann ich nicht erkennen. Seufzend drehe ich mich um und lege den Arm um Franka, aber da ist keine Franka neben mir, nur eine Bettdecke halte ich im Arm.

Ich richte mich auf.

Wo ist Franka?

Jetzt erst höre ich das Flüstern hinter der Verbindungstüre.

„… wenn es nicht … er darf auf keinen Fall …" „… Schuhe …" „… ngeschlichen, und deshalb …"

Ein zweifaches Kichern.

Hä?

Die Tür klemmt, als ich sie öffnen will.

Das Flüstern verstummt.

„Moment", sagt Frankas Stimme. „Moment noch."

Die Tür hatte sich gar nicht verklemmt, sie war verschlossen, und als sie endlich aufgeschlossen wird, trete ich verwundert zu den beiden ins Zimmer.

„Was macht ihr denn hier? Pyjamaparty?"

„Genau!" Bruno wirft mir eine warme Bierdose zu. Ich fange sie mit Mühe. Bruno sieht beinahe gut aus, so mit nacktem Oberkörper und der Bettdecke halb über sich und ohne Brille. Hab ich vorher noch nie drüber nachgedacht, ob mein Bruder gut aussieht.

„Und jetzt?", frage ich und öffne die Dose.

„Uaaaaaaaaaaaaaaah," gähnt Franka. Sie wuschelt mir die Haare, ihr nackter Fuß wippt. „Müde bin ich! Gehen wir rüber?"

„Was habt ihr denn gerade gemacht?", frage ich und nehme noch einen Schluck warmes Bier.

„Wir haben überlegt, wie wohl Brasilien gegen Frankreich spielt", sagt Bruno. „Was war noch mal dein Tipp gewesen?"

Das hat mich jetzt wirklich etwas irritiert, dass sie im Nebenzimmer war, denke ich, während ich mich schlaflos hin- und herwälze und Franka neben mir mit weit offenem Mund schnarcht. Obwohl wir früher ja zu dritt im Zelt geschlafen haben, und au-

ßerdem ist es doch schön, wenn sie sich mit ihm so gut versteht. Er ist ja schließlich mein Bruder und unser Trauzeuge. Vielleicht planen sie eine Überraschung für mich? Das würde zu ihnen passen. So was tun sie gern, die beiden.
Am nächsten Morgen bin ich irgendwie knatschig. Ich lasse die beiden vorgehen und ziehe lustlos meine Tippsession an Brunos Laptop durch. Drei zu Null, da bin ich immer noch sicher, die Zahlen flackern vor meinem geistigen Auge.
An der Sicherheit über dieses Ergebnis hat sich nichts geändert. Hat sich sonst etwas geändert? Ich denke an meinen Bruder und meine Frau und schüttle den Kopf. Alles ist gut, denke ich. Wir drei ...
Aber es geht ja ums Tippen. Kurz zögere ich, als ich an diese gewaltige Summe denke. Wenn ich den Einsatz nicht vervielfache, gibt es Ärger, immerhin muss ich einiges davon irgendwann zurückzahlen, spät zwar, aber dafür mit Zins und Zinseszins.
Wenn ich allerdings gewinne, dann wird ein Traum wahr, und ich bin reich und frei und nicht mehr bloß der kleine Bruder, der meistens von den anderen durchgefüttert wird und nichts hinkriegt.
Ich könnte eine Premiere-Bar aufmachen oder ein Tippbüro. Natürlich können wir auch in Paris wohnen, in einer romantischen kleinen Wohnung mit zerfetzter Tapete und Schimmel im Schrank. Stadt der Liebe. Ganz wie Franka will. Ob allerdings mein Bruder von Paris aus über die Bundesliga berichten kann?
Mein Magen sackt ganz kurz ab, als ich per Button meinen Tipp bestätige. Was soll schiefgehen? Ist ja mein Hochzeitstag.
Mein Glückstag.
Dass wir damals im Stadion unsere Hochzeit gefeiert haben, hat unter meinen Kollegen für Heiterkeit gesorgt. Dabei *mussten* wir da hin, denn Bruno hatte einen Pressetermin für so ein wichtiges Freundschaftsspiel, das er nicht verpassen durfte. Franka fand das toll. „Hochzeit im Stadion", hat sie gejubelt und mich abwechselnd geküsst und mir auf den Rücken getrommelt, „wie

romantisch!" Romantisch war dann aber echt die Durchsage des Stadionsprechers, der uns gratuliert hat, und natürlich die Welle, die ein Gruß der Menge an uns war. „Ich liebe dich!", hat Franka geflüstert und meine Hand gedrückt, sie hat sie aber nicht lang gehalten, meine Hand, denn dann kam der erste Lattentreffer und vor Aufregung ist sie hochgesprungen und hat meine Hand fallengelassen. Kein Wunder, bei der Aufregung.
Ich hatte auf Heimsieg getippt und gewonnen. Da ging es los. Als die mir meinen Wettgewinn auszahlten, wusste ich, dass ab jetzt alles anders wird. Das Geld reichte gerade für ein Essen zu dritt beim Griechen, na ja, es waren viele Getränke dabei, darum reichte es nur fast, aber Bruno hat diskret den Rest beglichen. Der hat ja Geld. Haben sie beide.
Damals war mir schon klar: Hätte ich doppelt so viel gesetzt, dann hätte es für zwei Essen beim Griechen gereicht! Das nächste Mal war ich klug und setzte dreimal so viel und gewann wieder. Ich gewinne fast immer. Darum werde ich auch morgen gewinnen.

Der Morgen unseres ersten Hochzeitstages ist überirdisch schön. Franka hat die Concierge bestochen, damit sie unser Bier in ihren Kühlschrank legt, und so sitzen wir glücklich mit unseren beschlagenen Dosen am Frühstückstisch und starren durch die schmierigen Scheiben auf ein übermütiges Paris. Die Fußballtouristen sind Frühaufsteher, sie ziehen jetzt schon laut singend durch die Straßen.
„Allez les Bleus!", ruft die Concierge in der Küche. „Allez les Bleus!" Ich möchte am liebsten mit rufen, denn ich bin voll auf ihrer Seite. Drei zu Null, singe ich lautlos, Drei zu Null!
Kleine Jungs in Trikots tanzen auf der Straße, sie imitieren mehr schlecht als recht die tänzelnden Salsaschritte der Brasilianer. Ihre Schuhe sind silbern angesprüht, manche haben sie mit Alufolie umwickelt. „Ronaldo, Ronaldo", singen sie, und mit lautem Gekecker schimpft die Concierge aus ihrem Küchenfenster auf sie ein, und ich gehe zu ihr in die Küche, stibitze ein Stück Käse

und rede ein bisschen mit ihr, dabei erfreue ich mich an meinem flüssigen Französisch. Falls Franka mit mir, wenn ich ein reicher Mann bin, nach Paris ziehen will, muss ich ja auch Sprachpraxis sammeln. Und Bruno? Er hatte damals in der Schule Latein gewählt.

Als ich zurück in den Frühstücksraum will, ist die Tür zu. Ich nähere mein Ohr dem Schlüsselloch.

„Er darf es nicht merken, es würde ihn ..." sagt Bruno. „Ob er da wirklich drauf reinfällt? Sicher, der Schlaueste ist er ganz sicher nicht, aber ...".

Was darf ich nicht merken?

Ich reiße die Tür auf, und zwei Köpfe fahren erschrocken auseinander. Haben sie sich berührt? Ich bin nicht sicher.

„Huch", macht Franka.

„Ist was?", fragt Bruno. „Du guckst so grimmig!"

„Komm mal bitte mit raus", sage ich zu Franka.

Statt ihr steht Bruno auf. „Wir sehen uns später", sagt er. „Ich hab sowieso noch einen Termin. Tschüss, ihr!"

„Wohin willst du?" Ich bin perplex, vor allem wundert mich Frankas gleichmütiger Gesichtsausdruck. Sie wirkt so gar nicht überrascht. Ich denke an ihre Socken, die ich in Zimmer 18 gefunden habe und nicht in Zimmer 17, wo sie hingehören.

„Geschäftlich. Wir sehen uns im Stadion!" Er zwinkert und dreht sich um, mir ist fast so, als ob er dabei noch einen Blick mit Franka tauscht.

„Er wollte noch ein Interview machen mit der PR-Abteilung der Brasilianer", sagt Franka. Sie lässt dabei die Tür, durch die er verschwunden ist, nicht aus den Augen. Auf ihrer Stirn ist eine kleine sorgenvolle Falte, die ich nicht kenne.

„Hab ich euch eben gestört?"

„Nicht mehr als sonst!" Franka lacht.

„Was läuft da zwischen euch beiden?", will ich wissen.

Frankas Augen werden rund. „Wir reden über das Spiel, natürlich! Was denkst du denn?"

Ich atme ganz ruhig. Spiel. Immer reden die beiden über irgend-

ein Spiel, und immer ist es ein anderes Spiel als meins. Wie lange ist das schon so? Flüstern und Tuscheln, och, wir reden nur über das Spiel, Beckham kann, Bierhoff wird überschätzt, Vogts sollte, was meinst du?
Und dann fällt mir natürlich keine Antwort ein.
Wie hat Bruno gesagt? Der Schlauste ist er nicht ...
Franka öffnet zischend eine Bierdose und reicht sie mir.
„Nach dem Finale reden wir Tacheles, wenn es unbedingt sein muss", sagt sie. „Okay? Danach. Jetzt nicht."
„Okay", sage ich. Nach dem Finale ist gut. Nach dem Finale fallen Menschen von der Tribüne, es brechen Genicke, und man nennt es „Ausschreitungen" und gibt den Organisatoren zumindest eine Teilschuld und denkt bestimmt nicht daran, dass die Opfer vielleicht tagein, tagaus mit der Frau des Bruders oder dem Bruder des Mannes über Spiele geredet haben, von denen der trauernde Hinterbliebene nichts versteht, weil er nicht der Schlauste ist.
„Warum hast du eigentlich so viele Pflaster an der Hand?", frage ich Franka, doch sie schüttelt nur den Kopf.
Ich darf mich nicht ablenken lassen. Wenn man abgelenkt ist, tippt man schlecht. Obwohl ich die Tipps ja schon eingetragen habe, die Zahlen standen ganz deutlich vor mir in der Luft. Stehen sie immer noch da? Ich blinzle.
„Woran denkst du?", fragt Franka. Sie sieht mich seltsam an.
„An das Spiel", sage ich wahrheitsgemäß. „Drei zu Null."
Sie lacht und gibt mir einen Kuss. „Das liebe ich an dir," sagt sie. „Ich könnte ja nie mit jemandem verheiratet sein, der an einem Tag wie heute was anderes im Kopf hat."

Vor dem Spiel trinken wir noch einen Café au lait, das tut gut nach all dem Bier. „Brazil!", schreien fast alle. Viel zu viele für meinen Geschmack. Alle setzen ihre Hoffnung auf Ronaldo.
„Und wirklich alle Idioten tragen silberne Schuhe", bemerkt Franka. „Dabei sieht das scheiße aus."
Im Stadion ist es voll und laut. Ich merke, wie aufgeregt ich werde,

vor allem, weil Gerüchte schon früh die Runde machen, dass etwas nicht stimmt. Als Zidane seine Mannschaft zum 1:0 köpft, reißt es Franka vom Sitz, dabei hatte sie es nie so mit den Franzosen. „Ja!", schreit sie. „Hurra! Es klappt!" Und dann, etwas leiser, ruft sie durch das ohrenbetäubende Gejubel der anderen in mein Ohr: „Alles Gute zum Hochzeitstag!" Ich verstehe nicht, was sie meint, aber sie schüttelt nur den Kopf und grinst. „Sieh einfach zu", sagt sie und deutet auf das Spielfeld.
Bruno zwinkert mir zu, während die Umstehenden in aufgeregtes Getuschel verfallen und sich fragen, was zum Teufel mit Ronaldo los ist. Beim 2:0 klopfen mir beide auf die Schultern, einer links und einer rechts, und sie strahlen in einer Weise, die mir komisch vorkommt.
„Was grinst ihr denn so?", frage ich.
„Verraten wir es?", sagt Bruno, und Franka nickt.
„Wir machen das ja alles nur, um dich bei Laune zu halten", sagt sie. „Ohne dich im Stadion, das wäre unerträglich. Und weil du dich letztes Jahr so gefreut hast … Jedenfalls, seit du tippst, bist du endlich mit Leib und Seele dabei."
Ich denke an meine Tippsiege, auf die ich so stolz war, und dann fallen mir plötzlich die vielen magenkranken Spieler der Verlierermannschaften ein und die unerklärlichen Unfälle.
„Was habt ihr getan?", frage ich.
„Mit Ronaldo? Aconitum in die Schuhe. Eisenhut. Das wird über die Fußsohle aufgenommen und bereitet tolle Halluzinationen. Keine Angst, sterben wird er nicht dran, er schießt einfach ein bisschen in die Luft und läuft im Kreis, vielleicht zählt er Schmetterlinge." Sie kichert.
„Ich hätte nicht gedacht, dass es klappt", sagt Bruno, ohne den Blick vom Spielfeld zu lösen.
„Und ich hätte nicht gedacht, dass Ronaldo so doof ist und Pakete von Wildfremden überhaupt aufmacht. Aber wenn der Postbote es erst einmal in den sicheren Bereich geschafft hat …", grinst Franka, greift nach dem Presseausweis um Brunos Hals und wedelt damit.

„Der Schlaueste ist er eben nicht", sagt Bruno.

„Warum sollte er Schuhe wechseln, wenn er doch eigene besitzt?", frage ich ungläubig.

„Wenn sie mehr glitzern ... Du hast die Schuhe nicht gesehen: Ein glitzerndes R auf der Zunge und Strass ringsum, da kann kein Brasilianer widerstehen. Die Schuhe waren mein Meisterstück. Ich hab ja lange nicht mehr praktisch gearbeitet", grinst Franka und wedelt mit den verbundenen Fingern. Dann legt sie den Arm um mich und knufft mich mit der anderen Hand in die Seite. „Für das genaue Ergebnis kann ich natürlich nicht garantieren, aber die Tendenz ..."

„Lädst du uns wieder zum Griechen ein, wenn du gewinnst?", fragt Bruno.

„Wenns diesmal reicht", sage ich und lehne mich zurück, um auf das nächste Tor zu warten.

Es wird fallen, da bin ich sicher.

Südkorea/Japan, 2002
Weltmeister: Brasilien
Endspiel: Brasilien – Deutschland 2:0 (0:0)
Teilnehmende Mannschaften: 32
Erzielte Tore: 161 in 64 Spielen (2,52 pro Spiel)
Torschützenkönig: Ronaldo (Brasilien), 8 Tore

Christiane Geldmacher

Nachspielzeit

„Also, wenn du mich fragst, Toby, ein Unentschieden im Fußball ist wie ein Krimi ohne Leiche", meinte Penelope nachdenklich. „Es handelt sich ja um Lebenszeit, Lebenszeit in Echtzeit, 90 Minuten. Wenn du in einem Stadion sitzt und nichts passiert ... whuah ... stell dir das nur vor! Keine Tore! Du reist um die halbe Welt und das Spiel geht 0:0 aus."
Sie schauderte.
„Grauenhaft! Die Kosten ... die Tickets ... der Flug ... das Hotel ... und dann bringen die da unten nicht mal den Ball rein!" Sie sah auf das Spielfeld hinab, auf dem die Koreaner wie entfesselt gegen die Italiener anrannten, aber in der Tat nicht zum Schuss kamen.
„Das Spiel ist reine Gegenwart, Penelope", erklärte Toby, während er sein Notebook aufklappte. Er musste seinen Bericht gleich nach dem Achtelfinale in der Frankfurter Redaktion abliefern. Der Chefredakteur hatte durchblicken lassen, dass die Stelle des Ressortleiters Sport für Toby vielleicht in Betracht käme, wenn es ihm gelänge, etwas Besonderes aus dieser Weltmeisterschaft zu machen. Mit etwas Besonderem meinte der Chefredakteur: Hintergründe aufdecken, nachhaken, Geschichten erzählen. Im Vorfeld der WM 2002 hatte es haufenweise Unstimmigkeiten zwischen den beiden Gastgebernationen Japan und Korea gegeben, was die Eröffnungs- und die Abschlussfeier betraf, zum Beispiel. Japan hatte dabei den Kürzeren gezogen. Solche Dinge, meinte er.
Und jetzt waren die Japaner aus dem Turnier geflogen – erst heute Nachmittag! Das verlieh dieser Partie der Koreaner gegen die Italiener eine neue Brisanz: Korea musste gewinnen, wenn

wenigstens noch eine der Gastgebernationen im Turnier bleiben sollte.

„Meine Definition von einem guten Fußballspiel?", fragte Penelope.

„Penelope, ich muss mich konzentrieren!" Toby hämmerte die Überschrift in die Tasten.

„Zehn Tore Minimum! Oder leg noch fünf mehr drauf!" Penelope sah auf das Fußballfeld runter. „Ein Konter, ein Tor. So wie beim Handball! Dann kommt Stimmung auf ... Für wen bist du, Toby? Ich bin für die roten Männchen."

„Die roten Männchen sind die Koreaner, Liebling."

„Genau. Für die bin ich."

„Aber die anderen sind die Italiener!" Tobys Notebook wäre fast auf den Boden gefallen. „Die Squadra Azzurra ist die blaue Mannschaft!"

„Äh, ja, und?" Penelope ließ ihren Blick über das Spielfeld schweifen. Er blieb an einem Italiener hängen, der am Rand auf und ab rannte und blaue und schwarze Männchen anbrüllte. Rote Männchen brüllte er auch an, wenn sie ihm in die Quere kamen.

„Wer ist denn der Kerl da?", fragte sie mit hochgezogenen Augenbrauen. „Ein unmöglicher Typ!"

Toby stützte den Kopf in die Hände. „Giovanni Trapattoni! Das ist der Trainer der Italiener!"

„Gut, dass ich für die Koreaner bin! Das ist ja kein Benehmen, Toby, ich bitte dich! Redet man so mit seinen Leuten? Ich sage dir, der kriegt noch Probleme da unten."

Das Spiel war in vollem Gange. Der koreanische Stürmer Ahn Jung-Kwai verschoss einen Foulelfmeter gegen Gianluigi Buffon, und 38.000 Besucher im Stadion jaulten auf.

„Geil! Hast du das gesehen, wie der Koreaner da eben dem Italiener den Ball abgenommen hat? Große Klasse! Bravo! Bravo!" Penelope suchte in ihrer Handtasche nach einer Trillerpfeife, die sie sich am Stand vor dem Stadion gekauft hatte.

Toby schrieb weiter. Die ersten beiden Absätze saßen, und es

war Zeit, ein paar Fotos zu machen. Toby musste alles inklusive abliefern, weil der Sportfotograf krank geworden war. Er wuchtete die Kamera und das schwere Teleobjektiv aus der Tasche, die der Chefredakteur ihm aufgenötigt hatte, damit er „hautnahe Bilder" machte. Toby kannte sich nicht umwerfend gut mit Fotografie aus. Er sollte einfach draufhalten; Hauptsache: Atmosphäre einfangen. 65 Euro Honorar gab es pro Abbildung, das wollte Toby sich natürlich nicht entgehen lassen. Er fotografierte Spieler, Schiedsrichter, Trainer, Fans, Ordnungskräfte. Aber die Verschlusszeiten und die schnellen Bewegungen machten ihm Schwierigkeiten. Er kriegte seine Fotos einfach nicht scharf.
„Ich werde noch wahnsinnig!" Missmutig betrachtete er das Display, das viele Lichtschlieren, aber wenig Fußball zeigte.
Penelope nahm ihre Trillerpfeife aus dem Mund und sah ihn an. „Was ist?"
„Das ist alles unscharf hier. Wenn es wenigstens eine normale Kamera wäre. Aber diese Digitaldinger ... furchtbar anfällig ..."
„Lass mich das machen. Du schreibst, ich fotografiere." Penelope nahm ihm die Kamera aus der Hand und sah durch das Objektiv. „Das ist ja wie ein Fernrohr!"
Toby beugte sich über seinen Text. „Tu mir einen Gefallen, Liebes, und knips nicht nur in der Gegend rum, ja? Der Chefredakteur will Atmosphäre haben."
Penelope nahm erstmal die schreienden und johlenden Fans auf. Nachdem sie ein paar gestochen scharfe Aufnahmen im Kasten hatte, fing sie an zu experimentieren. Wenn man eine lange Verschlusszeit einstellte, dann einen Schwenk machte, das Objektiv mitzog ...
„Penelope!"
Beinahe hätte sie Toby mit dem Objektiv vom Stuhl gefegt. Sie wandte sich der anderen Seite zu. Dort stand eine Gruppe Italiener, atmosphärisch hautnah. Penelope nahm sie ins Visier. *"I-ta-lia! I-ta-lia! I-ta-lia!"*, skandierten sie und schwenkten Fahnen und Hüte.

Unten traf der Italiener Christian Vieri mit dem Kopf zum 1:0 gegen Korea. Die Italiener gerieten außer sich.

„Look, the ball!" Der Italiener neben Penelope zeigte enthusiastisch auf das Spielfeld. Gennaro Gattuso schlug den Ball von links nach rechts, zugegeben ein schöner Pass. Das sah sogar Penelope.

Sie lächelte den Italiener freundlich an. „Oh, yes!"

„I Love Italy!", rief der Italiener. Penelope setzte ein Weitwinkel auf und machte ein Foto von ihm.

„Penelope?" Toby versuchte, die Aufmerksamkeit seiner Freundin zurückzugewinnen, um sie über die koreanische Angriffstaktik aufzuklären. Wenn sie diese verstünde, würden ihr vielleicht ein paar brauchbare Fotos gelingen. Vom Spiel. Aber Penelope hörte ihn gar nicht.

„Where do you come from?", fragte der Italiener.

"Germany, Frankfurt!"

"I Love Germany!"

Toby legte seinen Arm um die Stuhllehne. Wofür hielt dieser Kerl sich eigentlich? Sah er nicht, dass Penelope in Begleitung war? Aber in diesem Moment riss es das ganze Stadion inklusive Penelope vom Sitz, weil die Koreaner beinahe den Ausgleich geschafft hätten.

Penelope brüllte laut für Korea mit, was den Italiener neben ihr zusehends irritierte. Er zeigte auf seine Fahne und sein Trikot, aber Penelope brüllte weiter.

„Are you for Korea?", fragte der Italiener argwöhnisch.

„Yeah!", rief Penelope. „I love *red*!"

Der Italiener fiel auf den Sitz zurück. „Non é vero!", rief er zu seinen Kumpanen.

„Woran hakt es da unten eigentlich?", fragte Penelope Toby.

„Die Italiener spielen Mist, daran hakts", brummte Toby und schrieb den dritten Absatz.

Der koreanische Trainer brachte einen neuen Stürmer. Ihm und seiner Mannschaft war der Druck anzusehen, der auf ihnen lastete. Starfußballer Ahn Jung-kwan schoss mal links, mal rechts am italienischen Tor vorbei. Toby fragte sich langsam, ob der Kerl von den Italienern gekauft war, so kannte er ihn gar nicht. Erst der verschossene Elfmeter in der fünften Minute und jetzt die ganzen vergebenen Torchancen. Es war bizarr, wie er dauernd danebenschoss. Auch die Fans wurden unruhig. Viele fingen an zu pfeifen und zu buhen.

Penelope setzte wieder die Kamera an und studierte die Fankurve. Sie fand es psychologisch spannend, wie unterschiedlich die Leute auf das Spiel reagierten. Manche blieben cool, andere rasteten aus und droschen bei jeder vergebenen Torchance auf ihren Nachbarn ein. Besonders fielen ihr zwei Koreaner in teurem Anzug auf, die wild gestikulierten und sich gegenseitig ankeiften. Dabei zeigten sie immer wieder in Richtung Linienrichter, und Penelope dachte: Aha, die verdächtigen den Linienrichter, dass er den Italienern Vorteile verschafft.

„Penelope? Was fotografierst du eigentlich? Mach doch mal das Spiel!" Penelope drehte sich Toby zu, drückte auf den Auslöser und betrachtete das Display. „Du bist nicht scharf."

Dann fotografierte sie wieder die Mannschaft und den Trainer. Eine gute Aufnahme von Trappatoni hinzukriegen, war schwer, weil der kleine Italiener ständig vor Aufregung aus dem Bildausschnitt hopste. Aber irgendwann hatte Penelope ein gescheites Bild von ihm im Kasten.

Kurz vor der Pause keimte nochmal Hoffnung für die Koreaner auf. Ein Freistoß. Aber Ahn, der Glücklose, zirkelte den Ball am Tor vorbei.

„Der Kerl ist von den Italienern gekauft, ich sags dir!", rief Toby. „Der spielt ja bei Perugia."

In der Pause sah sich Toby Penelopes Fotos an. Sie waren gut geworden. Auch die aus dem Publikum. Zwei Männer im Anzug litten besonders unter dem Spiel. Penelope hatte sie in allen Phasen aufgenommen. Zur Pause prügelten sie sich fast und warfen sich hasserfüllte Blicke zu.

Die zweite Halbzeit begann.

"I-ta-lia! I-ta-lia! I-ta-lia!" Der Italiener neben Penelope war wie-

der obenauf.

Toby machte Zwischentitel. Wenn er Glück hatte, war er in einer Stunde fertig. Dann würde er den Artikel nach Frankfurt mailen und konnte noch einen aufregenden Abend mit Penelope in Taejon verbringen. Sie hatten kaum was von der Stadt gesehen bis jetzt.

Trapattoni hatte Alessandro del Piero eingewechselt, aber den Italienern gelang kein Konter mehr. Die Koreaner brachten noch einen Stürmer und starteten eine Angriffswelle nach der anderen.

Toby sah auf die Uhr. Wenn die Koreaner wirklich die nächste Runde erreichen wollten, mussten sie sich beeilen. Es war schon die 70. Minute und noch immer stand es 1:0 für die Italiener.

„Tooooooor!", brüllte Penelope plötzlich. „Hast du das gesehen, Toby? Toooooooor!"

Toby hatte es nicht gesehen, weil er die merkwürdigen Personalentscheidungen Trappatonis schilderte. Fassungslos starrte er auf das Spielfeld. Zwei Minuten vor Spielende hatten die Koreaner den Ausgleich geschafft. Das Spiel würde in die Verlängerung gehen. Wer das Golden Goal machte, würde ins Viertelfinale einziehen. Er seufzte. Er musste die letzten Absätze seines Artikels umschreiben.

Penelope blickte durch das Objektiv, um die Reaktion der beiden streitenden Männer im Anzug zu sehen. Die letzten Minuten mussten für sie die Hölle gewesen sein, und sie sahen total geschafft aus. Sie schauten in verschiedene Richtungen, sprachen nicht miteinander.

Die Verlängerung begann. Gianluigi Buffon konnte nur mit Mühe einen Freistoß von Hwang Sun Hung aus 20 Metern zur Ecke klären, und die Koreaner waren die klar überlegene Mannschaft. Bei den Italienern war die Luft draußen. Jetzt hatten sie auch noch Schiedsrichterpech. Spielmacher Francesco Totti flog wegen einer Schwalbe vom Platz und Damiano Tommasi wurde vom Schiedsrichter ein Tor aberkannt: abseits. Toby war auf Byron Morenos Seite. Es war immer dasselbe mit den Italienern.

Sie waren destruktiv und tückisch, Weltmeister im Simulieren, Elfmeterschinden, im Verdeckt-Treten.
Und dann kam der koreanische Siegestreffer. Ahn Jung-Kwan traf aus 18 Metern Entfernung zum Golden Goal. Die Sensation war perfekt. Jubel brandete auf, die Koreaner lagen einander in den Armen und weinten. Feuerwerkskörper und Bengalos wurden gezündet. Ein Konfettiregen flitterte aufs Spielfeld. Tobys Finger flogen über die Tastatur, während Penelope mit Begeisterung auf ihrer Trillerpfeife trötete. „Schatz, mach bitte Fotos!", mahnte er.
Penelope fotografierte den Siegestaumel Ahn Jung-kwans, der koreanischen Mannschaft und der Fans. Sie fotografierte Giovanni Trappatoni, die vernichtete italienische Mannschaft und das diskutierende Schiedsrichterteam um Byron Moreno. Und sie fotografierte auch die beiden Männer, die sich die ganze Zeit gestritten hatten. Trotz des Sieges schien es keine versöhnliche Geste zwischen ihnen zu geben. Ganz im Gegenteil.
„Sag mal!" Penelope starrte durch ihr Objektiv. „Das gibt's doch nicht ... hey ... hallo!" Sie schoss hoch und winkte wild zur anderen Seite hinüber. „Ja, spinnt der?!? Hören Sie auf!" Sie sah auf ihren Freund hinunter. „Toby, da drüben ist was nicht in Ordnung." Sie schaute durch das Objektiv. „Der bringt den um!" Sie knipste ein Bild nach dem anderen.
Aber Toby fehlte jeder Sinn für Penelopes Dramatik. Er ging in seinem Artikel auf die strittigen Schiedsrichterentscheidungen gegen die italienische Mannschaft ein.
„Toby! Der bringt den Mann um!"
„Ich bin sofort für dich da, Penelope ...", murmelte Toby.
„Er hat ihn mit so einem komischen asiatischen Griff umgebracht! Ich habs genau gesehen! Da, er sinkt um!"
Er sinkt um! Wahrscheinlich hatte der Mann einen Kreislaufkollaps erlitten, dachte Toby. War ja aufregend genug gewesen! Er grinste. Penelope spielte mal wieder Fenster zum Hof, einen ihrer Lieblingsfilme. Sie war Jimmy Stewart, nur ohne Gips.
„Die haben sich schon die ganze Zeit gestritten ... da war irgend-

was mit dem Linienrichter …!", japste Penelope.
„Jajaja …"
Sie betrachtete ihn empört. „Hörst du mir zu?! Da drüben wurde einer um-ge-bracht!"
Toby blickte endlich in die angegebene Richtung. Ja, ein alter Mann saß zusammengesackt auf dem Stuhl. War wohl etwas zu viel gewesen für ihn. Er ruhte sich einfach aus. Ein Kahlköpfiger daneben checkte sein Handy.
Toby wandte sich resolut wieder seinem Bildschirm zu. Er brauchte noch einen zündenden Schlussabsatz und die Bildunterschriften, dann konnten sie hier weg.
„Ich geh jetzt rüber!", entschied Penelope. „Vielleicht lebt er ja noch. Wie geht der Notruf von Korea?" Sie zog ihr Handy aus ihrer Tasche.
Der Notruf von Korea! „Liebes, hier laufen doch genug Polizisten rum! Frag die! Aber lass mir die Kamera da, ich muss die Fotos auf mein Notebook spielen."
„Hier passiert ein *Mord* und du denkst an deinen Artikel?! Manchmal zweifle ich wirklich an deinem Verstand, Toby!"
Penelope knallte die Kamera auf den Sitz und stolzierte davon, den Blick fest auf den Mann im Sessel gerichtet. Sie musste ein paar Ränge höher klettern und zur Hälfte in die Kurve rein.
„Spiel du nur Hitchcock!", brüllte er ihr hinterher und sie brüllte *„Schreib du deinen Artikel!"* zurück.
Toby fand viele Fotos, die zu seinem Artikel passten. Er spielte sie auf sein Notebook und machte die Bildunterschriften. Als er fertig war, suchte er nach dem angeblichen Mord. Penelope hatte die zwei Männer dauernd fotografiert. Wenn es einen Mord gegeben hatte, hatte sie ihn ausgezeichnet dokumentiert. Die gute Penelope! Toby musste lachen.
Doch plötzlich wurden seine Augen groß. Er betrachtete scharf ein paar Aufnahmen. Es sah wirklich so aus, als ob dieser kahlköpfige Mann seinen Nachbarn umgebracht hätte. Durch einen Klammergriff hatte er ihm die Blutzufuhr abgedrückt. Toby warf einen Blick auf den Zeitstempel der Aufnahme. Das war

eben erst gewesen. Mitten im Trubel ums Golden Goal. Kurze Zeit später saß der Alte wie leblos auf dem Stuhl.
Er sah hoch. Die Ränge um ihn hatten sich geleert. Nur vereinzelt saßen noch Koreaner da und ließen die Magie des Augenblicks auf sich wirken. Penelope konnte Toby nirgends entdecken. Nur der Mann im Anzug saß noch da.
Wahrscheinlich holte sie irgendwo die Polizei. Toby fuhr sein Notebook herunter und verstaute es zusammen mit der Kamera in seinem Rucksack. Er musste Penelope suchen. Er versuchte, sie auf dem Handy anzurufen, aber er bekam keinen Empfang. Er schickte ihr eine SMS: „Wo zum Teufel bist du?!"
Ein paar Minuten später erhielt er eine unterkühlte Nachricht: „Danke der Nachfrage."
Toby bekam einen Wutanfall. „*Wo?*", schrieb er ihr.
„*Ich verfolge den Mörder! Dieser Mann im Sitz ist tot!*"
Das toppte wirklich alles, was sich Penelope jemals geleistet hatte. „*Ruf sofort an!*", simste er zurück und eilte hinunter aufs Spielfeld zu einem Polizisten, der gegen einen Torpfosten gelehnt, selig lächelnd eine rauchte.
„Somebody is dead!", bereitete Toby der Behaglichkeit des Ordnungshüters ein Ende.
Bestürzt sah ihn der Mann an und sein Blick folgte Tobys Finger. Er alarmierte einen Rettungswagen, sprang über die Brüstung und rannte die Ränge hoch. Toby wollte es ihm gleichtun, aber sein Handy klingelte: Es war Penelope.
„Ich fahre mit dem Taxi stadtauswärts diesem Typ hinterher."
„Du tust was? Stadtauswärts? Bist du noch ganz dicht?!" Toby platzte der Kragen. „Du kehrst sofort um, verdammt noch mal!"
„Das tue ich nicht!", erwiderte Penelope. „*Schreib du deinen Artikel – das ist ja wichtiger!*"
„Ich habe die Polizei und einen Notarzt für deine Leiche organisiert!", brüllte Toby.
„Aha! Jetzt ist es schon *meine* Leiche!"
Toby stieg die Ränge hoch und bemühte sich wieder um mehr

Ruhe. „Liebes, ich bitte dich, überlass das der Polizei! Du weißt doch gar nicht, worauf du dich einlässt. Du fährst einem Mann hinterher, der einen anderen umgebracht hat …"
„Toby, das ist jetzt nicht dein Ernst! Ich bin hinter dem Mörder her und soll *umdrehen*? Denk doch mal an die Story! Hat dein Chefredakteur nicht verlangt, du sollst was Besonderes machen? Das ist das Besondere! Wir lösen einen Mordfall!"
Toby war oben angekommen. Der Polizist hatte von der Leiche abgelassen und machte ihm Zeichen, dass er gern Tobys Personalien aufgenommen hätte.
Von unten stürmten herbeigerufene Sanitäter die Ränge hoch. Während Toby weiter mit Penelope debattierte, zogen sie die Leiche aus dem Sessel und starteten einen Reanimierungsversuch. Der Polizist zupfte wieder an seinem Ärmel.
„What?!?"
„Excuse me, Sir!" Der Polizist pochte nachdrücklich auf sein Clipboard.
„My girlfriend is in danger!" Kaum hatte Toby das gesagt, war die Verbindung zu Penelope weg und er hackte verzweifelt in die Tasten. Der Polizist sah ihn forschend an. Und nicht nur er. Auch ein Lokalreporter war hinzugestoßen, der den Aufruhr mitgekriegt hatte und jetzt eine Sensation witterte.
Toby hatte wieder ein Freizeichen und Penelope hob ab. „Wir fahren Richtung Norden. Scheint so, als hätte der Kahlköpfige ein Security-Unternehmen. Ein ziemlich bekanntes, sagt der Taxifahrer. Also wenn du mir folgen möchtest, Toby, wäre jetzt der richtige Zeitpunkt." Ihre Stimme klang langsam unbehaglicher.
Toby hängte sich seine Tasche um. „I'm sorry, I gotta go!", rief er dem Polizisten zu und strebte im Laufschritt dem Ausgang zu. Der Polizist rannte ihm hinterher. *„Sir! Sir! Just a moment please! I'm coming too! We can use the police car!"*
Ein Polizeiwagen! Funk! Waffen! Das war natürlich gut. Toby wartete auf ihn.
Sie fuhren los. Die Verbindung zu Penelope war mal mehr, mal weniger gut. Immer wieder gab sie ihnen durch, wo sie sich

befand. Der Polizist stellte das Blaulicht an und schlängelte sich geschickt zwischen den vielen Wagen und Motorrollern und jubelnden Fans durch. Sie fingen an, Vermutungen über die Tat anzustellen, über mögliche Mordmotive. Toby erwähnte die strittigen Schiedsrichterentscheidungen gegen Italien, und der Polizist wurde ganz rot im Gesicht. Ein Redeschwall ging auf Toby nieder, von dem er kein Wort verstand.

Penelope meldete sich wieder. „Mann, Mann, Mann, hier sagen sich ja die Füchse gute Nacht!"

„Wo bist du jetzt?"

„Keine Ahnung. Aber das Auto da vorn wird langsamer", meinte Penelope. „Du lieber Himmel ... hier wohnt ja kein Mensch ... alles ist nur Industrie ... lauter Fabrikhallen..."

„Ich möchte, dass du jetzt den Wagen abstellst und auf uns wartest. Offensichtlich seid ihr am Ziel angekommen. Kein weiteres Risiko bitte!"

„Wir können hier nicht anhalten ... es gibt keinen Bürgersteig ... Da kommt noch ein Auto. Die sehen uns sofort ..."

„Die?"

„Es sind mehrere."

Toby flippte aus. *„Du drehst jetzt sofort um!"*

Der Polizist sah ihn beunruhigt an und trat aufs Gas. Wenigstens hatten sie die Straße für sich.

„Oh, oh, das sieht nicht gut aus", murmelte Penelope.

„Was?!?"

„Die Kerle da vorne steigen aus ... Mist ... sie haben uns entdeckt ... oh, sehen die gruselig aus ... sie sind alle in Schwarz ... fehlen nur noch die Masken ... oh, Toby, sie tragen Waffen!"

Toby hörte schreiende Männerstimmen.

„Toby!", war das Letzte, was er von Penelope hörte. Dann fielen Schüsse und die Verbindung brach ab.

Toby wurde kalkweiß. „Penelope?!"

Die Hände des Polizisten schlossen sich fest ums Lenkrad. Er holte das Letzte aus dem Wagen raus.

„Hurry! Hurry!"

Toby gelang es nicht mehr, eine Verbindung zu Penelope herzustellen. Panik ergriff ihn. O Gott, dachte er, warum nur habe ich den verdammten Artikel fertig geschrieben, anstatt auf sie zu achten! Die Straßenbeleuchtung wurde immer spärlicher. Schließlich erkannte Toby die hohen Fabrikgebäude, von denen Penelope geredet hatte. Er war in dem Industriegebiet angekommen.

Der Polizist machte die Scheinwerfer aus, immer in Funkkontakt mit den Kollegen. Dann sah Toby das Taxi im Straßengraben. Er sprang aus dem Wagen. Weder von Penelope noch von dem Taxifahrer war etwas zu sehen. Nur Penelopes Cape lag noch auf dem Rücksitz. Der Polizist zeigte mit seiner Waffe in einen Hinterhof. In einem der Fabrikgebäude brannte Licht. Hinter den Fenstern sahen sie die Silhouetten einiger Männer. Vorsichtig schlichen sie sich an und pressten sich gegen die Wand. Toby wagte einen Blick durchs Fenster. Erst konnte er nichts erkennen, weil der ganze Raum voller Möbel stand. Dann sah er einen Lichtkegel, in dem Penelope und der Taxifahrer saßen. Gefesselt, aber unversehrt. Um sie herum standen bewaffnete Männer, darunter auch der Kahlköpfige von Penelopes Fotos.

Toby fragte den Polizisten eindringlich, wie lange seine Leute noch brauchten.

„Only a few minutes!", schwor er.

Toby überlegte. Es machte keinen Sinn, jetzt den Helden zu spielen. Es war besser, auf Verstärkung zu warten.

Aber es konnte nicht schaden, schon mal die Lage zu sondieren. Drinnen schrien die Männer dauernd „Where are the pictures?" Wahrscheinlich hatte Penelope ihnen erzählt, dass sie den Mord fotografiert hatte. Wahrscheinlich war sie aus dem Grund immer noch am Leben.

Toby versuchte, die schwere Stahltür zu öffnen. Mit aller Kraft zog er an ihr. Plötzlich hörte er eine Bewegung hinter sich, doch bevor er sich umdrehen konnte, traf ihn ein heftiger Schlag auf den Kopf. Ihm wurde schwarz vor Augen.

Zuerst konnte Toby nicht erkennen, wo er war. Der Boden, auf dem er lag, fühlte sich rau und kalt an. Neben ihm lag eine Gestalt, nein, es waren zwei. Eine davon war Penelope, die andere der Taxifahrer. Langsam setzte er sich auf. Er war an Händen und Füßen gefesselt. Er stieß Penelope an, die langsam zu sich kam.

„Toby", murmelte sie benommen. „Gott sei Dank, du bist da!" Ihr Blick irrte in der Halle umher. „Was ist passiert? Wo sind wir?"

„Keine Ahnung …" Tobys Blick fiel auf ein paar Männer in der Ecke, die eine rauchten. Sie warfen ihre Kippen weg und kamen auf sie zu. Es waren der Kahlköpfige und seine Leute.

„O Gott", murmelte Penelope, „der wieder."

Der Kahlköpfige grinste. „I'm glad you followed us!", sagte er zu Toby. In der Hand hielt er Tobys Notebook und Kamera. Mit Wucht knallte er beides auf den Boden.

„Asshole", entfuhr es Toby.

Die Quittung war ein Schlag in den Nacken.

„Hör auf, ihn zu provozieren", warnte Penelope.

„Das Gute ist", grunzte Toby, „dass sie den Polizisten nicht haben."

„Den Polizisten?"

„Der mich hergefahren hat!"

Es bestand also noch Hoffnung. In Kürze würde es hier einen Großeinsatz geben. Sie mussten diese Leute nur noch eine Weile hinhalten.

Toby fing an, eine Story zu erzählen. Dass er Sportreporter sei und über das Achtelfinale berichtet habe. Er habe seinen Artikel mitsamt den Fotos schon nach Deutschland gemailt. Auch die Fotos von dem Mord. Es bringe also gar nichts, ihnen was anzutun …

Endlich hörte er Sirenen. Blaulicht blitzte auf und Bremsen quietschten. Dann knallten Autotüren, und ein Megafon schepperte metallisch. Toby verstand kein Wort, aber der Taxifahrer übersetzte, dass alle mit erhobenen Händen herauskommen sollten.

Jetzt kam auch Bewegung in den Kahlköpfigen und seine Männer, die wie gelähmt zum Fenster geschaut hatten. Sie wichen in den hinteren Teil der Halle zurück, aber es war schon zu spät. Die Polizei stürmte das Gebäude. Penelope, Toby und der Taxifahrer robbten zur Seite. Dann suchten sie Schutz unter einer der Maschinen.

Es kam zu einem Schusswechsel. Der Kahlköpfige und seine Leute waren zu sechst, die Polizisten zu zehnt. Der Kahlköpfige versuchte, durch die Hintertür zu verschwinden, wurde aber gestellt. Schließlich gab er das Zeichen zur Kapitulation, und widerwillig warfen seine Männer die Waffen weg. Sie wurden mit Handschellen gefesselt und einer nach dem anderen abgeführt. Die Verletzten wurden notdürftig verarztet. Gleich sollte ein Rettungswagen kommen.

„Are you fine?" Einer der Polizisten sah unter die Maschine.

„Thanks for asking!" Penelope streckte ihm ihre Fesseln hin. „I nearly broke my neck!"

Der Polizist schnitt ihre Fesseln durch. Auch Toby und der Taxifahrer kamen endlich frei.

Der Lokalredakteur, den Toby im Stadion kennengelernt hatte, streckte seinen Kopf zur Tür herein, und Tobys Mund klappte auf. „What are you doing here?"

„Thank god, you're alive!" Der Lokalredakteur erklärte, was passiert war. Vom Stadion aus war er Toby und dem Polizisten gefolgt. Er hatte beobachtet, wie der Polizist und Toby sich zu dem Fabrikgebäude geschlichen hatten. Als Toby die Tür öffnen wollte, war er von dem Polizisten mit seinem Gummiknüppel niedergeschlagen worden.

Toby konnte es nicht fassen. „The Police Officer hit me?"

Ja, irgendwie steckte er in der Sache mit drin. Er hatte den schwarzen Männern Bescheid gesagt und zusammen mit der wie leblosen Penelope und dem Taxifahrer hatten sie Toby in eine benachbarte Fabrikhalle gebracht. Der Lokalreporter hatte die Polizei gerufen, aber es hatte lange gedauert, bis sie aus der Stadt eingetroffen war. Wenigstens hatte er alles fotografiert. Auch wie der Polizist Toby niederschlug. Toby wollte die Fotos sehen, aber sein Handy klingelte.

Es war sein Chefredakteur aus Deutschland.

„Fantastisches Spiel, ha? Wo bleibt Ihr Bericht, Toby? Wir warten! Haben Sie Bilder gemacht?"

„Ja."

„Diese Schiedsrichterentscheidungen waren ja das Letzte! Die haben die Itaker geschasst, oder sehe ich das falsch?"

„Keine Ahnung, aber …"

„Haben Sie schon eine Stellungnahme der FIFA? Vom italienischen Fußballverband? Trapattoni muss sich doch schon irgendwo auskotzen! Sind Sie auf seiner Pressekonferenz?"

Der Chefredakteur kostete Toby noch den letzten Nerv. „Hier ist einer tot! Es gab einen Mord!"

Einen Moment herrschte Ruhe. „Tot? Wer?"

„Ein Koreaner. Und … äh … wie es aussieht, habe ich den Mord fotografiert."

Penelope tippte ihm auf die Schulter. „Das war ich, wenns recht ist."

„Wirklich?" Der Chefredakteur war ganz begeistert, so einen Spitzenmann in Korea zu haben. „Was glauben Sie, Toby", der Chefredakteur begann zu träumen, „steckt die Regierung dahinter? Vielleicht was mit Nordkorea? Oder Terroristen? Nine eleven ist noch nicht so lang her…"

„…wirklich nicht."

„Überprüfen Sie das! Ein politisches Komplott! *Think big!* Ich erwarte Ihren Bericht, und zwar *pronto!*"

Eine Stunde später befanden sich alle im Polizeipräsidium, der Lokalreporter war auch mitgekommen. Dank seiner und Penelopes Fotos hatte der Kahlköpfige bei seiner Vernehmung durch die Kripobeamten keine Chance gehabt. Die Beweislast gegen ihn war erdrückend gewesen. Im Übrigen war er für die Polizei auch kein Unbekannter. Wie sich herausstellte, war das Mordopfer sein Großcousin, der Direktor einer großen Fischkonservenfabrik, in der der Kahlköpfige den Werkschutz organisierte. Dabei war er nicht nur wegen seiner brutalen Methoden berüchtigt, sondern es waren ihm auch immer wieder Kontakte zur organisierten Kriminalität nachgesagt worden, die sich jedoch nie hatten beweisen lassen.

Diese beiden Großcousins waren beide engagierte Mitglieder des lokalen Fußballvereins von Taejon und darüber hinaus glühende Patrioten. Sie hatten mit jenem Polizisten, der Toby niedergeschlagen hatte, im Vorfeld der Fußballweltmeisterschaften darüber beraten, wie Korea vor heimischer Kulisse einen möglichst glanzvollen Auftritt haben könnte. Zu diesem glanzvollen Auftritt zählte, dass man gewann. Also beschlossen sie, Kontakt zu einem der Linienrichter aufzunehmen. Sie machten ihm ein finanzielles Angebot, zu dem er in ihren Augen nicht nein sagen konnte. Ein gut gefüllter Koffer sollte am Tag vor dem Spiel in seinem Hotelzimmer deponiert werden. Der Ermordete hatte das Geld locker gemacht, der Kahlköpfige sollte den Rest erledigen.

Doch dann passierte das Undenkbare: Korea spielte schlecht, aber der Linienrichter unternahm nichts. Der Kahlköpfige und der Ermordete gerieten in Streit. Der Ermordete beschuldigte den Kahlköpfigen, versagt zu haben. Dieser musste einräumen, dass der Bursche, der das Geld im Hotelzimmer hatte deponieren sollen, spurlos verschwunden war. In ihnen keimte der schreckliche Verdacht, dass er sich mit dem Koffer einfach auf und davon gemacht hatte. Der Ermordete beschimpfte den Kahlköpfigen als Amateur. Während des restlichen Spiels überschüttete er ihn mit Verwünschungen und unflätigen Ausdrücken und drohte, ihn auffliegen zu lassen. Schließlich rastete der Kahlköpfige aus und drehte seinem Cousin die Luft ab. So schnell er konnte, verließ er danach das Stadion. Irgendwann bemerkte er, dass ihm ein Taxi folgte. Er lotste es aus der Stadt in ein verlassenes Industriegebiet, wohin er ein paar seiner Männer beordert hatte. Sie überwältigten Penelope und den Taxifahrer. Als Penelope sagte, sie habe den Mord fotografiert, drehte er durch.

„Die beiden waren also Cousins?" Penelope hielt Toby einen

Styroporbecher mit Kaffee hin, den sie an einem Automaten besorgt hatte.

„Ja. Als Mitglieder des lokalen Fußballvereins waren sie in die Vorbereitungen zu dieser WM eingebunden, ebenso wie dieser Polizist. Die drei waren Fanatiker. Sie dachten, sie könnten hier eine Bestechungsgeschichte durchziehen, ohne dass es ihr Verein überhaupt mitbekäme. Aber dieser Typ, der das Geld dem Linienrichter übergeben sollte, hat sich offenbar tatsächlich damit ins Ausland abgesetzt."

Auch der Polizist war vor einer Stunde in Handschellen im Präsidium angekommen. Er wollte sich erst herausreden, aber als die Kollegen ihm das Foto des Lokalreporters vorlegten, auf dem er Toby niedergeschlagen hatte, gab er auf. Mit dem Mord hatte er nichts zu tun, behauptete er. Er wollte nur die Sache mit dem Spiel klarmachen.

Sie waren fertig hier. Penelope legte den Arm um Tobys Schultern. „Und, was machen wir jetzt?"

„Sightseeing", meinte Toby. „Dann fahren wir nach Gwangju. Da treffen die Südkoreaner auf die Spanier. Und vielleicht später auf die Deutschen."

Er seufzte. Er musste sich dafür etwas Besonderes ausdenken. Der Chefredakteur war nicht begeistert gewesen, als er seinen Bericht über das Achtelfinalspiel gemailt hatte. Kein Mord, keine Korruption der FIFA, keine Steinzeitkommunisten aus Nordkorea, keine Nine-Eleven-Terroristen.

Penelope sprach ihm Mut zu. Es war erst das Achtelfinale gewesen. Das Turnier ging jetzt erst richtig los.

Deutschland, 2006
Weltmeister: Italien
Endspiel: Italien – Frankreich 1:1 n.V, 5:3 n.E.
Teilnehmende Mannschaften: 32
Erzielte Tore: 147 in 64 Spielen (2,29 pro Spiel)
Torschützenkönig: Miroslav Klose (Deutschland), 5 Tore

Jan Zweyer

Hunter

Sie nannten ihn Hunter. Er war gut. Einige meinten sogar, er sei der Beste. Auf jeden Fall waren ihm in der Vergangenheit einige spektakuläre Abschüsse gelungen. Solche, an denen sich andere erfolglos versucht hatten. Der schwedische Ministerpräsident Olof Palme gehörte zu seinen Zielen. Auch Zoran Djindjic, Präsident von Serbien. Die Branche bewunderte ihn dafür, dass er schneller war als andere. Und seine Kunden akzeptierten jeden Preis, wenn sie ihn engagierten.

An einem Sonntagmorgen bereitete Hunter gerade sein Frühstück zu, als das Handy klingelte. Der Unbekannte am anderen Ende der Leitung entschuldigte sich zunächst wortreich für die morgendliche Störung. Dann erklärte er, dass er seine Dienste in Anspruch nehmen wolle.
„Um was geht es?", knurrte Hunter, der es hasste, mit leerem Magen zu arbeiten.
„Um Marco Materazzi."
„Muss ich den kennen?" Hunter setzte seine Frühstücksvorbereitungen fort und versuchte, mit nur einer Hand ein Ei aufzuschlagen: Das Eiweiß landete auf der Herdplatte, das Gelbe auf dem Küchenboden.
„Ein Fußballer. Spielt in der Nationalmannschaft Italiens."
„Italiener?" Hunter bückte sich, um mit einem Stück Küchenrolle das Eigelb aufzuwischen. „Schwierig im Moment. Man kommt kaum an die Spieler heran. Die wittern hinter jedem Busch einen Reporter, der sie über den Bestechungsskandal in ihrer Liga ausquetschen will."
„Sie meinen, es geht nicht?" Der Anrufer schien enttäuscht.

„Das habe ich nicht gesagt. Ich habe gesagt, dass es schwierig ist."

Für lange Sekunden blieb es ruhig. Dann hatte sich Hunters Gesprächspartner zu einer Entscheidung durchgerungen. „Würden Sie es denn versuchen? Es muss aber während der Weltmeisterschaft sein. Ich bin zu dieser Zeit nicht in Deutschland. Sonst könnte ich ja selbst ..."

Hunter unterdrückte ein Lachen, als er den letzten Satz des Anrufers hörte. Der Kerl war mit Sicherheit ein blutiger Amateur! Und so einer wollte seine Arbeit machen? Sehr witzig. Marco Materazzi also. Ein harter Brocken. Vor einigen Monaten hatte Hunter Francesco Totti auf der Abschussliste gehabt, war aber nicht nahe genug an ihn herangekommen. Und jetzt wieder ein italienischer Fußballspieler? Jetzt war es an Hunter, nachzudenken. Die Sache würde wirklich nicht einfach werden.

„Ginge es denn nicht auch nach der WM? Da ist nicht soviel Trubel und die Spieler werden nicht so abgeschirmt."

„Nein. Es muss während der WM sein. Am besten am 17. Juni. Da hat meine Frau Geburtstag." Der Anrufer lachte hämisch. „Sie schwärmt schon seit Jahren für diesen Typ. Da möchte ich ihr ein ganz besonderes Geschenk ..."

Hunter interessierten die Motive seiner Auftraggeber nicht die Bohne. Deshalb unterbrach er den Anrufer. „Gut. Wenn wir uns über mein Honorar einig werden, versuche ich es. Aber den 17. Juni kann ich nicht garantieren. Das muss klar sein."

Sie benötigten nur Minuten, um die Formalitäten des Geschäfts zu regeln. Als Hunter das Gespräch beendete, hatte er ein neues Ziel. Marco Materazzi.

Nach dem Frühstück betrat Hunter sein mit einer Stahltür gesichertes Büro im Keller des Hauses. Neben seinem Archiv bewahrte Hunter hier das auf, was er für die Arbeit brauchte. Er startete den Rechner und stellte eine Verbindung mit dem Internet her. Es dauerte nicht lange, bis er wusste, dass die italienische Nationalmannschaft an eben diesem 17. Juni im Fritz-Walter-Stadion in Kaiserslautern ihr zweites Vorrundenspiel gegen die USA bestreiten würde. Und er kannte auch den Namen des Duisburger Hotels, in dem die Italiener abzusteigen gedachten. Hunter stand auf und öffnete einen Schrank: Kalter Stahl glänzte. Er lag schwer und kühl in der Hand. Auf einem schwarzen Samttuch zerlegte er ihn in seine Einzelteile, überprüfte sorgfältig den Lauf, kontrollierte die Mechanik und baute dann alles wieder zusammen. Die Beschäftigung verschaffte ihm die innere Ruhe, die er brauchte, um sich einen Plan zurechtzulegen.

Hunter hatte zunächst darauf gesetzt, Materazzi nach dem Vorrundenspiel am 17. Juni auf dem Weg vom Mannschaftsbus zum Hotel abzuschießen. Das wäre am einfachsten gewesen, der Plan A sozusagen.
Er hatte erwartet, dass sich die Spieler wenigstens kurz ihren Fans zeigen würden und nicht damit gerechnet, dass der Bus direkt auf eine besonders abgesperrte Parkposition hinter dem Hotel rollte, von wo die Spieler eilig im Gebäude verschwanden. Einige von ihnen winkten den an der Absperrung wartenden Fans zu, aber lediglich der Trainer stellte sich kurz den Fragen der Presse und dem Jubel der Tifosi. Obwohl diese nach dem eher schmeichelhaften 1:1 gegen die USA und dem Eigentor von Zaccardo nur wenig Grund zum Feiern hatten. Keine Chance für Hunter.
Dann also Plan B.

Hunter ging zurück zu seinem Fahrzeug, schnappte sich den großen Strauß roter Rosen, den er am Nachmittag gekauft hatte, und marschierte dann ohne Zögern auf den Hoteleingang zu. Nach kurzer Diskussion mit den Polizeibeamten gelang es ihm, in das Hotelinnere zu gelangen. Dort konnte er sich ohne Probleme an der Rezeption vorbeischleichen, stieß aber am Fahrstuhl auf Mitarbeiter eines privaten Sicherheitsdienstes, die ihn aufhielten.
Die drei muskelbepackten Männer hörten seiner Erklärung, er müsse den Blumenstrauß unbedingt persönlich bei Marco

Materazzi abgeben, ziemlich gelangweilt zu. Trotz Hunters Überredungskünste ergriff einer der beiden Sicherheitsleute schließlich die Rosen, während die anderen Hunter an den Armen packten und zum Ausgang schleiften.

Hunter lungerte noch einige Stunden vor dem Hotel herum, trank billigen Chianti, den ihm feiernde Italiener in die Hand drückten, und gab dann auf. Am frühen Morgen des 18. Juni war er auf dem Rückweg in seine Heimatstadt.

Zwei weitere Versuche, Marco Materazzi zu erwischen, scheiterten ebenfalls kläglich. Es war wie verhext. Entweder reihte sich Marco Materazzi nicht in den Kreis der Spieler ein, die sich den Fans stellten, oder aber die Begeisterung der Tifosi war so groß, dass Hunter nicht nahe genug herankam. Aber aufgeben kam für ihn nicht in Frage. Er hatte den Job angenommen und nun wollte er ihn auch erfolgreich zum Abschluss bringen. Es ging um seinen Ruf. Und um seine Ehre.

Das Spiel der Deutschen im Halbfinale gegen die Italiener fand in Dortmund statt. Eigentlich ein gutes Omen, hatte dort doch noch nie eine deutsche Nationalmannschaft ihr Spiel verloren. Es fehlte allerdings Thorsten Frings, der nach dem Spiel gegen Argentinien wegen seiner Beteiligung an den Tumulten nach dem Abpfiff gesperrt worden war. Die Bilder, die Frings Schuld beweisen sollten, lieferte der Fifa ausgerechnet ein italienischer Fernsehsender.

Hunter sah das Halbfinale im Fernsehen. In der 118. Minute der Verlängerung schoss Italien das erste Tor, quasi mit dem Schlusspfiff das zweite. Deutschland war geschlagen.

Trotz des unglücklichen Ausscheidens war die WM ein Erfolg – nicht nur wegen des guten Wetters. Vier Wochen Sonne. Wann hatte es das in Deutschland je gegeben? Auch Hunter war der Meinung der meisten Kommentatoren, dass sich das Deutschlandbild bei vielen durch die WM gewandelt hatte. Das Land präsentierte sich weltoffen und fröhlich und organisierte eine der besten Weltmeisterschaften aller Zeiten. Aber nach dem Sieg der italienischen Mannschaft über die deutschen Kicker war das

Sommermärchen für Deutschland beendet. Italien stand im Finale der 18. Fußballweltmeisterschaft, das am 9. Juli im Berliner Olympiastadion ausgetragen werden sollte.

Hunter hatte sich dieses Mal besonders gründlich vorbereitet. Aus der Presse wusste er, dass die Italiener – unabhängig vom Ausgang des Finales – noch in der Nacht von Berlin nach Düsseldorf fliegen würden, um in ihr Duisburger Hotel zurückzukehren. Dort war auf jeden Fall eine große Party geplant, die unabhängig vom Ausgang des Spiels steigen sollte. Und an eben dieser Party wollte auch Hunter teilnehmen.

Ein Bekannter, der in Duisburg lebte und ihm noch einen Gefallen schuldig war, hatte ihm den Tipp gegeben, dass das Hotelpersonal für diesen Anlass durch Mitarbeiter einer Cateringfirma aufgestockt werden sollte. Mit personalisierten Ausweisen ausgestattet, sollten diese Beschäftigten auch Zugang zu dem Bereich des Hotels erhalten, in dem die Feier stattfand.

Hunter rief das Cateringunternehmen an und erkundigte sich, einen Vorwand vortäuschend, nach Referenzen. Er wolle einen großen Empfang ausrichten, gab er vor. So erfuhr er, dass die Firma zwei Tage vor dem WM-Finale die Besucher der Vernissage in einer Düsseldorfer Galerie versorgen würde.

Hunter wartete fast einen ganzen Tag vor dem Laden, bis es ihm gelang, einen der Angestellten des Cateringunternehmens, der seinen Ausweis gut sichtbar vor der Brust trug, zu fotografieren. Erst als er wirklich sicher war, den Dienstausweis des jungen Mannes formatfüllend auf seiner Digitalkamera gespeichert zu haben, trat er den Heimweg an. Dort machte er sich unverzüglich mit Computer, Drucker und einem Laminiergerät an die Arbeit. Drei Stunden später hielt er einen Mitarbeiterausweis prüfend unter die Lampe. Perfekt! Die Fälschung war nicht zu erkennen. Unübersehbar prangte sein Konterfei neben dem Firmenlogo. Auch die Unterschrift des Ausstellers war einwandfrei. Es fehlte nur noch die blau eingefärbte Kordel, an der die Ausweiskarte befestigt war. Die würde er sich morgen besorgen.

In den Abendstunden des 9. Juli fand sich Hunter vor dem Mannschaftshotel der Italiener ein. Er war wie die männlichen Mitarbeiter des Cateringunternehmens gekleidet: schwarzer Anzug, blütenweißes Hemd, dunkelrote Krawatte.

Hunter schaltete das Radio ein, um die Übertragung des Finales nicht zu verpassen. Eigentlich interessierte ihn Fußball nicht besonders, aber für seinen Plan konnte es entscheidend sein, welche Mannschaft das Spiel gewann. Verlören die Italiener, wäre möglicherweise die Party im Hotel nur von kurzer Dauer. Dann blieb ihm unter Umständen nicht genug Zeit, Materazzi abzuhaken.

Das Führungstor durch Zidane schon in der siebten Minute ließ seine Befürchtungen zunächst wahr werden. Dann aber schoss Materazzi nur zwölf Minuten später den Ausgleich. Ausgerechnet Materazzi. Hunter musste grinsen..

Und dann, um exakt fünf Minuten nach elf Uhr, überschlug sich die Stimme des Kommentators. Scheinbar grundlos war Zidane auf den weit entfernten Materazzi zugestürmt, hatte seinen Kopf gesenkt und ihn dem Italiener in die Brust gerammt. Eine klare Tätlichkeit! Das Spiel lief zunächst weiter, bis der Schiedsrichter über Funk von dem Vergehen erfuhr und Zidane vom Platz stellte. Beide Mannschaften retteten sich ins Elfmeterschießen, das Italien auch dank eines Tores von Materazzi gewann.

Hunter grinste schief, als er hörte, wie der Radioreporter die Freude der Italiener beschrieb. Er war sich sicher, dass Materazzi diesen Tag tatsächlich nie mehr vergessen würde.

Die Rundfunkreporter spekulierten noch lange darüber, wie das Spiel wohl ausgegangen wäre, wenn der sichere Elfmeterschütze Zidane noch in der französischen Mannschaft hätte weiterspielen dürfen.

Schon zehn Minuten nach Spielende versammelten sich die ersten überschwänglich feiernden Tifosi vor dem Hotel der Italiener. Hunter war das nur recht. Bei dem Lärm bestand keine Gefahr, dass er einnicken würde.

Stunden später traf endlich der Bus mit der italienischen Mannschaft ein. Hunter passierte dank des Ausweises problemlos die Polizeiabsperrung und ging ohne Eile zum Hintereingang des Hotels.

Dort traf er auf zwei Köche, die eine Pause nutzten, um zu rauchen.

„Guten Morgen", sprach Hunter sie kaltschnäuzig an. „Ich bin vom Caterer." Er hielt den gefälschten Ausweis hoch.

„Du kommst spät. Die anderen sind schon da", maulte einer der Köche.

„Wo muss ich hin?"

Der Angesprochene trat seine Zigarette aus. „Komm mit. Ich zeig's dir." Mit diesen Worten drehte er sich um, zog die Tür auf und betrat das Gebäude. Hunter beeilte sich, ihm zu folgen.

Im Gang warteten wieder Sicherheitsleute. Der Koch ging an ihnen vorüber. „Der ist von der Cateringfirma", erklärte er und zeigte auf Hunter.

Hunter hielt den Wächtern den Ausweis entgegen, verlangsamte aber seinen Schritt nicht. Plötzlich war von draußen lauter Gesang und Gejohle zu hören. Die Tür wurde aufgerissen und der zweite Koch stürmte ins Gebäude. „Die Fans sind über den Zaun geklettert", rief er. „Die wollen zu den Spielern."

„Scheiße."

Einer der Sicherheitsleute gab Hunter mit einer Handbewegung zu verstehen, dass er passieren konnte. Dann folgte er seinem Kollegen, um die Hintertür zu sichern.

Drei Minuten später stand Hunter in der Küche des Hotels.

„Sie sind vom Caterer?", fragte ihn ein Hotelangestellter, auf dessen Namensschild Eventmanager stand.

„Ja."

„Gut. Sie kümmern sich um die leeren Gläser. Ich zeige Ihnen gleich, was Sie genau zu tun haben. Und nehmen Sie den Rucksack ab."

Als er Hunter fragendes Gesicht bemerkte, setzte er hinzu: „Durch diese Tür und dann die zweite links. Durch den Flur. Hinter der Toilette ist der Aufenthaltsraum. Dort können Sie die

Sachen ablegen. Beeilen Sie sich."
Hunter verließ den Küchenbereich. Als er den Flur erreichte, sah er, wie drei italienische Spieler die Herrentoilette betraten. Er erkannte sie an den Medaillen, die sie um den Hals trugen. Verstohlen zog er das Foto hervor, welches er in der Jackentasche trug. Kein Zweifel. Einer der drei war Marco Materazzi!
Er sah sich um. Niemand zu sehen. Dann öffnete er seine Jacke. Darunter trug er das Trikot der italienischen Nationalmannschaft. Die Toilettentür öffnete sich. Zwei Fußballspieler traten in den Flur, in eine angeregte Unterhaltung vertieft. Sie schienen Hunter nicht zu bemerken, obwohl er nur zwei Meter entfernt von ihnen stand.
Materazzi war nun vermutlich allein im Toilettenraum. Das war Hunters Chance!
Er lief nach vorn, riss die Tür auf und betrat den Raum. Dezente Musik war zu hören. Vor einem der großen Spiegel stand Marco Materazzi und trocknete sich die Hände.
Er war am Ziel. Nur Materazzi und er. Das war der Moment, auf den er gewartet hatte.
Hunter griff in seine Jackentasche. Dort fühlte er den kühlen Stahl. Langsam zog er ihn hervor und richtete ihn auf Materazzi, der erschreckt einen Meter zurückwich.
„Che cosa fai?", fragte der Spieler mit zitternder Stimme. „Was machst du?"
Hunter näherte sich seinem Gegenüber und hielt ihm seinen Lieblingskugelschreiber hin. Montblanc. Polierter Stahl. Die Premiumklasse. Kein Vergleich zu den Billigprodukten aus dem Aldi. Mit so minderwertigem Handwerkszeug würde Hunter nie arbeiten. Es kam in seinem Geschäft manchmal auf Sekunden an. Da musste die Mine immer funktionieren.
Hunter streckte seine Brust vor und zeigte auf das Trikot. „Herr Materazzi, wären Sie so nett und würden mir ein Autogramm geben?"
Nach kurzem Zögern kritzelte Materazzi seinen Namen auf das Trikot.

„Das Datum auch, bitte."
Als Hunter den Montblanc wieder in Händen hielt, konnte er ein triumphierendes Grinsen nicht verbergen. Er war ohne Zweifel einer der besten Autogrammjäger Deutschlands.

Südafrika, 2010
Teilnehmende Mannschaften: 32.
Die deutsche Gruppe: Deutschland, Australien, Serbien, Ghana.

Carsten Sebastian Henn

Der Bomber

Die Sonne hing wie ein gleißendes Stück Eisen über dem wolkenlosen Himmel Stellenboschs. Sie scherte sich nicht darum, dass der südafrikanische Winter begonnen hatte. Und auch Russ Truut tat es nicht. Der braungebrannte Mitfünfziger hob sein mit jungem Chenin Blanc gefülltes Glas in die Höhe und prostete gutgelaunt der Welt zu. Dies war sein Weingut, und diesen wunderbaren Tropfen hatte er selbst gekeltert – das heißt: seine Leute. Er hatte für alles Leute. Für alle Unternehmen, Holdings und Investitionen. Er sah seine Aufgabe darin, die richtigen Leute zu finden, welche dann das Richtige für ihn taten. So dass er nur noch zwinkern musste, damit irgendwo ein neues Hotel aus dem Boden gestampft wurde oder ein Fließband stehen blieb. In den letzten Tagen und Wochen hatte er viel gezwinkert, doch heute blieben seine Augen ruhig. Die Fußball-WM begann und seine Gedanken drehten sich um nichts anderes mehr.
„Und, was glaubst du?"
Seine Frage galt Hamilton van de Merwe, der gerade lässig T-Bone-Steaks wendete. Aus dem Handgelenk, so als hätten sie kein Gewicht. Hamilton war ein Geschäftsfreund – obwohl er sich nur so viel für Wirtschaft interessierte, wie es seiner kometenhaften politischen Karriere diente. Grillen war seine wahre Profession, doch mit einer krossen Spare Rib gewann man leider keine Wahl.
„Ich denke, die Iren machen es."
„Die haben wirklich ein gutes Team zusammen!" Russ hob seinen adipösen Körper aus dem Sonnenstuhl und trat ans Terrassengeländer seines 5-Millionen-Dollar-Gutes. Den Blick richtete er nach Kapstadt, wo heute im „Green Point"-Stadion gespielt wurde.

„Und die Iren haben Wut im Bauch." Hamilton stieß die Zinken einer Gabel tief ins Rindfleisch, um dessen Elastizität zu prüfen. Er liebte es, wenn die Zinken ins Gewebe fuhren. „Die wollen unbedingt, weil es die letzten Male nie geklappt hat."
„Aber ihr Hintermann …"
„Ja, der macht mich auch immer so nervös. Zu unsicher, wo er doch eigentlich Ruhe ausstrahlen sollte."
„Deswegen glaube ich fest an unsere Jungs." Russ hob wieder das Glas. Es war schon leer. Wie schnell das Zeug in diesem heißen Land doch verdunstete! Er füllte sich nach. „Die Chance im eigenen Land kann man doch nicht so verstreichen lassen! Ich hab sogar auf sie gewettet."
„Gewettet? Offiziell? Wo denn?"
„Natürlich inoffiziell. Bei Motsoko."
„Ein Schwanzlutscher, so wahr mir Gott helfe." Er bekreuzigte sich. „Ich drück dir trotzdem die Daumen. Aber ich glaube, unsere sind im Abschluss leider zu schwach. Da fehlt ihnen ein Mann mit Nerven wie Drahtseilen. Blutig, oder?" Hamilton legte das erste fertige Steak auf einen Teller und reichte es Russ mit einem breiten Lächeln.
„Triefend vor Blut bitte! Dazu passt der geile Chenin allerdings überhaupt nicht. Ich mach uns mal einen schönen Shiraz auf. Meinen besten, der packt alles Gegrillte."
Nachdem er aus dem Keller zurück war, schlug Russ den Hals der Shirazflasche am Terrassengeländer auf. Dann schüttete er sich einen großen Schwall direkt in den Mund, bevor er die Flasche weiter reichte. Danach ließ er den Blick über seine Weingärten schweifen. Die Rebstöcke waren noch jung und schmal, bis vor kurzem war dies alles Ackerland gewesen. Er hatte es dank seiner guten Verbindungen ganz unbürokratisch umwandeln können. Nun standen die Reben Spalier bis zur sanften Erhebung, die das nächste Tal versprach. Russ liebte dieses Land, liebte ganz Südafrika sehr. Hier war noch so vieles möglich.
„Du darfst die Israelis nicht vergessen", riss ihn Hamilton aus den Gedanken. „Die darf man nie vergessen oder unterschätzen.

Präzise, taktisch diszipliniert, zwar nur wenige gute Leute, aber die sind super aufeinander eingespielt."
„Eigentlich ist egal, wer es schafft. Hauptsache, es passiert."
Sie tranken noch etwas Wein und aßen das heiße Fleisch. Es gab keine Salate, keine Saucen, keine Beilagen. Nur Fleisch. Die Stimmung stieg, obwohl Russ immer wieder nervös auf die Uhr schaute. Beim geschätzt zwanzigsten Mal klopfte Hamilton ihm mit der Grillzange aufs Ziffernblatt.
„Siehst du schon dein Geld davonfliegen?"
„Ach, die paar Kröten! Erhöht bloß den Kitzel. Ich will nur, dass es endlich losgeht."
Doch dann erhellte sich sein Gesicht, und seine drei Kinne erhoben sich. Denn der Lärm der Bombenexplosion aus dem „Green Point"-Stadion war so laut, dass er selbst auf dem Weingut zu hören war. Nach kurzer Zeit erschien eine Rauchwolke am sattblauen Himmel über Kapstadt.
Hamilton goss sich nach. Einen großen Schluck, den hatte er sich nun wahrlich verdient.
„Habe ich nicht immer gesagt, die Sicherheitsvorkehrungen seien zu lasch? Habe ich nicht den hoch verehrten Staatspräsidenten persönlich deshalb angegriffen. Sogar meine eigenen finanziellen Mittel aus Sorge angeboten? Und er hat mich ausgelacht! Die Wähler werden das ganz bestimmt nicht vergessen. Dafür werde ich sorgen."
Russ stieß mit ihm an. „Sei gegrüßt, siebenstellige Versicherungssumme!" Versonnen blickte er zu der imposanten Rauchwolke.
„Und, wer war's?", fragte Hamilton. „Hast du die Wette bei Motsoko gewonnen?"
Russ holte sein Fernglas und blickte lange hindurch. „So wie es aussieht, haben sie einen Plastiksprengstoff benutzt. Ich würde sagen, 400 Kilo Semtex. Aber nicht wie nach dem verdammten Montreal-Abkommen vorgeschrieben mit Markierungsstoffen versetzt. Sondern pur. So dass kein Hund ihn finden konnte. Also waren es die Iren."

„Das siehst du alles an der Rauchwolke?" Hamilton schüttelte den Kopf und blickte auf das Flaschenetikett. Dort stand 14%. Er konnte also noch nicht so betrunken sein, um sich verhört zu haben. „Chapeau!"
Dafür erntete er ein lautes Lachen von Russ. Es klang wie eine Kuh beim Kalben. „Quatsch! Genau das Zeug hab ich ihnen verkaufen lassen."
„War nur ein Scherz", erwiderte Hamilton. „Wusste ich doch gleich. Was meinst du? Wie viele Tote?"
Russ lauschte Richtung Stadion, doch leider war die Symphonie der herbeirauschenden Feuerwehr-Fahrzeuge nicht zu vernehmen. Wie gern wäre er jetzt vor Ort gewesen, hätte den verbrannten Geruch in seiner Nase gespürt, den Abtransport der Leichen gesehen. Es war schön, den ersten Dominostein umzuwerfen – aber ein Martyrium, nicht beobachten zu dürfen, wie der letzte fiel. Er stellte sich die Toten vor – und zählte sie durch.
„Das Ding ist ziemlich früh hochgegangen", konstatierte Russ schließlich. „Es wird höchstens Sicherheitspersonal im Stadion gewesen sein. Und ein paar Lakaien. Die Iren sind scheinbar weicher, als ich dachte."
„Du vergisst, dass der Sprengstoff im VIP-Bereich detoniert sein könnte. Und dort wurde sich heute schon sehr früh getroffen. Immerhin lud unser hoch verehrter Staatspräsident ein."
„Und wir beide konnten unverzeihlicherweise nicht hin! Bei mir war es ein hohes Fieber." Russ packte sich theatralisch an die Stirn.
„Ich habe mir den Magen an Austern verdorben. Das hat mehr Stil."
„Wie kann ein so eingebildeter Lackaffe wie du eigentlich so ein verdammt guter Kumpel sein?" Hamilton erhielt einen Knuff.
„Jetzt sag schon: Wie viele Tote genau? Um eine Flasche 86er Grange."
„Ich sag 50 … nein, warte, mach 40 draus."
„Ich tippe auf 70!"
Sie schalteten den Großbildfernseher am Swimmingpool ein. Es

war auf allen Kanälen. Russ stellte auf Surroundton – es klang, als wäre man live vor Ort. Er zog seinen Bademantel aus und ließ sich ins Wasser sinken. Erst nach quälend langen Minuten wurde eine Zahl genannt. Russ riss den Arm in Siegerpose empor. „32. Und 7 Schwerverletzte. Gewonnen!" Er blies mit dem Mund eine Siegesfanfare. „Allerdings ein schwaches Ergebnis für die Iren, da wäre so viel mehr drin gewesen. Kein Attentat für die Geschichtsbücher."
„Na ja, zwei schweben immerhin noch in Lebensgefahr." Hamilton krempelte die Hosenbeine hoch und ließ die Füße im Nass baumeln. „Wirklich schön hier! Danke dir sehr für die Einladung."
„Dabei kommt das Beste erst noch! Jetzt, wo wir uns mit Proteinen vollgestopft haben, müssen wir nur noch ein paar von den blauen Wunderpillen einwerfen. Und dann geht die Post so richtig ab!"
Er wuschelte Hamilton durch die Haare und lud zur Feier des Tages ein paar Mädchen ein. Schnell füllte sich der Pool mit ihnen. Sie waren handverlesen. Bei einigen hatte Russ sogar großzügig die Anbauten aus Silikon und die Botox-Spritzen finanziert. Auch dafür hatte er seine Leute. Kein einziges Mädchen würde über diesen Abend reden, egal was passierte. Er hatte jede einzelne von ihnen in der Hand. Das fühlte sich gut an. Russ liebte es, sich alles erlauben zu können. Bald würde er Südafrika nehmen, so wie er es nun mit der drallen Blonden tat. Sie war neu und richtig klasse. Die Mädchen hatten auch Koks mitgebracht, kein gestrecktes Zeug, sondern absolut rein. Wie traurig wäre doch das Leben, wenn man sich nur Essen und Medikamente nach Hause kommen lassen könnte?
Während ihrer kleinen Orgie ließen sie den Großbildfernseher die ganze Zeit stumm weiterlaufen. Mit der Zeit wurden Experten befragt, Feuerwehrmänner und Polizisten gaben Interviews, die Zahl der Toten und Verletzten stieg immer weiter, und schließlich war sogar der Staatspräsident zu sehen – leider lebend. Hamilton entfuhr ein Seufzer der Enttäuschung. Ange-

messen betroffen las der Führer Südafrikas seine Beileidsrede ab, blickte immer wieder zornig auf und hob zum Schluss gar die Faust, als wollte er die Terroristen eigenhändig erschlagen. Russ lachte auf, als er dies sah und zeigte ihm mit den Fingern ein umgedrehtes V.
„Die Bullen werden uns nie kriegen! Und weißt du warum? Weil sie so beschissen bezahlt werden! Da leistet man auch beschissene Arbeit. Wir zahlen viel besser. So einfach ist das. Jeder ist käuflich, nicht wahr, Blondi?"
„Ich kann machen, dass sich dein ganzer Schwanz anfühlt, als wäre er aus Ecstasy – aber das hat seinen Preis, Baby. Schenk mir deine Rolex und ich leg los."
Russ zögerte keinen Augenblick. Die Nacht wurde lang, und er prahlte immer mehr mit seiner Verwicklung in das Attentat – besonders vor der Blonden, die ihren Hintern besser schwingen konnte als Josephine Baker. Das Feuer des „Green Point"-Stadions flackerte ohne Unterlass in den Himmel, ließ die tief hängenden Wolken rot erscheinen wie Blutlachen.
Es war bereits fünf Uhr früh, als Hamilton den riesigen Grill nochmals anwarf, um etwas Fleisch darauf zu werfen. Sein Körper verlangte einfach danach. Außerdem bekam er trotz des bis zur Stirn in seinem Körper schwappenden Alkohols kein Auge zu. Drei Mädchen lagen noch zugekokst auf den Sonnenliegen, alle anderen waren wieder abgerauscht, die Blonde sogar in einem Porsche. Schien ein geschäftstüchtiges Ding zu sein.
„Wundgebumst?", fragte der plötzlich auftauchende Russ und griff ihm von hinten zwischen die Beine. „Die kleine Sandy kann einen schon fertigmachen, ich hatte dich gewarnt!"
„Auch eins?" Hamilton hielt ein Steak hoch, sicher 500 Gramm schwer.
„Was soll die blöde Frage? Ich bin Südafrikaner! Wir können immer." Nach einer Pause fügte er hinzu. „Was fleischliche Gelüste angeht!" Dann lachte Russ und machte eine unmissverständliche Geste. Er war nackt und genau so legte er sich jetzt auf einen Liegestuhl, den er zuvor in Richtung Kapstadt gedreht hatte.

„Habe gerade meine Mails abgerufen. Sie haben keine Ahnung, wer es war. Entwickelt sich alles so, wie wir uns das gewünscht haben."

„Das hoffe ich doch sehr."

„Warum so grüblerisch?"

Hamilton antwortete nicht, denn er hatte gerade verdächtige Stimmen gehört. Als Jäger besaß er ein hervorragendes Gehör – und er hatte bei weitem nicht so viele Drogen genommen wie Russ, in dessen zugekokstem Kopf vermutlich immer noch einige Engel jubilierten.

„Diese Schweine! Das darf doch alles nicht wahr sein", hörte Hamilton einen Mann sagen.

„Als hätten sie kein Gewissen." Das war eine Frauenstimme, extrem rauchig, wie ein doppelter Whisky. Äußerst attraktiv.

„Gucken seelenruhig zu, während andere die Drecksarbeit machen."

„Das sind für mich die Schlimmsten!"

Sie waren aufgeflogen! Eine Spezialeinheit musste sie umstellt haben und nur noch auf den Einsatzbefehl warten. Er würde nicht einmal mehr sein Steak essen können!

Dann wurden wieder Sprachfetzen zu ihm geweht.

„Was bin ich froh, dass ich nicht im Stadion war. Das hätte ich mir nicht anschauen wollen."

„Komm, mach es aus. Das ist ja nicht zum Aushalten. Warum speicherst du so was auf deinem Player?"

Hamilton lachte laut auf. Nur ein Pärchen, das die Nacht in den Weinbergen verbrachte! Und er hatte sich schon im Knast gesehen. Er drückte fest auf die Steaks, um die Brandspuren vom Gitter tief hineinzujagen.

Dann hörte er noch ein weiteres Wort: „Jetzt!"

Es kam leider nicht von Russ.

Der bewegte sich überhaupt nicht. Dafür nun die Rebstöcke um das Weingut. Aus ihnen traten lauter Vermummte mit Maschinengewehren im Anschlag – und plötzlich erschien auch ein Helikopter am Himmel, Suchscheinwerfer auf ihn gerichtet.

Russ und Hamilton hatten keine Chance. Es ging alles viel zu schnell.

Nur eines erkannten sie, nachdem sich die Handschellen längst um ihre Gelenke geschossen hatten und der beißende Rauch verbrannter Steaks vom Grill aufstieg. Die Polizeitruppe hatte die Masken abgenommen und unter einer steckte doch tatsächlich die dralle blonde Meisterbläserin!

„Das war hervorragende Arbeit", rief ihr jemand zu. „Dafür gibt es eine dicke Zulage. Ich bin äußerst zufrieden mit dir."

„Bei mir hat sich noch nie einer beschwert", antwortete sie, blickte dabei aber Russ an. „Oder?"

Das Schwarz, fand dieser, in dessen Adern immer noch das Kokain fröhlich seinen Job erledigte, stand ihr verdammt gut. Erstaunlich, was für Spitzenkräfte heute bei der Polizei arbeiteten! Er hatte gedacht, sie zum Jubilieren gebracht zu haben – dabei war sie es in Wirklichkeit, die ihn zum Singen verführt hatte.

„Du stehst ganz oben auf meiner Abschussliste", sagte Russ.

Sie lachte auf. „Das will ich doch hoffen!"

Die Frau war fraglos ein Volltreffer. Die musste er sich unbedingt merken. Allerdings war er jetzt im Abseits. Na ja, vielleicht würde er nur ein paar Mal zwinkern müssen. Das konnte er selbst im Knast. Aber für Hamilton sah er schwarz. Die nächste Wahl würde dieser bestimmt nicht gewinnen.

Dubai, 2042

Andreas Izquierdo

Materazzis Hochzeit

„Preferisco la puttana di tua sorella" (M.M.)

Es war dunkel im Büro des Herrn, hölzerne Jalousien verwandelten selbst sonnige Tage in ewige Dämmerung, Zwielicht, das Schatten auf Gesichtern tanzen ließ und sie interessant machte. Vor einem gewaltigen Schreibtisch saß kahlköpfig und von 70 Lebensjahren gebeugt Zinedine Zidane und wagte kaum, den Blick zu heben.
Er sagte: „Ich glaube an die FIFA. Durch die FIFA bin ich reich geworden. Da war ein Mann, kein Franzose, er hat schlimme Sachen gesagt über meine Schwester – hat ihr das Herz gebrochen. Ich habe geweint. Warum habe ich geweint? Sie war das Licht meines Lebens – sie war ein schönes Mädchen. Sie wird nie wieder so schön sein, wie sie war. Mit dieser Beleidigung. Da sagte ich zu meiner Frau: Für Gerechtigkeit müssen wir zum Vater!"
Auf der anderen Seite des gewaltigen Schreibtisches saß er: der Vater. Joseph S. Blatter, 106 Jahre alt, im 44. Jahr seiner Inthronisation, streichelte eine Katze auf seinem Schoß und antwortete: „Was soll ich tun?"
Zidane erhob sich aus seinem Stuhl, kam um den Schreibtisch herum und flüsterte Blatter etwas ins Ohr. Dann kehrte er zurück auf seinen Platz.
Sie sahen einander an.
Dann schüttelte Blatter leicht den Kopf und sagte: „Das kann ich nicht tun."
„Ich gebe Ihnen, was Sie verlangen!"
Blatter ließ sich von einem stillen Helfer aus dem Stuhl heben und zum Fenster führen. Dann wandte er sich um und sagte:

„Zizou, Zizou, Zizou ... was hab ich bloß getan, um derart respektlos behandelt zu werden? Jetzt verlangst du Gerechtigkeit, aber du zeigst keinen Respekt. Sagst nicht einmal Vater zu mir."
Zizou sank in sich zusammen, blickte auf seine Hände und antwortete dann: „Wollen Sie mein Freund sein?"
Blatter schien noch nicht überzeugt, verzog ein wenig beleidigt die Mundwinkel.
„Mein Vater?"
Da hob er ihm die Hand entgegen, Zizou fiel auf die Knie und küsste sie. Zufrieden tätschelte er die knorrigen Schultern des Franzosen: „Sag mir, was ich tun kann, Zizou."
„Es ist Marco!", antwortete Zizou, ohne aufzublicken.
Blatter nickte und blickte auf den kahlen Schädel seines neuen Sohnes: „Immer noch?"
„Er will heiraten, Vater."
Blatter warf einen fragenden Blick zu seinem Helfer, doch auch der wusste nicht, was an der Nachricht so betrüblich war.
„Und?"
„Die Braut ... sie ist 19 Jahre alt."
„Was hast du erwartet, Zizou? Der Mann ist Italiener."
Zizous Knie schmerzten unerträglich, aber aufzustehen wagte er nicht, denn nur so konnte er dem Vater in die Augen sehen.
„Ist das gerecht? Nach allem, was er getan hat?"
Blatter zuckte mit den Schultern – es knirschte. „Seine Mutter wird es so empfinden, denn jetzt zieht er endlich aus."
In Zizous Augen flackerte kalte Wut: „Und was ist mit mir? Meiner Schwester? Wo ist da die Gerechtigkeit?"
Blatter antwortete: „Wäre es nicht an der Zeit, die Vergangenheit ruhen zu lassen?"
Zizou winkte dem Helfer zu, der ihn auf die Füße zog. Seine Knie knackten wie Sperrfeuer vor Verdun. „Ich will Gerechtigkeit, Vater! Sie haben es mir versprochen!"
Blatter wandte sich um und dachte nach. Dann blickte er zu Zizou hinauf und sagte: „Gut, ich will dir Gerechtigkeit verschaffen."

„Wie?", gierte Zizou.
Blatter winkte ihn zu sich herunter, um ihm seinen Plan ins Ohr zu flüstern. Zizou fluchte innerlich. Seine Knie brachten ihn noch einmal um. Aber er gehorchte. Und lauschte. Und als er fertig war, lächelte er. Kein Wunder, dass seit Jahrzehnten niemand mehr gegen den Vater antrat.
Der tätschelte Zizous Wangen. „Wie ich sehe, gefällt dir mein Plan. Doch bedenke: Irgendwann, möglicherweise auch nie, werde ich dich bitten, mir eine kleine Gefälligkeit zu erweisen. Aber so lange ich das nicht tue, soll die Gerechtigkeit mein Geschenk zu Materazzis Hochzeit sein."

*

Marco Materazzi freute sich über die Einladung der FIFA zur Fußballweltmeisterschaft 2042 nach Dubai. Joseph S. Blatter hatte ihm, dem Weltmeister von 2006, die Reise zur Hochzeit geschenkt, die er persönlich für seinen lieben, lieben Marco im Burj al Arab ausrichten wollte, dem immer noch schönsten Hotel der Welt, das seit ein paar Jahren mit einer neuen Attraktion aufwarten konnte: Es stand mitten im Meer. Nicht ganz freiwillig, denn nachdem die Polkappen um die Hälfte abgeschmolzen waren, konnte man nur noch bedingt von unmittelbarer Strandnähe sprechen.
Marco hatte seinen schönsten Anzug angezogen, weiße Seide, darunter ein rotes Hemd, dessen Kragen über dem Revers ausgeschlagen worden war. Er sah gut aus für seine 69 Jahre, frisch gegelt zog er eine strohblonde Schönheit mit üppiger Oberweite und kurzem Rock hinter sich her, deren Absätze auf dem Marmorboden knallten. Blatter wartete bereits auf sie – hinter ihm sein stummer Assistent.
„Padrino! Padrino!", rief Marco, stürmte ihm entgegen, fiel auf die Knie und küsste seine Hand.
„Mein lieber, lieber Marco!"
„Dasse isse meine Braute!"

Er drehte sich zu der Blonden um, winkte sie heran – Blatter konnte ihr genau auf den Bauchnabel sehen.
„Musse bücke, Stella!"
Sie bückte sich.
Zur Freude des Pagen, der hinter ihr stand. Blatter wandte sich wieder Marco zu. „Ich habe eine Suite für euch reserviert. Und morgen wird geheiratet, ja?"
„Baci, tutti, baci, padrino!" Marco pickte wie ein Specht Küsse auf Blatters Hand. „Isse möchte Ihne sum Esse einlade? Gibtesse noche die wunderssöne Ristaurante in die Keller?"
„Mit dem großen Aquarium?", fragte Blatter.
„Ja."
„Das ist jetzt nur noch ein großes Aquarium."
„Oh, sssade."
Blatter wandte sich Stella zu und starrte wieder in ihren Bauchnabel – sie hatte sich wieder aufgerichtet.
„Stella? Ich habe da einen arabischen Freund, der ihnen gerne einen kleinen Porsche zum Hochzeitsgeschenk machen möchte. Haben Sie Lust?"
„Eine kleine Porrse?", staunte Marco, während Stellas Gesicht ein einziges überraschtes O war. Blatter schnippte mit dem Finger und ließ sich von seinem Assistenten eine Flasche Vittel überreichen. „Hier, die werden Sie brauchen. Wir sind hier in der Wüste."
„Oh, gracie, Signore Blatter."
Blatter küsste Stellas Hand und raunte: „Sagen Sie doch Sepp zu mir."
„Gracie, Seppe ..."
Dann ging er. Und Marco mit ihm.

*

Die Spielstätten waren von beeindruckender Größe, gewaltig, monumental, natürlich die größten der Welt, komplett überdacht und voll klimatisiert, so dass alle Spiele bei 24 Grad Celsius und mittlerer Luftfeuchte stattfinden konnten, während es draußen etwa 45 Grad im Schatten hatte, wobei die Sache mit dem Schatten in einem Wüstenstaat so eine Sache war. Drei der vier Spielstätten waren in Dubai City eingerichtet worden und fassten jeweils mehr als 150.000 Zuschauer, während eine, der Abwechslung halber mitten in die Wüste gesetzt worden war.

Dort hielt Blatters Limousine – sie stiegen aus. Hier stand eines der schönsten Stadien der Welt, ein perfektes Oval, mit weißer, glatter, runder Außenhaut, auf die nachts Werbung projiziert wurde oder auf der die Wiederholung des jeweiligen Spiels lief, für diejenigen, die sich die astronomischen Preise nicht leisten konnten oder keine Karten bekommen hatten, denn nur 5.000 davon gingen in den freien Verkauf. Der Rest war Sponsoren und befreundeten Verbänden vorbehalten. Auch die UEFA hatte ein paar Karten bekommen, schließlich gehörten selbst die zur Familie. Irgendwie.

„Gefällt es dir?", fragte Blatter.

„Si, padrino, isse wunderssöne. Isse sso herrlisse. Sso … sso …"

Er sah die gewaltige, pralle Wölbung hinauf, die hoch oben, in der Mitte des Daches an einem Versorgungsfahrstuhl schloss, der wie ein Nippel emporsprang und zu einem monströsen Videowürfel im Innern führte.

„Erinnerte misse an was … aber wasse?"

Blatter sah hinauf und musste an Stella denken.

Dann wandte er sich zu Marco und fragte: „Und weißt du, was das Beste ist?"

„Wasse, padrino?"

„Der Parkplatz!"

Marco blickte auf das Stadion, das dort stand, als wäre es Gott aus der Hosentasche gefallen.

„Dasse issse wunderbare! Gibte keine Staus!"

„Nein, nicht das!", schüttelte Blatter verärgert den Kopf. „Das ist ein FIFA-Parkplatz! Genauso teuer wie die Eintrittskarte. Im Umkreis von fünf Kilometern musst du hier bezahlen. Ein Mensch schafft in der Wüste zu Fuß nur vier Kilometer. Gut nicht?"

„Bisste sso clever, padrino!"
Blatter lächelte geschmeichelt. „106 Jahre alt und immer noch voller Ideen …"
Sie besichtigten das Innere des Stadions, das eine Stadt für sich war: mit Einkaufszentren, Bars, Restaurants, Spaßbad, Skihalle, Bowlingbahnen, Kinderparadies, Stripclubs im Adultbereich und fast schon überraschend … einem Fußballplatz. In wenigen Tagen würde die Vorrunde beginnen, und Marco wünschte sich, wieder ein junger Mann zu sein, um auf dem wunderbaren Rasen zu spielen, in diesem herrlichen Stadion, das so wunderbar frisch roch.
Sie betraten das Kontrollzentrum, in dem schon fleißig gearbeitet wurde: Hunderte von Überwachungskameras mussten ausgerichtet werden. Es gab keinen Winkel im Stadion, der nicht überwacht wurde – sogar die Toilettenboxen. Auf einem der Bildschirme konnte man den großen sandigen Parkplatz um das Stadion sehen, der im Moment noch wie eine einfache Wüste aussah. Am Horizont war ein riesiger Photovoltaikpark zu erahnen, einer von vielen, die zur Stromgewinnung genutzt wurden.
„Ah!", rief Marco. „Hierr kommte der ganse Strome her!"
Blatter schüttelte den Kopf. „Nein, dieser Strom geht ausschließlich nach Europa!"
Marco sah ihn verwundert an. „Der ganse Strome? Unt wasse isse mit die Stadione?"
„Läuft mit Kernkraft. FIFA-Kernkraft!"
Marco sah ihn fragend an.
„Nun, wir haben die Lizenz für Kernkraft billig erworben, nachdem die ganze Welt auf erneuerbare Energien umgestiegen ist. Und jetzt muss der Ausrichter FIFA-Strom produzieren."
„Wasse? Gibte die ganse WM mitte Atomkraftewerke?"
„Ja. Du glaubst nicht, was das einbringt …"
Sie verließen den Kontrollraum und kehrten zurück.
„Abba isse nich gefährliche su gebe Araber Kernekrafte?"
Blatter schüttelte den Kopf. „Wir haben uns natürlich abgesi-

chert: Alle müssen eine Ehrenerklärung unterschreiben, Kernkraft nur friedlich zu nutzen."

Sie fuhren zurück über den Schnellweg nach Dubai City und passierten viele Elektroautos, die Blatters 20-Liter-Mercedes spielend überholte. 600 PS mussten schließlich zu etwas gut sein. Und es gab für eine bestimmte Klientel schließlich noch Restbenzin, das verfahren werden musste – selbst wenn es die andere Hälfte der Polkappen kosten würde. Sie hielten vor dem Burj, wo sie klimagekühlt im Auto warteten, bis sie der Fährdienst zum Haupteingang abholte. Marco bedankte sich überschwänglich für den schönen Nachmittag und küsste Blatters Hand. Der gab seinem Assistenten hinterm Lenkrad ein Zeichen, den Kofferraum zu öffnen.
„Nimm dir ein paar Flaschen Vittel mit aufs Zimmer!"
Marco grinste frech. „Ah, habe gutte bezahlte die Signori vonne Vittel, was?"
Blatter nickte. „Es hätte mehr sein können. Es könnte immer mehr sein. Evian wollte nicht mitbieten. Trotzdem: Wir haben mit Vittel und der Herrscherfamilie von Dubai ein paar Marketingaktionen vereinbart – nimm also ein paar Flaschen mit, ja?"
„Si, padrino."
Blatter kniff ihm in die Wangen. „Bist ein guter Junge, Marco."
Marco küsste wieder seine Hände, stieg aus, nahm ein paar Flaschen Wasser aus dem Kofferraum, und setzte zum Burj über. Der Vater hatte ihnen eine wunderschöne Suite in der 55. Etage reservieren lassen, von der man einen herrlichen Blick auf die im Wasser stehenden Luxusvillen der Palmeninsel hatte.
Er sprang unter die Dusche und drehte den Hahn auf. Ein jämmerliches Gurgeln verriet, dass kein Wasser in der Leitung war. Nur mit einem Handtuch bekleidet rief Marco in der Lobby an und erfuhr, dass es in ganz Dubai im Moment kein Wasser gebe. Offenbar ein Problem in den großen Entsalzungsanlagen. Sie arbeiteten nicht.
„Unte wanne kann isse dusche?", fragte Marco.

„Wir füllen Ihnen die Wanne gerne mit Vittel auf!", antwortete der Mann am Telefon.
„Gutte, isse warte!"
Es klopfte an der Zimmertür.
„Gotte!", staunte Marco. „Sinte abba verdammte snelle mit die Wasser!"
Er öffnete und blickte in das Gesicht Zidanes.
„Zizou!", rief Marco überrascht. „Haste dich keine bisse verändert!"
„Spar dir das Geschleime, Marco!", zischte Zizou wütend.
„War keine Gesleime. Siehste immer noch ausse wie alte Sacke!"
„Ach ja?!"
„Si, wie alte Sacke mitte keine Haare dran."
Zizou grinste böse, dann schoss sein Kopf vor und traf Marco voll zwischen die Augen.

*

Das Erste, was er wieder wahrnahm, war die Decke seines Schlafzimmers. Offensichtlich lag er auf seinem Hochzeitsbett, in seiner Hochzeitssuite, mit einer pulsierenden Hochzeitsbeule, die Zizou ihm verpasst hatte. Wie würde das auf dem Hochzeitsfoto aussehen?! Grauenhafte Vorstellung. So kam er benommen zu sich, rieb sich das stetig wachsende Horn auf seiner Stirn, setzte sich auf und blickte in den Lauf einer Beretta.
„Weissu, Zizou, biste immer noch grosse Arseloche!"
Erst dann fiel ihm auf, dass er vollständig bekleidet war, geradezu festlich, denn er trug einen schwarzen Anzug, weißes Hemd und Krawatte. Sogar Schuhe hatte er an. Das war doch sein Hochzeitsanzug!
„Wasse sum Teufele gehte hier vorr?"
Zizou lächelte schräg. „Na, was wohl. Du wirst heiraten!"
„Isse weiße, du blöde Sacke, abba erste morge …"
Zizou schüttelte den Kopf. „Nein, du heiratest heute."
„So? Und wasse bisse dann du? Hässliche Brautejungfer?"

Zizous Kopf zuckte gefährlich, aber er behielt sich unter Kontrolle. „Nein, ich bin dein Trauzeuge."
„Du? Nixe da! Isse wille dich nixe auf die ssöne Foto!"
Zizou grinste böse, wenn er auch keinen Schimmer hatte, wovon Marco da sprach. Aber die Tatsache, dass er sich über ihn ärgerte, ließ den Himmel gleich ein bisschen blauer erscheinen.
Marco stand vom Bett auf.
„Wo willst du hin?", herrschte Zizou ihn an.
„Isse wille eine Glasse Wasser!"
„Dafür haben wir keine Zeit! Deine Braut wartet!"
Marco sah ihn wütend an. „Isse habe hölle Kopfeschmerze! Wege dirr!"
Er ging in den Wohnbereich der Suite und ließ sich nicht von Zizous Pistole beeindrucken. Auf einer Anrichte standen die Vittel-Flaschen, doch bevor Marco sich eine nehmen konnte, sprang Zizou dazwischen und stieß ihn mit der Beretta fort. Er öffnete alle Flaschen und kippte sie auf dem Teppich aus.
„Gluckelich jetzt?", fragte Marco genervt.
Zizou grinste: „Qui, mon amie."
„Du weißte, dass der padrino dasse Wasser in ganse Dubai hat abstelle lasse? Kleine Marketingaktione!"
Zinedines Lächeln fror ein.
„WIR SINTE MITTE IN DIE WÜSTE! UNTE DU KIPPSTE UNSERE WASSER AUSSE!"
Er rieb sich sofort die Schläfen, denn der Schmerz echote in seinem ganzen Schädel wieder. „Oh, porca miseria, meine Kopfe …"
Zizou kam auf ihn zu und befahl: „Mund auf!"
Ehe Marco sich versah, stopfte ihm Zizou drei Tabletten in den Rachen, die er mit Mühe runterschluckte. Dann stieß er ihm die Beretta in die Rippen und sagte: „Los, jetzt!"
„Ssöne langsame, eh? Isse brauche Eise für meine Kopfe …"
Er sah Zizou wütend an. „Ach ja, gehte ja nichte … WEIL DU HASTE GANSE WASSER AUSGEKIPPTE!"
„Was soll's? Deine Braut nimmt's nicht so genau."

„Stella? Nimmte es ssogarr sehr genaue!"
Zizou grinste böse. „Stella? Wie kommst du auf Stella?"
„Weill isse meine Braute!"
Zizou schüttelte den Kopf und antwortete trocken: „Stella probiert gerade die Liegesitze in ihrem neuen Porsche aus."
„Gibbte keine Liegesitze in eine Porsche!"
„In dem schon. Sonderanfertigung."
Marco sah ihn fragend an – Zizou genoss seinen Triumph. „Gehört dem Sohn des Scheichs. Gutaussehender Junge. Erst 23 Jahre alt und schon ein berüchtigter Playboy."
„Abba nichte meine Stella! Iste eine Heilige!"
„Jetzt nicht mehr."
Marco sah ihn wütend an. „Du lügste!"
„Marco, sieh den Tatsachen ins Auge: Du bist ein alter Sack."
„Du biste alter Sacke! Isse binne Italiener."
Zizou zuckte mit den Schultern. „Wie auch immer. Du solltest in deiner Preisklasse heiraten."
„Ache! Und wen heirate isse jetzt?!"
Zizou grinste hämisch. Dann schoss sein Kopf blitzschnell vor und schickte Marco wieder ins Land der Träume.

*

Der Kopfschmerz nahm nicht ab, auch wenn sich die Tiefschlafphasen verlängert hatten, denn als Marco erwachte, tat er das nicht mehr im Burj, sondern in einer kleinen Kapelle, die vor ein paar Jahren eigens für christliche Touristen erbaut worden war, weil sich das schnelle und unkomplizierte Heiraten in Dubai herumgesprochen hatte. Nicht nur die Wüste hatten Las Vegas und Dubai gemeinsam, auch die Kasinos, Hotels und Wedding Chapels. Verschwommen nahm Marco wahr, dass überall Girlanden und Luftballons hingen, auf denen stand: Marco & Stella, Sträuße und Blumengedecke, eines davon mit einem edlen Seidenband, auf dem Joseph S. Blatter zur Hochzeit gratulierte. Es war das einzige, auf dem kein Brautname genannt worden war,

sondern nur: dem glücklichen Paar. Oh, Padrino, dachte Marco verzweifelt, warum hast du mich verlassen?
Er wollte aufstehen, stellte aber fest, dass er mit einer Handschelle an die Bank gekettet worden war, in der er saß. Fluchend ruckelte er daran, als seitlich eine Tür aufging und Zizou eintrat, jetzt ebenfalls festlich gekleidet.
„Zizou, du blöde Arseloche! Mach miche losse!"
Zizou setzte sich zu ihm in die Bank, überspielte das Knacken seiner Knie mit einem gequälten Lächeln und sagte: „Gleich, lieber Marco!"
„Isse das immer noch wege de sseisse Entspiele in Deutschland?"
Zizous Blick schien in die Ferne zu gehen. „Es war mein letztes Spiel!"
„Ach wirkliche?! Hatte miche imma gefragte, warum heisste Entspiele!"
Zizou Kopf ruckelte schon wieder verdächtig, so dass Marco versuchte, ein wenig Abstand zwischen sich und den Franzosen zu bringen. Wütend fauchte der: „Die ganze Welt hat gehört, was du gesagt hast!"
„Du meinste, wege deine Swesterr?"
Zizou nickte stumm, wirkte waidwund, verletzlich, ein alter Mann, der nicht vergessen konnte. Wie sehr musste er in all den Jahren gelitten haben! Marcos Blick wurde weich, er legte eine Hand auf die seines Kontrahenten und fragte zärtlich: „Zizou?"
„Ja?", fragte Zizou ebenso zärtlich zurück.
„Kanne es seinne, dass du habbe nichte mehr alle Latte in die Zaune?"
Zizous Kopf schoss blitzartig vor, doch diesmal hatte Marco damit gerechnet und wich nach hinten zurück, allerdings nicht weit genug, als dass ihn Zizou nicht doch erwischt hätte.
„AUA! HÖR ENTLICH AUFFE MIT DIE BLÖDE KOPFENUSSE!"
Zizou sprang auf, senkte den Kopf und versuchte, Marco weiter damit zu rammen.
„SLUSSE JETZTE – DA KOMMTE WER!"
Zizou hielt inne, denn der Pfarrer war eingetreten und hatte

seinen Platz hinter einem kleinen Stehpult eingenommen, schwankte wie ein russischer Seemann nach einem Happy-Hour-Landgang in Kaliningrad und klammerte sich an das Pult.
Mit glasigem Blick suchte er sein Pult ab: „Wo isssn des Knöpfschn, hm? Wo issess dnnn?" Was immer er suchte, es beanspruchte seine ganze Aufmerksamkeit, so dass er die beiden Streithähne in der ersten Reihe völlig vergessen hatte.
„Bravo!", meckerte Marco. „Das wirte eine würdige Hochzeite!"
„Halt's Maul!", zischte Zizou und ließ von Marco ab. Er richtete seinen Anzug und atmete hörbar durch.
„Ahhh, da issses ja!", triumphierte der Pfarrer am Pult und visierte mit seinem Zeigefinger das schmerzlich vermisste Knöpfchen an. „Wo hasssu disch'en nur verschtäckt, du kleinsss Sccheißerschn, hm?"
Er hackte auf das Pult und im gleichen Augenblick dröhnte laut der Hochzeitsmarsch von Mendelssohn-Bartholdy. Im hinteren Teil der Kapelle flog die Tür auf, und eine weiß verschleierte Braut betrat die Kapelle, in ihren Händen einen Strauß haltend. Aus der Entfernung sah sie wie ein in weiße Spitze gewickelter Sumo-Ringer aus, und es wurde nicht besser, als sie näher kam. Nur größer.
Marco war vor Schreck der Mund aufgeklappt, jetzt wirbelte er zu Zizou herum und sagte hektisch: „Zizou! Wasse immer isse getan habe: Esse tutte mir leid!"
„Zu spät!", knurrte Zizou.
Er blickte wieder zurück auf die weiße Lawine, die unaufhaltsam dem Pult entgegenrollte und begann in Panik, an seinen Handschellen zu rütteln. „Mach misse loss! Mach misse los!"
Zizou suchte nach dem Schlüssel für die Handschellen und tippte Marco an die Schulter. „Versuch nicht wegzulaufen, Marco. Das macht sie nur sauer!"
„Hä?!"
„Ich meine: Du sollst sie nicht sauer machen. Sie kann ziemlich aufbrausend sein, weißt du?"

Marco hielt vor Schreck inne. „Wasse heißte dasse ssone wieder?"

„Sie sieht nicht mehr gut, aber sie ist unglaublich stark. Wenn du sie wütend machst, bricht sie dich auf wie einen Hirsch."

Sie hatte Marco erreicht und hielt ihm jetzt ihren behaarten Arm entgegen – offensichtlich der natürliche Typ. Er schaute an ihr hoch: Ihr Gesicht war glücklicherweise noch verschleiert, aber ihre Hände waren die eines sardischen Eisenbiegers. Zizou schloss die Handschelle auf und so stand der bedauernswerte Marco von beiden eingekeilt plötzlich vor dem Pult.

Die Musik verstummte mit einem Knopfdruck.

„Wir hben unsss hier allsso versmmlt, umm …"

„Überspring den Teil!", befahl Zizou.

Der Pfarrer blickte ihn irritiert an, hielt inne, damit das Gehörte auch eine Chance hatte, durch sein alkoholgetränktes Gehirn zu waten, dann wandte er sich der Braut zu und sagte feierlich: „Alssso libbe Braut, Freundin vn dm Mieesssepetr da: willsu?"

„Да!", antworte die Braut fest.

Marco schluckte: Ihre Stimme war tiefer als seine.

„Uuuund du, lieber Bräutigm, Frreund vn dm Miesssepetr da: willsu?"

„No!", antworte Marco fest.

„Dann erklärrre ich hiermit kraft meinsss Amtesss für Mann un Frau – ihr dürfft jetz küsssssn …"

Marco wusste nicht, was ihn mehr schockierte: die Tatsache, dass er jetzt verheiratet war oder der Umstand, dass seine klar formulierte Ablehnung gar nicht zur Kenntnis genommen wurde. Und es war wohl auch nicht damit zu rechnen, dass sein Trauzeuge irgendetwas anderes zu Protokoll geben würde. Der Pfarrer drückte wieder das Musikknöpfchen: Mendelssohn-Bartholdy. Die Braut hakte sich bei ihrem Ehemann ein und zerrte ihn aus der Kapelle.

*

Marco schwieg aus Protest.

Die ganze Heimfahrt über sagte er kein Wort und würdigte die Braut, welche noch immer verschleiert neben ihm saß, keines Blickes. Wie sollte er das nur Stella erklären? Sie mussten die Hochzeit verschieben, die Ehe für ungültig erklären. So oder so hatte Zizou ihm alles versaut – dieser Scheißkerl.

Im Hotelzimmer stapfte Marco wütend zur Minibar, schraubte sich einen Whisky auf und leerte ihn, während sich die Braut dezent ins Schlafzimmer zurück.

„Sssön, dasse du haste so gutte Laune!", zischte Marco.

Zizou lächelte sanft. Schon die ganze Zeit. Ein tiefer innerer Frieden hatte von ihm Besitz genommen. Seine Schwester war gerächt, das Finale auch, das Leben war schön.

„Ich will dir ein Geschenk machen, Marco. Zum Hochzeitstag."

Er zückte eine edle Schachtel, klappte sie auf und hielt sie Marco entgenu. „Sieh mal, eine Rolex. Funkelnagelneu!"

„Ache, wirte dass jetzt so eine Sseiße mitte was Neues ssenke, was Altes, was Gebrauchtes unte was Blaues?"

Zizou sah ihn stirnrunzelnd an. „Wie kommst du darauf?"

„Iche dachte nur sso, weile ..." Er sah Zizou ruhig, bevor er cholerisch wurde. „WEILE DIE BRAUTE ISSTE JA WOHL GEBRAUCHTE, ODERR?"

Zizou grinste und drückte Marco die Pistole auf die Brust. „Genug geplaudert. Du hast noch eine Verabredung."

„Ah, ja, wasse für eine sseiße Verabredung?"

Zizou grinse böse. „Mit deiner Ehefrau. Los!"

Er stieß ihn vor sich her, bis sie die Tür zum Schlafzimmer erreichten. Dann drückte er ihm die Rolex in die Hand. „Hier, dein Geschenk. Und jetzt rein da!"

„Isse geh da nixe reine!"

„Dann kommt sie raus! Und denk dran: Die hat sich in Kamtschatka mit den Bären um die Robben geprügelt! Und sie hat nicht verloren."

Marco dachte fieberhaft über eine Lösung nach. Er musste Zeit gewinnen. Etwas tun, damit sich das Unvermeidliche verzögerte.

Sag was, Marco, sag was! Irgendwas!

„Isse wille erste habe meine Gessenk!"

„Was für ein Geschenk?", fragte Zizou irritiert.

„Na, wasse Neues, wasse Altes, wasse Gebrau ..." Er ließ es unausgesprochen und fügte triumphierend an: „Unte noch was Blaues!"

Zizou grinste böse – Marco schwante nichts Gutes. Zizou nahm seine Uhr vom Arm und drückte sie Marco in die Hand. „Hier – ist uralt."

Marco seufzte. Jetzt hatte er zwei Uhren, die er nicht brauchte.

„Unte was Blaues! Sonst ich geh nixe da reine!"

„Hast du schon."

„No, habe isse nixe!"

Zizou nickte. „Die Tabletten."

Marco sah ihn fragend an. „Gegen die Kopfessmerze?"

„Qui. Waren blau."

„Lugner! Kopfssmerzetablette sinte nixe blau!"

„Waren ja auch keine Kopfschmerztabletten."

„Sondern?"

„Viagra."

Marcos Augen weiteten sich. „PORCA MISERIA! WIEVIELE HASTE MISSE GEGEBE?"

„Drei."

„WILSTE MISSE UMBRINGE?!"

Zizou grinste wieder, doch plötzlich flog die Schlafzimmertür auf, ein behaarter Arm packte zu und zog ... Zizou ins Schlafzimmer.

„HALT! NICHT ICH, DU MAULWURF!"

„Да!"

Bumm! Die Tür war zu, das Schloss ratterte. Da kam keiner mehr raus.

*

Er war nicht mehr derselbe.

Schon beim Frühstück hatte er einfach nur dagesessen und auf seinen Teller gestarrt, so dass selbst Marco Mitleid mit ihm bekam. Sein Mund stand ein wenig auf und dann und wann bildeten sich davor Bläschen aus Spucke. Eine Weile aßen sie schweigend, dann stand Marcos Ehefrau auf, um sich noch ein wenig Fleischnachschub zu holen.

„Was iste mit dir?", flüsterte Marco.

Zizou sah ihn nicht an und murmelte nur: „Sie hat getanzt – den Sieben-Schleier-Tanz …"

Marco sah ihr nach: geschätzte 150 Kilo, Schultern wie ein Hufschmied und ein Kopf wie ein walisischer Rugbyspieler. Sieben Schleier waren verdammt wenig.

„Sie hatte keine Schleier dabei …"

Marco zuckte zusammen: das war übel. Was aber noch schlimmer war: Er hatte seit 12 Stunden eine Erektion. Das konnte nicht gesund sein! Stella war auch nicht nach Hause gekommen, da hätte man damit wenigstens was Sinnvolles machen können. Wo war die denn nur? Konnte ihm doch niemand erzählen, dass die die ganze Zeit shoppen war?!

„Zizou!", flüsterte Marco. „Wo isste die Heiratsurkunde?"

Er schien ihn nicht gehört zu haben – Marco starrte ängstlich zum Buffet. Wer schlecht sah, hörte in der Regel gut. Doch sie hatte nichts bemerkt und lud sämtliche Fleischbestände auf ihren Teller. Wie wohl Robbenfleisch schmeckte?

Marco wandte sich an Zizou und zischte wütend: *„Zizou!"*

„Weißt du, was ihre Spezialität ist?", antwortete der apathisch.

„Wo isste die blode Urrkunde?", forderte Marco hektisch.

Seine Braut war schon wieder im Anmarsch.

„Sie kann eine Ratte durch einen Gartenschlauch saugen."

Marco wurde leichblass: „Madonna!"

Zizou nickte nur deprimiert.

Sie aßen, dann wollte Marcos Frau zum Meer: keiner der beiden wagte zu widersprechen. Sie nahmen ein Elektrotaxi und verließen auf dem Schnellweg Dubai-City, hatten aber Pech, als sie

kurz vor der Abfahrt zum Strand eine Panne hatten. Sie mussten anhalten, stiegen aus.
So standen sie da im heißen Wüstenwind: Zizou, Marco und dessen Braut. Eine schwere Mercedeslimousine hielt neben den Dreien, im Fond summte eine Scheibe nach unten.
Joseph S. Blatter steckte seinen Kopf heraus.
„Zizou? Marco? Wie schön euch zu sehen!"
Marco trat erleichtert ans Fenster und küsste die Hand des Vaters. „Padrino! Baci, tutti baci!"
Dessen Blick ging an Marco vorbei zu dessen Braut. „Und wer ist diese Schönheit?", fragte Blatter galant.
Sie kam an sein Fenster und warf ihm einen verführerischen Blick zu. „Да!"
Blatter konnte sich gar nicht losreißen von ihr und zwinkerte Zizou zu. „Ich wusste nicht, dass sie so schön ist, Zizou!"
Marco sah seine Chance gekommen, beugte sich zu seinem Paten vor: „Kennste du schonne ihre große Spezialitäte, Padrino?"
Er flüsterte es Blatter ins Ohr: Die Tür sprang sofort auf.
Sie schlüpfte zu ihm in den Fond.
Der Mercedes startete mit Vollgas durch, hinterließ eine gewaltige Wolke, in der Zizou und Marco verschwanden. Erst nach einer Weile tauchten sie wieder daraus auf, bleich und staubig.
Auf der anderen Seite der Straße raste ein Porsche Cabrio die Schnellstraße zurück nach Dubai City. Stella stand auf dem Beifahrersitz und kreischte vergnügt – sie hatte nur ein sehr knappes Bikinioberteil an und genoss den Fahrtwind in ihren Haaren.
Nach ein paar Sekunden waren sie wieder verschwunden. Zizou und Marco sahen ihr nach. Die waren bestimmt am Strand, dachte Marco deprimiert.
Dann nahm er Zizous Hand und ging mit ihm nach Hause.

Arnold Küsters, Jahrgang 1954, lebt und arbeitet als freier Hörfunk- und Fernseh-Journalist in Mönchengladbach. In der Saison 1996/97 war Arnold Küsters Pressesprecher von VFL Borussia Mönchengladbach. 2008 erschien sein Fußballkrimi *MK Bökelberg*. 2010 erscheint sein Roman *Schweineblut* bei Piper.
www.arnold-kuesters.d

Jan Zweyer wurde 1953 in Frankfurt am Main geboren. Er studierte Architektur und Sozialwissenschaften und war danach in unterschiedlichen Funktionen für verschiedene Industrieunternehmen tätig. Heute arbeitet Zweyer als freier Schriftsteller in Herne.
www.jan-zweyer.de

Judith Merchant, Jahrgang 1976, wurde in Bonn geboren und studierte Germanistik mit wechselnden Begleitfächern. In einer Schreibkrise ihrer Doktorarbeit entstand der erste Kurzkrimi, der zweite gewann den Friedrich-Glauser-Preis 2009. Es folgte der Krefelder Kurzkrimipreis. Ein Kriminalroman ist in Arbeit.

Sandra Lüpkes, geboren 1971 in Göttingen, verbrachte die längste Zeit ihres Lebens auf der Nordseeinsel Juist und wohnt nun in Münster, wo sie als freie Autorin und Sängerin arbeitet. Caren Miosga, Kulturjournal N3: „Sandra Lüpkes kann es – und sie kann es gut!" (Dies bezieht sich allerdings nicht auf das Fußballspielen.)
www.sandraluepkes.de

Dr. Jürgen Ehlers, geboren 1948, schreibt kurze und lange Krimis. Für seine Kriminalgeschichte *Weltspartag in Hamminkeln* (2005) erhielt er 2006 den Friedrich-Glauser-Preis in der Sparte Kurzkrimi. Das erste Fußballspiel, an das er sich erinnert: Deutschland-Argentinien 3:1 (Malmö 1958; im Radio gehört).
www.juergen-ehlers.com.

Gisbert Haefs, geboren 1950, lebt und schreibt in Bonn, ist als Übersetzer zuständig u.a. für Jorge Luis Borges, Rudyard Kipling, Georges Brassens, Arthur Conan Doyle, als Autor haftbar für Krimis *(Matzbach),* Erzählungen und historische Romane *(Hannibal, Troja, Raja, Caesar,* etc.).

Norbert Horst ist im Hauptberuf Kriminalhauptkommissar bei der Polizei des Landes Nordrhein-Westfalen. Für seinen ersten Roman mit KHK Kirchenberg, *Leichensache,* erhielt er den Friedrich-Glauser-Preis 2004 für das beste Krimidebüt; für *Todesmuster* wurde er mit dem Deutschen Krimipreis 2006 ausgezeichnet.
www.norbert-horst.de

Ralf Kramp, geboren 1963 in Euskirchen, lebt heute in der Eifel als Autor und Karikaturist. Seine *Agentur Blutspur* veranstaltet spannende Mörderwochenenden für Krimifans.
Seit 2007 leitet er mit seiner Frau Monika das *Kriminalhaus* in Hillesheim mit Deutschlands einzigem Krimi-Café und dem *Deutschen Krimi-Archiv* mit etwa 30.000 Büchern.

Roger M. Fiedler, Reiseleiter für Andalusien, Physiker, Sekretär, Bahnschaffner, Schriftsteller, erhielt einige Literaturpreise und Stipendien, schreibt Kriminalromane, Kurzgeschichten, Romane und Erzählungen.
www.roger-m-fiedler.de

Sandra Niermeyer, geboren 1972, lebt seit 1997 in Bielefeld und arbeitet dort als freie Autorin. 2003 Förderpreis des Landes Nordrhein-Westfalen für junge Künstlerinnen und Künstler in der Sparte Dichtung und Schriftstellerei. 2004 und 2006 wurde sie für den Friedrich-Glauser-Kurzkrimipreis nominiert. 2007 Marlen-Haushofer-Literaturpreis.

Carsten Sebastian Henn, geboren 1973, lebt mit Frau, Kindern, Katzen, unzähligen CDs und zwölf Rebstöcken bei Köln. Seine Reihe um den Koch und Meisterdetektiv Julius Eichendorff verkaufte sich bereits über 150.000 mal. Sein Hundekrimi *Tod & Trüffel* stand mehrere Wochen in der Spiegel-Bestsellerliste.
www.carstensebastianhenn.de

Andreas Izquierdo, geboren 1968, Sohn eines deutschen Ingenieurs und einer spanischen Krankenschwester; aufgewachsen in Iversheim (Nord-Eifel). Nach dem Abitur nach Köln gezogen. Sir-Walter-Scott-Preis für den besten historischen Roman 2008.
www.izquierdo.de

Klaus Stickelbroeck, geboren 1963, aufgewachsen und wohnhaft in Kerken am Niederrhein, arbeitet als Polizeibeamter in Düsseldorf. 2007 erschien sein erster Kriminalroman, *Fieses Foul*, mit dem ehemaligen Fußballprofi und Privatdetektiv Christian Hartmann, dem 2008 *Kalte Blicke* folgte.
www.klausstickelbroeck.de

Jürgen Siegmann, geboren 1963 in Braunschweig. Lebt und arbeitet seit 1985 als Fotograf, Webdesigner und Krimiautor in Bielefeld. 2002 erschien sein erster Kriminalroman *Risse im Eis*. November 2009 folgte seine aktuelle Veröffentlichung *Schöne Bescherung*.
www.siegmann-krimi.de

Carmen Korn, Journalistin und Schriftstellerin, schrieb 1989 ihren ersten Roman *Thea und Nat*, der mit Corinna Harfouch verfilmt wurde. Für ihre Kriminalerzählung *Tod in Harvestehude* erhielt sie den *Marlowe*, für *Unter Partisanen* den Friedrich-Glauser-Kurzkrimipreis. Carmen Korn lebt mit ihrer Familie in Hamburg.

Thomas Askan Vierich, geboren und aufgewachsen in Deutschland, lebt überwiegend in Wien. Reist gerne. Isst, trinkt und kocht gerne. Lebt gerne. War mal Rockmusiker. Ist Fan vom 1. FC Nürnberg. All das findet Niederschlag in seinen Kriminalromanen, Erzählungen und Essays. Letzte Veröffentlichung: *Blutgasse* (Kriminalroman, 2009).

Thomas Kastura, geboren 1966, lebt in Bamberg und arbeitet u.a. als Autor für den Bayerischen Rundfunk. 2006 startete seine Krimi-Reihe mit dem Kölner Kommissar Klemens Raupach. Nach *Der vierte Mörder* (Platz 1 auf der KrimiWelt-Bestenliste) erschien 2008 *Das dunkle Erbe.*
www.thomaskastura.de

Christiane Geldmacher lebt und arbeitet in Wiesbaden, Veröffentlichungen in Anthologien und Literaturzeitschriften, verschiedene Preise. Mitglied im Zentrum für junge Literatur, Darmstadt und in der Autorengruppe des Literaturbüros Rheinland-Pfalz.

Bernhard Jaumann wurde 1957 in Augsburg geboren. Er gewann zweimal den Friedrich-Glauser-Preis und wurde 2009 auch mit dem Deutschen Krimipreis ausgezeichnet. Zur Zeit lebt er in Windhoek (Namibia) und dem italienischen Bergdorf Montesecco, in dem seine neuesten Romane angesiedelt sind.
www.bernhard-jaumann.de

Wolfgang Kemmer, geboren im Hunsrück, studierte Germanistik, Anglistik und Angloamerikanische Geschichte in Köln und arbeitete anschließend als Lektor in einer Literaturagentur. Heute lebt er als freier Lektor und Autor mit seiner Familie in Augsburg. Seit 2006 gibt er Kurzkrimis und Anthologien für die zur Weltbildgruppe gehörende Buchhandelskette Jokers heraus.
www.freenet-homepage.de/wkemmer